思想政治教育理论与教育体系探索

王远恒　李佳卿　翁健玲◎著

北京燕山出版社

BEIJING YANSHAN PRESS

图书在版编目（CIP）数据

思想政治教育理论与教育体系探索 / 王远恒，李佳卿，翁健玲著.—北京 ：北京燕山出版社，2024.

ISBN 978-7-5402-7309-5

Ⅰ. G641

中国国家版本馆 CIP 数据核字第 2024XY2003 号

思想政治教育理论与教育体系探索

作　　者	王远恒　李佳卿　翁健玲	
责任编辑	王　迪	
出版发行	北京燕山出版社有限公司	
社　　址	北京市西城区椿树街道琉璃厂西街20号	
电　　话	010-65240430	
邮　　编	100052	
印　　刷	北京四海锦诚印刷技术有限公司	
开　　本	710mm×1000mm　1/16	
字　　数	241千字	
印　　张	15	
版　　次	2025 年 3 月第 1 版	
印　　次	2025 年 3 月第 1 次印刷	
定　　价	78.00元	

作者简介

王远恒，籍贯江苏省宿迁市，1985 年出生，研究生学历，副研究员职称，毕业于南京体育学院体育人文社会学专业，任职于宿迁学院，主要研究方向为思想政治教育和教育管理，在各级学术期刊发表多篇高校思想政治教育及教育管理方面论文。

李佳卿，讲师，现就职于北京城市学院。于 2019 年 7 月，经共青团北京市委员会批准，获"北京市暑期社会实践优秀指导教师"称号；2020 年 4 月，指导学生荣获北京教育系统关工委 2019 年"读懂中国"活动征文三等奖、微视频三等奖；2021 年和 2022 年全国大学生语言文字能力大赛优秀指导教师等荣誉。连续多年评为北京市优秀基层团干部，并参与省部级课题"增强民办高校基层团支部活力的有效途径研究"的研究。

翁健玲，女，汉族，1985 年 12 月生，福建省龙岩市人，毕业于厦门大学嘉庚学院，大学本科学历，汉语言文学专业。现工作于闽西职业技术学院，助理研究员，研究方向为高校教育、思政教育、汉语言文学。参与完成市厅级课题一项、市级教育改革课题两项、各类校级课题五项。

前　言

　　思想政治教育是人类社会实践的一个重要方式，它承担着把握方向、动员力量、凝聚人心、鼓舞斗志的光荣使命。高校思想政治教育工作是高校整体工作的重要组成部分。随着高等教育的快速发展，高校思想政治教育面临的新问题、新情况也不断增多，同时在新的形势下，高校思想政治教育工作也面临着新的机遇和挑战，能否做好高校思想政治教育的工作，关系到高校能否很好地履行人才培养、科学研究和服务社会的历史使命。高校必须以全新的思维方式和视角来审视、探索新时期大学生成长成才的规律，在继承传统思想政治教育合理方法的基础上，积极开展思想政治教育的探索与实践研究，引导高校大学生走上健康发展的道路。

　　本书围绕高校思想政治教育理论与教育体系展开研究，首先介绍了思想政治教育的内容、原则、方法、任务与目的等基础理论知识。在此基础上，对思想政治教育认同理论以及思想政治教育体系进行了剖析，论述了思想政治课程体系、日常教育体系和教育管理体系等，同时探究了"四史"融入思想政治理论课程的路径。随后分析了融媒体时代思政课程建设的发展探索，并针对大数据时代学校思想政治教育联动机制进行了深入探索和研究，促进了高校思想政治教育联通育人质量的提高。本书通俗易懂、结构层次严谨、条理清晰分明、内容翔实丰富，努力在理论上有所创新，建立有效、全面、科学的思想政治教育体系。

　　本书在撰写过程中参考和借鉴了有关学者的大量的文献及学术著作，在此对相关作者表示感谢。由于作者水平有限，书中难免存在不足之处，恳请广大读者批评指正，以便日臻完善。

目　　录

第一章　思想政治教育理论 ·················· 1

　　第一节　思想政治教育内容 ·················· 1

　　第二节　思想政治教育的原则和方法 ·········· 11

　　第三节　思想政治教育的任务和目的 ·········· 31

第二章　思想政治教育认同基础理论 ·········· 37

　　第一节　思想政治教育认同相关概念 ·········· 37

　　第二节　思想政治教育认同的要素结构 ········ 44

　　第三节　思想政治教育认同的理论基础 ········ 58

第三章　思想政治教育体系 ················ 73

　　第一节　思想政治课程体系 ················ 73

　　第二节　思想政治工作日常教育体系 ·········· 94

　　第三节　思想政治教育管理体系 ············ 108

第四章　"四史"融入思想政治理论课的路径 ···· 119

　　第一节　"四史"融入思想政治理论课程目标体系 ···· 119

　　第二节　"四史"融入思想政治理论课程内容体系 ···· 129

　　第三节　"四史"融入思想政治理论课程教学方法 ···· 139

　　第四节　"四史"融入思想政治理论课程评价体系 ···· 148

第五章　融媒时代的思想政治教育载体升级 ···· 160

　　第一节　融媒时代的大思政观 ·············· 160

第二节　融媒时代的思政课程建设 ·································· 172

第三节　融媒时代的思政实践 ······································ 185

第六章　大数据时代思想政治教育联动体系 ·················· 195

第一节　大数据与大数据时代 ······································ 195

第二节　联动机制和思想政治教育联动机制 ·················· 204

第三节　大数据时代学校思想政治教育联动机制构建的理论
　　　　与资源 ··· 209

第四节　大数据时代学校思想政治教育联动机制构建的体系
　　　　与意义 ··· 217

参考文献 ·· 228

第一章 思想政治教育理论

第一节 思想政治教育内容

一、高校思想政治教育内容系统的要素

系统是由要素构成的，高校思想政治教育的内容系统是由哪些要素构成的呢？关于这个问题，有一些不同的观点，有的认为包括两个方面，有的认为包括三个方面，有的认为包括九个方面，还有的认为包括十个方面。我们认为，以社会主义核心价值体系为基础的高校思想政治教育的内容有多种分类，但无论怎样划分，分为多少方面，基本无原则分歧，只是分类的方法不同以及由此导致的内容概括的粗细有异。高校思想政治教育的根本目的是不断提高大学生的思想道德素质，促进大学生全面发展。我们认为，为达到这一目标而进行的高校思想政治教育，其内容应包括以下五个方面：世界观教育、政治观教育、人生观教育、法治观教育、道德观教育。相对目前对高校思想政治教育内容的某些分类，我们认为这种分类更概括、更规范，包括了高校思想政治教育的大部分内容。高校思想政治教育的内容系统，就是由上述各种相互联系、相互作用的要素按照特定的层次结构组成的，是具有提高教育对象的思想道德素质等功能的有机整体。

二、确定高校思想政治教育内容的原则

（一）相关性原则

相关性原则要求教育者不仅要处理好内容系统与高校思想政治教育大系统及其子系统的关系，而且要从内容要素之间的相互联系、相互作用中去探求内容相互之间的联系，也就是要注意多方面内容要素的互相衔接、合理组合，确定每项

内容所占的比例以及内容间相互配合的具体形式，从而更好地发挥内容系统要素相互作用的功能。

（二）层次性原则

层次性原则是指在构建高校思想政治教育内容系统时，要注意其层次性，在进行教育时要根据不同的教育对象确定不同的教育内容。高校思想政治教育内容系统是由不同层次的要素构成的。世界观教育、政治观教育、人生观教育、法治观教育、道德观教育等要素组成高校思想政治教育内容体系，同时它们各自又由一些具体要素组成，这些具体要素有的还包括更小的要素。如党的基本路线教育就包括坚持四项基本原则的教育、坚持改革开放的教育、坚持以经济建设为中心的教育等；理想教育包括共产主义理想教育、共同理想教育、近期的具体理想教育等。这种体现内容及其要素领属关系、从属关系和相互作用的结构形式，就构成了高校思想政治教育内容系统的层次性。认清高校思想政治教育内容系统的层次，对于发挥内容系统的整体功能具有重要意义。即使是同一层次的要素，也都既相互联系又相互区别，并各具功能。因此，进行高校思想政治教育，必须处理好各个要素之间的联系，通过权衡确定每个要素应担负的使命，只有这样，高校思想政治教育内容系统的整体功能才能得到更好的发挥，高校思想政治教育也才能收到更好的效果。

（三）目的性原则

目的性原则是指高校思想政治教育的总体内容和每一项内容的实施，都必须有明确的目的性。高校思想政治教育内容系统是由若干要素组成的，这些要素本身都有明确的目的。如党的基本路线教育是要使教育对象对党的路线方针政策产生认同感，并自觉地为建设和谐社会贡献力量；远大理想的教育是帮助教育对象树立共产主义远大目标，并努力为实现这一目标而奋斗等。在内容系统中，不允许存在没有明确目的的要素，因为这样的要素，会使内容系统产生内耗，影响内容系统功能的发挥。但要注意，内容系统各组成要素都有自己明确的目的，并不等于内容系统有多个目的。高校思想政治教育的内容系统只有一个目的，那就是全面提高教育对象的思想道德素质。各要素的目标都是这个目的的展开或具体体现，都必须与这个目的一致。

目的性原则要求高校思想政治教育者一定要正确把握教育内容系统的目标，使之与高校思想政治教育的总目标一致。同时又要善于把内容系统的目的分解到各个要素中去，使每个要素的目标都能与具体的工作、生活紧密联系起来，与内容系统的目标构成一个协调一致的目标体系，从而使教育对象逐步实现各个层次的目标，最终实现高校思想政治教育系统的总目标。

(四) 重点要素原则

重点要素原则是指在确定教育内容时，要把作用相对较小的要素放到次要位置，把作用相对较大的要素放到主要位置，从而突出重点要素。如前所述，高校思想政治教育内容系统的各要素是既相互联系又相互区别的，因此，它们在高校思想政治教育过程中发挥的作用各不相同，必须突出重点要素。高校思想政治教育内容的重点要素不是固定不变的，它与社会历史条件、教育对象的思想品德状况、各地区或各单位的特点、某一时期带有普遍性的思想倾向等因素密切相关。也就是说，这些因素不同，高校思想政治教育的重点内容就应该有所区别。总之，确定高校思想政治教育的重点内容，必须考虑包括上述因素在内的多方面因素，既要考虑教育对象实际接受能力的差别，又要考虑同其他相关要素相协调；既要使重点要素突出，又要兼顾全局，从而使整个内容系统的功能得到最好的发挥。

三、世界观教育的部分内容

(一) 辩证唯物主义教育

进行辩证唯物主义教育，就是要帮助大学生理解和掌握辩证唯物主义的基本观点，并运用这些观点去认识、分析和解决问题。要遵循客观规律，按客观规律办事，同时又要发挥主观能动性，把遵循客观规律和发挥主观能动性结合起来；要用全面的、联系的、发展的观点看世界，不能用孤立的、片面的、静止不变的观点看世界；要坚持两点论和重点论的统一，既要全面把握事物，又要善于抓住事物的重点；要注意量变和质变的关系，既要重视量的积累，注意事物细小的变化，又要根据事物的发展进程，不失时机地促使事物由量变到质变的转化；要采取科学分析的态度和方法，坚持从肯定和否定的结合上去考察事物。在当前复杂的社会环境中进行辩证唯物主义教育，有助于大学生学会用正确的观点和科学的方法透过复杂的社会现象看到社会的发展趋势，坚定建设中国特色社会主义的信心；有助于大学生正确地看待改革开放进程中出现的种种问题，看到党和政府为解决这些问题付出的巨大努力，明确自身在解决这些问题、推进社会主义和谐社会进程中肩负的历史责任，从而积极投入社会主义现代化建设事业中。

（二）历史唯物主义教育

进行历史唯物主义教育，就是要帮助大学生理解和掌握历史唯物主义的基本观点，并运用这些观点去认识和分析社会历史现象。通过历史唯物主义教育，引导他们认识到社会规律或历史必然性是不可抗拒的，从而坚定其社会主义和共产主义理想信念；要使他们理解和把握生产力和生产关系的矛盾运动规律，坚持把解放生产力和发展生产力作为制定路线、方针和政策的出发点和归宿，坚持以经济建设为中心，积极投身于改革开放和现代化建设中去；要使他们理解和把握经济基础与上层建筑的矛盾运动规律，坚持在改革和完善社会主义经济基础的同时，不断改革和完善社会主义上层建筑；要使他们认识到人民群众是历史的主体，始终坚持"一切为了群众，一切依靠群众，从群众中来，到群众中去"的群众路线，始终坚持以人为本，坚持发展为了人民、发展依靠人民、发展成果由人民共享。

四、人生观教育

（一）人生价值观教育

人生价值观是人生观的重要组成部分，它是对人生价值的根本看法。对大学生进行人生价值观的教育，就要激励他们培养自身的社会责任感，促使他们努力为社会的进步而勤奋劳动。要引导他们认识到，社会主义现代化建设的伟大实践，为他们实现人生的价值提供了广阔的舞台。个人只有树立为人民服务的事业心，积极投身于现代化建设，为社会主义物质文明和精神文明建设多做贡献，才能获得社会对其人生价值的肯定，才能更好地实现自己的人生价值。还要引导他们努力完善自己、发展自己，积极主动地实现自我价值，为给社会创造更大价值奠定良好的基础。

在建立社会主义市场经济体制、建设和谐社会的过程中，进行无产阶级人生价值观教育，有极为重要的现实意义。社会主义市场经济体制是建设中国特色社会主义系统工程的一个子系统，它必然要遵循社会主义的基本原则。社会主义市场经济不能只讲按劳分配、等价交换，还要提倡共产主义和真诚的奉献精神。没有一代又一代人的奉献和奋斗，建立社会主义市场经济体制、建设和谐社会这项伟大的事业便难以成功。因此，要大力加强无产阶级人生价值观教育，帮助大学生积极投身到建设中国特色社会主义的实践中去，去发挥自己的聪明才智，在为振兴中华而劳动、创造和奉献的过程中实现人生价值。

（二）成才教育

对大学生进行成才教育，首先，要引导他们正确认识人才。人才观一般有广义的人才观和狭义的人才观两种。广义的人才观认为，凡是劳动者都具有一定的素质，把具有一定素质的劳动者放在适合他的工作岗位上，他就可以发挥所长，为社会做贡献，这样的人都可以叫作人才。狭义的人才观则认为，人才是具有较高知识素养和专业技能的人，即所谓精英，是劳动者整体中很少的一部分。要使大学生认识到，人才并不专指"伟人""专家""学者"，行行出状元，只要兢兢业业地做好自己的本职工作，对社会有所贡献，就能成为国家需要的人才。因此，努力学习、勤奋工作、多做贡献，就能成才。

其次，要引导大学生正确处理"红"与"专"的关系。人才当然必须具备一定的科学文化知识和专业技能，否则就难以把工作做好。但同时，社会主义人才还必须具备较高的思想政治素质，他们应该有理想、有道德、守纪律，热爱祖国、热爱社会主义，具备较强的事业心和责任感，具有为祖国富强和人民幸福而奋斗的献身精神。没有这种良好的思想政治素质，人的才能的发挥就会受到限制。可见，人才的"红"与"专"也是可以统一的。因此，应该引导大学生在努力学习科学文化知识的同时，坚持正确的政治方向，树立高尚的道德情操，确立为国家富强和人民幸福而学习、工作的目标。只有这样，他们才能真正成为社会主义现代化建设所需要的人才，个人才能获得全面的发展。

五、道德观与价值观教育

（一）道德观教育

1. 社会主义道德的核心和原则

社会主义道德是马克思主义思想同中国特色社会主义伟大实践相结合的产物，是对中国古代优良道德传统的传承和升华，是对革命道德传统的继承和发展。

（1）社会主义道德建设的核心

为人民服务是社会主义道德建设的核心，它是社会主义道德区别和优越于其他社会形态道德的显著标志。在社会主义社会，人们能够通过不同形式来践行为人民服务的道德要求，不论社会分工如何、能力强弱，一般都能够在本职岗位，通过不同形式做到为人民服务。毫不利己、专门利人是为人民服务，顾全大局、先公后私、爱岗敬业、办事公道是为人民服务，人与人之间相互关心、互相帮助是为人民服务，遵纪守法、诚实劳动、热心公益、扶贫济困也是为人民服务。

在新的形势下，更有必要继续倡导为人民服务的道德观，把为人民服务的思想贯穿于各种具体道德规范之中，引导大学生正确处理个人与社会、竞争与协作、先富与共富、经济效益与社会效益等关系，提倡尊重人、理解人、关心人，发扬社会主义人道主义精神。

（2）社会主义道德建设的原则

集体主义是社会主义道德建设的原则。集体主义作为我国公民道德建设的原则，是社会主义经济、政治和文化建设的必然要求。在社会主义社会，国家利益、集体利益和个人利益在根本上是一致的。进行集体主义教育，就是要把集体主义精神渗入社会生产和生活的各个层面，引导人们正确认识和处理国家、集体、个人的利益关系。具体来讲，就是要坚持"两个统一"。

第一，坚持个人利益与集体利益的统一。在社会主义条件下，个人利益与集体利益在根本上是一致的，但二者之间也会出现矛盾。当个人利益与集体利益发生矛盾时，就要求个人利益服从集体利益，在特殊的情况下还要牺牲个人利益。当然，强调集体利益并不是要轻视或否定个人利益。没有集体利益，个人利益就失去了依靠；而没有个人利益，集体利益也就没有了存在的意义。因此，在实现和维护集体利益的前提下，也要充分尊重和保障个人的合法利益。

第二，坚持眼前利益与长远利益的统一。长远利益在不同时期有着不同的内容。现阶段我国人民的长远利益就是把我国建设成为富强、民主、文明、和谐的社会主义现代化国家。在这个过程中，可能会为了国家的长期发展需要，不得不暂时牺牲部分人的眼前利益。在这种情况下，一方面，要尽可能地减轻人们眼前利益牺牲的程度，安排好他们的现实生活；另一方面，要引导他们正确看待眼前利益的牺牲，坚持把长远利益与眼前利益统一起来。因为这不仅有利于长远利益的实现，最终也有利于眼前利益的实现。

2. 道德教育观的着力点

（1）公民基本道德规范教育

道德作为社会的一种行为准则，主要以规范的形式发挥作用。在道德领域，道德规范是人们判别善与恶、道德与不道德的基本尺度，也是人们在行为中选择应当怎样做和不应当怎样做的基本标准。

历史和现实都表明，道德在社会中的作用，往往取决于社会成员对于作为主体的基本道德规范的知晓度、信奉度和践行度。因此，公民道德建设要把重要的、基本的道德规范作为社会道德规范的主体，在全社会大力倡导。

（2）社会公德教育

社会公德是指在社会交往和公共生活中公民应该遵守的道德准则，其特点在于简明性、共同性和基础性。《新时代公民道德建设实施纲要》指出，社会公德"涵盖了人与人、人与社会、人与自然之间的关系"。

进行社会公德教育，使每一个人都自觉遵守和共同维护社会公德，对于社会生活的正常运转，形成良好的社会风气，加强社会主义精神文明建设，提高全民族的思想道德素质，具有十分重要的意义。

（3）职业道德教育

职业道德是指从事一定职业的人，在职业生活中应当遵循的、具有职业特征的道德要求和行为准则。在社会职业领域中，既有共同的道德要求和行为准则，也有行业的道德要求和行为准则。

《中共中央关于加强社会主义精神文明建设若干重要问题的决议》提出，社会主义职业道德主要是"爱岗敬业、诚实守信、办事公道、服务群众、奉献社会"。这是当前我国所有行业的道德要求。因此，在进行职业道德教育的过程中，要向人们全面灌输"二十字"道德要求，在整个社会职业领域，形成良好的道德风气，从而促进社会的有序发展和人的健康发展。

此外，由于个人的职业道德往往与职业理想、职业荣誉有着密切的联系，所以，对大学生进行职业理想、职业荣誉的教育和引导，是深化职业道德教育的重要方面。

职业理想，是人们心目中对本职工作发展前景的憧憬和期望。职业理想教育的实质就是提高人们对自己职业发展前景的期望值，并通过提高期望值来促使人们热爱本职工作，提高工作积极性。在这里要指出的是，在职业理想教育中，要引导大学生正确理解职业理想与理想职业的关系。有人说："没有理想职业，何来职业理想？"这种说法是片面的。我们不否认理想职业是职业理想的基础，也不否认理想职业是增强职业理想的动力。但是，在当今市场经济条件下，就业已经社会化、多元化，决定个人职业的因素是多方面的，但主要因素还是社会。所以，个人的理想职业应该与社会需要结合起来，在由社会需要所决定的职业中，同样是可以有所作为的，这也有一个职业理想的问题。

职业荣誉，是人们对自己所从事职业的社会价值的认同度和自豪感。进行职业荣誉教育，就是引导人们遵守职业操守，珍惜自己所从事职业的社会声誉，将职业荣誉看作自己生存和发展的关键性因素。总之，在现实生活中，职业理想和职业荣誉是人们克服困难、提升职业能力和工作水平的巨大动力。

（4）家庭美德教育

家庭是社会的细胞，家庭的和谐是社会和谐的基础。培养和发展良好的家庭关系，不仅关系到家庭的幸福，也关系到社会的安定与和谐。建立和谐的家庭关系，需要每个家庭成员在家庭生活中遵循一定的行为准则，在这些行为准则中依靠道德来调节的内容就属于家庭美德的范畴。《中共中央关于加强社会主义精神文明建设若干重要问题的决议》提出，家庭美德的基本规范包括"二十字"，即"尊老爱幼、男女平等、夫妻和睦、勤俭持家、邻里团结"，这是对我国家庭美德规范的全面概括，是所有家庭都应该遵循和做到的。因此，在进行道德教育的过程中，要向大学生全面灌输"二十字"家庭美德要求，在整个社会的所有家庭中形成良好的道德风气，从而为个人的健康发展和社会的稳定奠定基础。

（二）价值观教育

价值观最为直接地表明一个人拥有什么样的世界观和人生观。进行价值观教育既可以帮助大学生树立正确的价值标准，引导他们进行正确的价值选择，又可以通过树立正确的价值观，进一步塑造其正确的世界观和人生观。

1. 价值类型

在分析价值观时，我们首先有必要弄清楚什么是价值，以及价值的种类。就社会和人类的发展来说，价值一般可以分为以下三种类型：

第一，物质价值。所谓物质价值，即自然界本身或经过加工、改造的自然物作为客体同主体的生存和发展所形成的不可缺少的物质需要的关系。它具体又可分为两类。一是自然价值，即自然界的物质价值，如空气能供人呼吸等；二是经济价值，就是指作为主体的人和社会，在改造自然界的实践活动中所创造的，能满足人的衣食住行等物质需要的价值。

第二，精神价值。精神价值是相对于物质价值而言的，是指客体（自然、社会、精神产品）同人的精神文化需要的关系。换言之，精神价值就是指客体满足主体精神生活需要的意义。精神价值大体包括知识价值、道德价值和审美价值。知识价值，主要指知识满足人们认识世界和自身需要的价值；道德价值，主要指高尚的道德行为给人们带来的慰藉、感动以及行为示范；审美价值，主要指美好事物给人们带来的美的享受和愉悦。

第三，人的价值。人既是自然存在物，也是社会存在物。人的价值从自然属性来看，并不比其他动物大多少。人的价值主要是从人的社会属性的角度来看，即人的价值主要是指满足社会需要的程度。一个人及其集团的价值，取决于他们是否满足或在多大程度上满足整个社会的物质需要和精神需要。人的价值在于其对社会所做出的贡献。

2. 价值观的类型

在社会生活中，我们可以从不同角度、不同层面去划分价值观的类型。第一，按照主体对集体利益和个人利益关系的认识不同，可以将价值观分成集体主义价值观和个人主义价值观，这是两种根本对立的价值观。在讲到集体主义价值观时，要指出的是这种价值观并不是完全否定个人利益的，而是在可能的条件下尽量照顾和满足人们的个人利益。第二，按照人们所处的社会生活环境以及对社会不同生活领域的认知，可以将价值观分为经济价值观、政治价值观、道德价值观、文化艺术价值观和科学技术价值观。经济价值观是人们在经济实践中形成的，对经济实践创造的价值的看法、观点和信念。在经济实践活动中，人们形成利与亏、贵与贱、富与贫等相对应的经济价值观。政治价值观是人们在政治领域形成的，对政治实践活动的看法、观点和信念。在政治实践活动中，人们形成功与过、合理与悖理、统治与被统治、民主与专制、权与法、进步与倒退、先进与落后、革命与保守、和平与战争、胜与负等政治价值观。在道德实践活动中，人们形成善与恶、好与坏、荣与辱、亲与疏、忠与奸、友爱与仇恨、团结与分裂、诚实与虚伪、诚信与失信等道德价值观。在文化实践活动中，人们形成以"美与丑"为核心的文化价值观。此外，人类在认识世界和改造世界的实践中，不仅创造了科学价值和技术价值，而且形成了真与假、正确与错误等科学价值观和技术价值观。

3. 深化社会主义核心价值观教育

当前，加强社会主义核心价值观教育势在必行。只有抓住关键环节，才能有序推动核心价值观的建设。

第一，引导大学生树立正确的价值标准。价值标准是人们在实践中形成的，以一定的价值观作为指导用来对人们的实践活动进行评判的标准。由于人们的社会实践活动涉及社会生活的方方面面，因此，人们的价值标准事实上是由诸多不同类型的价值标准构成的复合体。一些学者认为，价值标准主要包括一般价值标准和特殊价值标准两类。一般价值标准又可分为生存价值标准、发展价值标准、文明价值标准、自由价值标准和解放价值标准等，它们主要用于评价一种事物或者一种社会实践在人类社会生存、发展以及追求文明、自由、解放中的作用和意义。特殊价值标准可分为经济价值标准、政治价值标准、道德价值标准、文化价值标准和科技价值标准等，它们主要用于评价一种事物或者一种社会实践对经济发展、政治发展、道德发展、文化发展、科技发展等方面的作用和意义。不同领域的价值标准，其内容也不相同，但是它们从根本上都以是否推进社会发展作为核心的内容。

第二，引导大学生进行正确的价值评判。价值评判是人们在一定的价值观的指导下，按照一定的价值标准，对实践及其价值的判断和衡量。进行正确的价值评判，关键要把握"两个统一"，即义与利的统一、效率与公平的统一。所谓义与利的统一，实质就是要坚持尊重个人合法权益与承担社会责任相统一。衡量一个人的行为的价值，主要看他对社会做出的贡献，同时不能因为他获得了应得的利益而否定其行为的价值。所谓效率与公平的统一，就是既要注重效率又要维护公平，不能单从某一个方面来衡量一个事物的价值。只注重效率，或只注重公平，都不利于社会的发展。

第二节　思想政治教育的原则和方法

一、高校思想政治教育的原则

高校思想政治教育的原则是高校思想政治教育客观规律的主观反映，是教育者从事高校思想政治教育活动必须遵循的基本准则。做好高校思想政治教育工作，提高高校思想政治教育效果，除了要明确高校思想政治教育的目的、任务、内容外，还必须在教育活动中遵循高校思想政治教育的原则。

（一）高校思想政治教育原则体系的特征和依据

1. 高校思想政治教育原则体系的特征

高校思想政治教育原则规定了高校思想政治教育活动的基本标准或规则，对高校思想政治教育活动的有序进行具有重要意义。高校思想政治教育需要处理多方面的复杂关系、开展多方面的活动；处理不同的关系需要遵循不同的准则，在不同的活动中也必须遵守相应的准则，因此高校思想政治教育原则是多元的。这些不同的原则相互联系、相互协同，构成高校思想政治教育的原则体系。作为高校思想政治教育的子系统，高校思想政治教育的原则体系具有与其他子系统不同的一些特征。

（1）整体性

高校思想政治教育原则体系是一个由不同层次原则构成的丰富而完整的体系，具有整体性特征。

首先，高校思想政治教育原则体系是以高校思想政治教育规律作为贯穿始终的客观依据而构建起来的，各原则层次之间和各具体原则之间相互联系、相互作用、相互补益，构成具有紧密内在联系的整体。上一层次原则对下一层次原则具有规范、指导作用，下一层次原则在某种意义上讲是上一层次原则的具体化，又对上一层次原则产生一定的影响。如果对此认识不足，对高校思想政治教育原则的把握和运用就可能会出现偏误。

其次，高校思想政治教育原则体系的整体功能大于各个具体原则功能的简单加和。高校思想政治教育原则体系由从属层次、关联层次及运行层次等众多具体原则构成，但并不等于这些原则功能的简单相加。这些原则通过相互联系、相互作用而使高校思想政治教育原则体系产生主体功能，即保证高校思想政治教育的性质和方向，指导教育者正确选择教育内容和方法，采取正确的教育行为等。因此，在运用高校思想政治教育原则时不能顾此失彼，而应充分考虑其相互协同作用，对其进行综合运用，以充分发挥整体效应。认清高校思想政治教育原则体系的整体性特点，有助于我们全面认识并把握高校思想政治教育原则体系，充分发挥其整体功能。

（2）层次性

高校思想政治教育原则体系可依照由整体到局部、由一般到个别的顺序，分层次进行排列，每一层次原则都在一定的范围内和条件下起作用，都有自己特殊的功能和意义。如关联层次的原则反映了高校思想政治教育与其他社会子系统之间的紧密联系，是处理高校思想政治教育与经济工作、管理工作等平行子系统之间关系的基本准则；运行层次的原则反映了高校思想政治教育系统各要素之间的内在关联，是处理高校思想政治教育各要素之间关系的基本准则。各个层次的原则区分明显，有主次之分，呈现出明显的层次性。即使是同一层次中的各个具体原则也有主次之别，表现出一定的层次性。如在关联层次原则中，求实原则体现了正确思想路线的要求，对同一层次的其他原则具有指导意义，同一层次的其他原则基本上是这一原则的展开和具体化。再如在运行层次原则中，民主原则涵盖面宽，具有总的指导意义，同层次的其他原则在某种意义上都是民主原则的具体化，因此带有基本原则的性质。

（3）辩证性

辩证性是指人们对高校思想政治教育原则的认识和把握，既具有绝对性又具有相对性，是绝对性和相对性的统一。

首先，高校思想政治教育原则体系是人们在辩证唯物主义和历史唯物主义的指导下对高校思想政治教育的客观规律主观认识的产物，它和其他真理性认识具有共同的特征，即绝对真理与相对真理的辩证统一。人们对高校思想政治教育规律和反映这一规律的高校思想政治教育原则的认识具有绝对真理性的成分，这种认识每向前发展一步，就意味着我们对高校思想政治教育原则的认识达到了一个新水平。随着高校思想政治教育实践的发展和人们认识能力的提高，人们对高校思想政治教育原则的认识水平从总体上说在不断提高。但由于高校思想政治教育是在不断发展的，新事物、新情况、新问题层出不穷，人们对高校思想政治教育的规律和原则的认识总是有局限、不全面的，加上不同认识主体的认知能力、认知水平存有差异，因此人们对高校思想政治教育规律和原则的认识又具有相对性，这也是对高校思想政治教育原则存在一些不同意见的重要原因。

其次，高校思想政治教育原则的划分具有相对性。将高校思想政治教育原则划分为不同的层次，是为了更深入地认识和把握原则，更好地运用原则开展高校思想政治教育活动。实际上，高校思想政治教育不同层次原则之间以及具体原则之间既有区别又有联系，对各个原则的认识不能绝对化，要看到它们之间的相容性、交叉性、衔接性。

最后，高校思想政治教育原则是对高校思想政治教育所涉及的各种关系的辩证抽象，只有深刻理解高校思想政治教育过程中的各种关系，对高校思想政治教育原则的认识和把握才能符合实际，避免片面性。例如，热情关怀与严格要求相结合的原则，有人片面地强调前者而忽视后者；教育与自我教育相结合的原则，有人片面地夸大自我教育的作用而否定高校思想政治教育的影响，不懂得真正的自我教育内在地包含着受教育者积极接受教育影响的自觉状态等。在某种意义上，这都是因为对高校思想政治教育过程的各种关系把握不当和对高校思想政治教育原则的辩证性认识不清。

总之，高校思想政治教育原则是人们对高校思想政治教育规律的真理性认识，和其他真理一样，是绝对性和相对性的辩证统一。

（4）发展性

高校思想政治教育原则体系是在高校思想政治教育实践活动中形成和发展的一个多层次的动态体系，不是孤立、静止、僵硬不变的。例如，过去竞争被看作资本主义社会所特有的东西，但随着我国改革开放的深入和社会主义市场经济的发展，我们社会的各个领域都出现了竞争，促进了我国社会的发展。这一情况使高校思想政治教育者认识到，要更好地开展高校思想政治教育并取得实效，就必须在高校思想政治教育活动中引入竞争，确立竞争激励原则，努力培养受教育者的竞争意识。否则，高校思想政治教育就会缺乏生气，难以适应社会主义市场经济建设的要求。即使是同一原则，其内涵也会随着实践的发展而不断丰富。高校思想政治教育原则的运用随着时间、地点、条件的不同而变化，因此在高校思想政治教育的具体活动中运用哪些原则、运用某一原则的侧重点是什么，都必须从实际出发，依具体情况而定，绝不可一成不变，这也是高校思想政治教育原则体系发展性的重要表现。总之，只有在高校思想政治教育实践的不断发展中认识、把握和运用高校思想政治教育原则，才能避免认识上的僵化、实践工作中的机械，从而充分发挥高校思想政治教育原则的整体效应。

2. 确立高校思想政治教育原则体系的依据

要正确把握并运用高校思想政治教育原则，必须明确高校思想政治教育原则确立的依据。根据马克思主义的观点，高校思想政治教育原则是从高校思想政治教育实践中抽象出来的，只有符合高校思想政治教育实际情况、反映高校思想政治教育规律要求的原则，才是正确可行的原则。可见，高校思想政治教育的客观规律是确立高校思想政治教育原则的内在依据。

首先，高校思想政治教育系统和其他平行子系统之间的关系是由我国社会主义性质决定的。我国社会主义经济基础和上层建筑决定了经济工作、文化工作、教育工作、行政管理工作的性质和方向，要求社会各方面活动都要有利于社会的稳定、经济的发展、公民思想道德素质的提高。因此，必然要求高校思想政治教育系统对其他子系统发挥"生命线"的作用，为它们提供精神动力和方向保证；也要求社会各平行子系统主动接受高校思想政治教育系统的影响，并通过各自的工作强化高校思想政治教育系统对社会成员的积极影响。

其次，这种关系也是由人的思想品德发展规律和高校思想政治教育自身的特点所决定的。人的思想品德是在社会实践的基础上，在包括经济工作、文化工作、教育工作、行政管理工作和日常生活在内的多种因素的影响下形成、变化和发展的，是这些因素共同作用的结果。高校思想政治教育只是影响人的思想品德形成发展的外部因素之一，必须与社会其他平行子系统协调、一致，才能充分发挥其育人作用。为了充分发挥高校思想政治教育的作用，有效提高人们的思想道德素质，高校思想政治教育要不断与外界，特别是与其他各平行子系统进行沟通和交流，使高校思想政治教育融入社会的各子系统中，以便对教育对象形成全方位的积极影响，同时，还应主动协调包括经济工作、文化工作、教育工作、管理工作等在内的、对人们思想品德发生作用的、众多的教育途径和影响，努力促使其形成最大的"正合力"，以不断提高教育对象的思想道德素质。

综上所述，高校思想政治教育系统与社会各平行子系统之间有着密切的内在联系。高校思想政治教育系统对其他平行子系统发挥着极为重要的促进与保证作用，各平行子系统也为高校思想政治教育系统提供赖以存在和发展的条件、载体和实践场所等。依据高校思想政治教育系统与各平行子系统相互依存、相互作用的关系所确立的高校思想政治教育原则，可称为关联层次的原则，主要有求实原则、渗透原则、激励原则等，它们都是各平行子系统间的本质联系和平行融合这一规律的反映或具体表现。

（二）高校思想政治教育原则的价值

1. 保障高校思想政治教育的正确方向

高校思想政治教育鲜明的阶级性和政治性，决定了它必须与中国共产党的性质、任务保持一致。在高校思想政治教育过程中，只有明确正确的方向，才能取得有效的教育效果；相反，方向不正确或者方向发生错误，不但谈不上有效的教育效果，还会造成破坏性的后果。高校思想政治教育原则是高校思想政治教育的标准法则，是依据党的路线、方针、政策确立的，从根本上保证高校思想政治教育的正确方向和性质。

2. 保障高校思想政治教育的科学性

高校思想政治教育原则是高校思想政治教育规律的体现。在高校思想政治教育原则指导下进行的高校思想政治教育活动，符合它自身的规律，从而提高和保证了高校思想政治教育的科学性。当然，随着时代背景和高校思想政治教育的具体任务、条件的变动，高校思想政治教育的规律必然出现新的特点和表现形式。但是，我们只要随着实践的发展和形势的变化，对高校思想政治教育原则不断创新，就能够完全适应并体现高校思想政治教育新特点和规律。

3. 提高高校思想政治教育的效益

高校思想政治教育原则与高校思想政治教育效益是密切联系在一起的，高校思想政治教育原则是提高高校思想政治教育效益的决定性因素之一。一方面，它是高校思想政治教育的依据，为进行高校思想政治教育提供根本性的指导，使高校思想政治教育者在实际工作中有章可依、有法可循，准确地把握工作的方向，减少偏差，从而提高高校思想政治教育的效益；另一方面，它是高校思想政治教育的根本经验，为进行高校思想政治教育提供有益的借鉴，可以使高校思想政治教育者在实际工作中减少失误，从而确保高校思想政治教育的效益。

4. 促进高校思想政治教育的创新

随着形势的变化、社会的发展，大学生的思想政治教育必须随之发展、创新。而高校思想政治教育原则，第一，在客观上为高校思想政治教育的发展与创新铺垫了基石；第二，它最明显的特点在于具有相对的超前性，因为它是对过去高校思想政治教育实践经验的总结，是为了更好地指导未来高校思想政治教育的实践；第三，它为高校思想政治教育的实践提供了本质性和方向性的要求，也为我们在高校思想政治教育的实践中发挥创造性和主观能动性提供了可能。

高校思想政治教育原则这四方面所形成的合力，在实践中必然会推动高校思想政治教育的新发展。

（三）高校思想政治教育的主要原则

1. 求实原则

坚持求实原则，首先，要有强烈的求实精神。高校思想政治教育工作者应该做到不唯上、不唯书、只唯实，也就是说，要不畏劳苦，深入实际，调查研究，努力探求教育对象和高校思想政治教育实际的"真相"，努力追求高校思想政治教育的实效，要诚实守真，在任何情况下都说实话、办实事。

其次，要切实将理论与实际结合起来。高校思想政治教育工作者要认真学习马克思主义的基本理论，掌握唯物辩证法的精髓并将其贯彻到具体工作中，力求做到主观与客观相统一、认识与实践相结合，因人制宜、因事制宜、因时制宜、因地制宜地开展教育活动，以增强高校思想政治教育的针对性和有效性。

再次，要注意方法。"求实"就要调查研究，"求是"就要分析推理，而这都离不开科学的方法。没有科学的方法，求实原则就难以真正落实到高校思想政治教育中。

最后，要坚持与时俱进。"求实"从内在要求高校思想政治教育者要与时俱进，因为社会在不断地向前发展，客观情况经常发生变化，教育对象的思想也在不断地发展变化，因此教育者要注意不断地对高校思想政治教育的内容、形式、方法等进行调整，使之与不断变化的实际情况相协调。教育者要特别注意用发展的观点在动态中分析和把握各种思想现象，透过现象抓住本质，探求规律，从而使高校思想政治教育活动常变常新。

2. 渗透原则

所谓渗透原则，是指高校思想政治教育要融入经济工作、文化工作、管理工作等各方面工作乃至日常生活中，结合各项具体工作的实际进行。人们一生中的大部分时间都是在工作中度过的，人们的物质需要和精神需要主要通过工作来满足，人们的思想问题往往与日常的工作、学习和生活紧密相连。因此，高校思想政治教育只有渗透到各方面具体工作中，融入学习和生活中，才能更好地满足人们的需要，才能及时发现问题并解决问题，从而增强高校思想政治教育的针对性和时效性，促进各项工作正常有序地开展。由此可见，坚持渗透原则具有重要意义。

首先，只有坚持渗透原则，才能形成高校思想政治教育的合力。高校思想政治教育渗透到各项具体工作中，结合各项具体工作去进行，就意味着高校思想政治教育不再是高校思想政治教育者的"独角戏"，而成为各项业务工作人员都参与的工作，从而形成高校思想政治教育的综合作用力。

其次，坚持渗透原则，有助于更好地发挥高校思想政治教育的效能。高校思想政治教育并不是一个孤立的系统，而是与经济、技术等工作以及人们的日常生活密切相连的。离开了经济工作与业务工作，高校思想政治教育就会失去依托，就会无的放矢，因为各项具体工作是高校思想政治教育的用武之地。高校思想政治教育者只有结合经济、业务等各项具体工作开展活动，才能及时了解教育对象的思想实际，才能有的放矢地做好工作，才能切实避免高校思想政治教育与经济业务工作的"两张皮"状态。

总之，高校思想政治教育只有与各项工作紧密地结合在一起，才能充分发挥它的作用。

3. 层次原则

层次原则是指高校思想政治教育工作者应从实际出发，承认差异，根据大学生不同的思想情况，区别对待，因材施教，分层次进行教育，既鼓励先进又照顾多数，将先进性要求与广泛性要求有机地结合起来。

实际上，大学生不仅具有复杂的层次性特征，而且在一般情况下，其中的先进分子总是占少数，如果把对先进分子的要求作为绝大多数人的教育目标，就会脱离现实基础，脱离大多数大学生的实际状况，结果必然是欲速则不达。要克服上述弊端，就必须正视大学生的实际情况，分层次地进行教育。高校思想政治教育工作者任何时候在鼓励先进的同时，也要照顾多数。这样，才能从不同层次的大学生的原有基础出发，循序渐进，使不同层次、起点的大学生都能有所进步。

区分层次也是培养创造性人才的迫切要求。建设中国特色社会主义，就是在科学社会主义与中国现代化建设的具体实践相结合的基础上，走一条"合格加特色"的道路，它和许多其他事物一样，是多样化的统一。进行如此伟大的事业，需要大量的创造型、开拓型人才。这样的人才也应是"合格加特色"型人才，即在达到基本要求的同时又有着鲜明的个性特色。只有区分层次，在高校思想政治教育过程中因材施教，使大学生在达到基本目标的同时，其个性、兴趣、爱好、才能也得到充分和谐的发展，才能使各种创造性人才脱颖而出，满足我国社会主义现代化建设事业对人才多方面的需求。

由此可见，层次原则在高校思想政治教育过程中有着重要的意义。我们必须坚持多层次原则，使高校思想政治教育有效地作用于各层次的大学生。

4. 主体原则

坚持高校思想政治教育的主体原则，首先是由社会主义制度的本质要求所决定的。人民群众是创造历史的动力，是社会主义国家的主人翁，但人民群众只有在先进思想的指导下，才能更好地改造自然和社会，因此有必要对他们进行思想政治教育。然而，这种教育不是脱离于人民群众的，而是在人民群众内部进行的。人民群众的思想觉悟是在社会主义现代化建设实践中，在对外部客观世界和自身主观世界的认识和改造过程中逐步提高的。在人民群众中，每个人的思想觉悟和认识水平，在程度上有高低，在时间上有先后，是参差不齐的。因此，在一定时期，由先进分子对其他成员进行教育是一种必需的活动，但这在本质上仍然是人民群众自我教育的自觉活动，是人民群众主体性的一种表现。不存在一个独立于人民群众之外、高居于人民群众之上的所谓"教育者"和"救世主"。人民群众的教育和自我教育、相互教育是一致的，从此意义上讲，大学生当然也是高校思想政治教育的主体。社会主义国家的高校思想政治教育必须尊重大学生的主人翁地位，充分发挥大学生在教育过程中的主体能动作用。

其次，坚持主体原则是高校思想政治教育内在特质所要求的。高校思想政治教育活动是教育主体与教育客体思想、情感双向交流和沟通的活动，教育目的是在教育工作者发挥主导作用和教育对象发挥能动作用以及两种作用相辅相成的过程中实现的。因此，应当辩证地看待高校思想政治教育的主客体关系。一方面，高校思想政治教育工作者的主导地位是不能被忽视的，尤其是中国共产党在高校思想政治教育过程中的核心领导地位是不可动摇的。因为受教育者主体作用的发挥离不开教育工作者的指导，那种片面夸大自我教育的作用而否定教育工作者主导作用的观点是错误的。另一方面，我们也必须看到，教育工作者对教育对象提出的教育目标，最终还必须通过教育对象自己内在的思想活动才能实现，教育工作者是无法包办或代替的。

二、高校思想政治教育的方法

（一）理论教育法

理论教育法是在高校思想政治教育实践过程中形成的一种工作方法，它对提高大学生的理论水平和思想认识发挥着重要的引领作用，是高校思想政治教育的一种常用方法。

1. 理论教育法的含义

理论教育法是指教育工作者有目的、有计划地向大学生传授马列主义、毛泽东思想、中国特色社会主义理论体系等内容，帮助他们树立科学的世界观、人生观和价值观，提高其思想理论素质和政治觉悟的方法。换言之，就是通过加强对马克思主义的基本原理、基本观点的宣传、教育、学习，使大学生逐步提高其思想理论水平，形成坚定的政治立场和方向。

2. 理论教育法的主要形式

理论教育法的具体形式是多种多样的，按教学方式分，可以分为口头教育和文字教育；按教育的范围分，可以分为个别教育和集体教育；按教育的途径分，可以分为自我教育和他人教育；按教育的方式分，可以分为启发式教育和直观式教育。

（1）理论讲授

理论讲授就是教育工作者通过口头语言向大学生系统传授科学理论的教育方式。在我国，科学理论主要包括以马克思主义理论为主的人的发展和社会发展理论、高校思想政治教育理论等。如高校的思想政治理论课就是采用理论讲授法。这是使用最广、运用最多的一种方法。

（2）理论宣传

理论宣传就是教育工作者运用大众传媒的电视、网络、报刊等工具向大学生宣讲科学理论的方法，是一种普遍的理论教育方式。这种方式可以通过系统的理论讲座、读书辅导以及办专题节目（栏目），来宣传党的思想政治路线和方针政策，引导人们全面领会和贯彻执行。其优势是系统性强，覆盖范围广，影响力大，有利于营造良好的舆论环境和学习氛围。

（3）理论培训

理论培训就是教育工作者有组织、有计划地通过培训班或学习班对大学生进行系统的理论培养，帮助大学生树立系统的理论观点，指导其掌握科学的方法。理论培训需要在一定的时间内，集中一定的人力和物力，对特定的教育对象加以教育。其优势就是时间短、见效快，有利于新的路线、方针或理论的推广。

3. 理论教育法的基本要求

尽管理论教育法是高校思想政治教育的一种常用方法，但在运用理论教育法时，需要注意以下三点：

（1）理论教育的目标和任务要明确。理论教育主要是对大学生传授社会主流意识形态，具有明确的目标和任务。所以，教育工作者在教育时一定要注意目标明确、任务清楚。

（2）理论教育的内容的正确性和科学性。注意理论教育的内容的正确性和科学性，以便大学生树立正确的思想和观点，指导自身的实践活动。

（3）理论教育的方法的灵活性。由于现代科技的发展，理论教育的方法要注意运用现代科技手段，加强理论教育的生动性和趣味性，激发大学生学习理论的热情。

（二）实践教育法

从本质来看，高校思想政治教育是一项实践活动。所以，实践教育理所当然地成为高校思想政治教育的一种基本的方法，对提高大学生的思想觉悟和认知能力具有重要作用。

1. 实践教育法的含义

所谓实践教育法，是指教育工作者组织大学生参加各种实践活动，在实践活动中不断提高思想素质和认知能力的方法，即在改造客观世界的过程中同时改造自己的主观世界。辩证唯物主义认为，社会实践是人与外界事物发生作用的桥梁和纽带，是人的正确思想形成、发展的源泉，也是检验人的思想正确与否的唯一标准。所以，实践教育法是帮助教育对象树立正确的世界观、人生观、价值观不可或缺的途径和方法。

2. 实践教育法的具体形式

实践教育方法的形式多种多样，有社会服务活动、生产劳动、社会调查活动、社会实际业务工作、劳动教育、社会考察等。这里主要概括介绍以下四种：

（1）社会服务活动

社会服务活动就是教育工作者组织大学生运用自己的智力、知识、技能和体力等主动开展社会服务，为人们提供帮助、解决困难的活动。如开展各种青年志愿者活动，可以培养大学生的集体主义精神和奉献精神。社会服务活动的内容和方式多种多样，按服务的方式来分，有劳务服务、咨询服务、智力服务；按服务的范围来分，有群体服务、个体服务；按服务的内容来分，有生产服务、生活服务、科技服务和信息服务等。

（2）生产劳动

生产劳动就是组织大学生利用一定的时间直接参加生产劳动，使大学生在生产劳动过程中，逐步树立正确的劳动观，培养热爱劳动、热爱劳动人民、珍惜劳动成果的思想，养成良好的劳动习惯，它是实践教育的重要方式之一。根据不同的标准，生产劳动也可以分为不同的种类。如按类别来分，有农业生产劳动、工业生产劳动；按性质来分，有集体生产劳动、家庭生产劳动等。经常组织大学生参加生产劳动，不仅能帮助其树立正确的劳动观念，还能促使他们正确地认识社会各种职业，珍惜别人的劳动成果，形成健康的心理，促进身体的健康发育。

（3）社会调查活动

社会调查活动就是组织大学生深入社会和基层，通过有计划、有目的的考察、访谈和调查研究，了解客观现实情况，加深对社会的了解和全面认识的实践活动。社会调查包括问卷调查、访谈调查和座谈等形式，它可以帮助大学生将理论与实际结合起来，养成实事求是的作风。在开展社会调查活动时，需要有明确的目的和精心的组织，并加强对调查对象的科学选择和分析，使大学生在调查中了解调查对象的实际情况，增强高校思想政治教育的效果。

（4）社会实际业务工作

社会实际业务工作就是组织大学生通过参加实际业务工作实践，在完成具体业务工作的过程中，经受思想、能力和体力上的锻炼，使其在熟悉业务工作的基础上提高思想道德素质，增长实际才干。它主要包括完成某项具体任务、某项社会工作，以及做好教学实习、各种技术协作或社会服务等。

3. 实践教育法的基本要求

随着我国市场经济的发展和改革开放的深入，人们思想观念的变化越来越快，实践教育也越来越重要。但在运用实践教育法时，仍要注意把握以下两点要求：

（1）要深入社会实际

大学生要深入了解社会实际，必须具有虚心的态度、吃苦的精神，主动接触社会、认识社会，并在社会实践中了解和把握实际情况。

（2）认真调查

大学生要针对自己心中疑惑的问题，或人们广泛关注的国计民生问题，进行广泛的调查，运用访谈、座谈和问卷调查等多种形式，从社会实践或调查中，真正了解国情和社会热点问题，以提高实践教育法的效果。

（三）自我教育法

自我教育法是大学生自己教育自己的方法，它是我国传统高校思想政治教育的一种重要方法，也是现代高校思想政治教育的重要方法之一。

1. 自我教育法的含义

所谓自我教育法，是指受教育者根据自身发展的需要，通过自学理论、自我修养、自我评价等方式提高和完善自我的方法。换言之，就是受教育者为了提高自身的思想政治素质和道德水平，通过自我学习、教育和调控，主动地接受先进思想和正确理论，不断地丰富自身的思想理论修养，提高自身的道德素质，努力促进自我完善和发展的方式、方法。

2. 自我教育法的具体方式

自我教育分为个人自我教育和群体自我教育。个人自我教育的主体既是教育者又是教育对象，群体自我教育是指一个集体内部的互帮互教，是教育对象自己教育自己的活动。在这里，着重介绍个人自我教育的三种形式。

（1）自学理论

所谓自学理论，是指大学生为了提高自身的理论素养和思想政治觉悟，通过自学掌握先进思想和正确理论的方式。现代社会和现代媒体的发展，为大学生提供了便利的自学条件。如大学生可以通过阅读一些经典著作，接受正确的理论观点或先进思想，也可以通过网络视频自学理论，还可以通过其他影像资料进行自学。总之，现代社会一方面为大学生自学理论提供了越来越便利的物质条件；另一方面，大学生也只有不断地自学理论，提高自身理论素养和思想政治觉悟，才能促进自我发展。

（2）自我修养

所谓自我修养，是指人们在政治、思想、道德以及知识等方面进行自我教育和自我锻炼，并由此达到一定的程度和水平。在高校思想政治教育过程中，自我修养主要包括政治修养、思想修养、品德修养等。其主要方式有以下两种：一是自我省察。它是通过在对自己行为和思想的回顾、反思的过程中不断地进行自我剖析、自我认识、自我评价，找出自己存在的差距和问题，并不断地改进和提高自己的思想和行为。二是自我反思。自我反思主要是指个人对自己的思想和行为进行理性的思考和系统的总结。自我省察和自我反思都是主体的自我内心活动，都要联系个人自身的思想和行为进行总结、检查和评估，但后者不仅限于自我的主观因素，也要联系所处的社会和环境等客观因素进行系统的分析和思考，从而找出其思想和行为发展中存在的主要问题和原因，并探寻加强自我修养的有效对策和措施。

（3）自我评价

所谓自我评价，是指大学生通过对自我价值的认识以及对自己的思想行为的一种体验，自己做出肯定和否定的判断。影响自我评价准确性的因素主要有大学生认识水平的高低、心理发展水平的高低，以及年龄的大小等。这就需要教育工作者在引导大学生进行自我评价时，要注意克服盲目性和随意性。它需要引导大学生以高校思想政治教育所要求的社会客观标准对照检查自己的思想和行为，做出客观公正的自我评价，从而调整和提高其自我人格发展的水平。可以说，正确的自我评价，能产生正确的反馈，能保证自我评价的顺利进行；反之，就会影响高校思想政治教育的效果。

3. 自我教育法的基本要求

在高校思想政治教育中运用自我教育法，需要注意以下四点：

（1）要以大学生自我意识的发展水平为条件

这里的自我意识主要是指大学生对自己进行自我认识、自我评价、自我监督、自我调适等意识活动。自我意识随着年龄的增长和学习工作经历的发展而发展，一般到青年期趋于成熟，自我教育也是伴随着自我意识的发展而发展的。因此，在高校思想政治教育过程中，需要以大学生自我意识的发展水平为条件，对不同年龄段的大学生应采取不同的教育方法，并对其加以合理的引导。

（2）注意加强自我教育和教育之间的相互联系

人们自我教育的能力不是天生的，是通过外部环境的影响，包括家庭、学校、社会教育的影响而形成的。只有接受教育，接受外界的思想和信息，然后经过自我加工，才能形成自我教育的能力。而自我教育能力的提高，反过来促使人们更好地接受教育，从而增强和巩固教育效果。所以，教育和自我教育的关系，是内因和外因的关系，外因只有通过内因才能起作用，这就需要在加强教育的同时，积极引导教育对象进行自我教育。

（3）善于激发自我教育的动机

要善于激发大学生自我教育的动机，帮助大学生树立正确的理想和培养健全的人格。

（4）营造良好的自我教育环境

教育工作者要有目的地组织多种实践活动，形成一种良好的自我教育环境，并引导大学生在实践中进行自我教育，培养大学生自我教育的能力。

（四）比较教育法

在高校思想政治教育过程中，为了认识和把握大学生思想活动的多样性，深刻理解高校思想政治教育的本质、特征和发展变化规律，常常使用比较教育法。

1. 比较教育法的含义

所谓比较教育法，是指通过对两种不同事物（现象）或同一事物的属性、特点等不同方面的异同点进行比较鉴别，引出正确的结论，以提高大学生思想认识的方法，它是通过分析和比较不同事物或同一事物的异同点达到认识事物本质、特点和规律的教育方法。因为任何事物都有自己的多种属性。在这些属性中，既有和其他事物的相同点，也有和其他事物的不同点，只有把握了相同点和不同点，才能更准确地认识事物的特征和事物之间的联系，揭示事物的本质。所以，比较教育法是通过比较和鉴别以检验认识正确与否的一种方法。

2. 比较教育法的具体方式

比较教育方法的具体方式有很多，其中的主要方式有正反比较、类型比较、层次比较等。

（1）正反比较

正反比较就是通过对同一事物的两种性质相反的情况进行对照比较，以辨别是非及正误、鉴别真伪，进而提高人们思想认识的方法。正反比较法常用于对性质不同的思想、思潮的异同点进行分析与判别，考察各种政治理论及思想观念的变化和变化程度等。正反比较法有助于教育工作者从正面、反面、相同、相异、对立、统一等各个角度，更全面、更准确、更深刻地进行分析和教育，帮助大学生通过对某一事物或现象的鲜明与强烈对比，鉴别真伪，分辨是非，判断正误，使其更自觉、坚定地接受正确的思想，批判错误的思想。

（2）类型比较

类型比较就是通过对同一事物的相同或不同类型的情况进行比较，从而提高人们的政治觉悟和思想认识的方法，这是高校思想政治教育常用的方法。如西方发达国家高校思想政治教育方法较之我国高校思想政治教育方法，就有不同的类型和特点。在西方发达国家中主要有道德认知发展方法、价值澄清方法、社会学习方法等不同类型，具有"学科方法的多样性、教育方式的渗透性、选择方法的自由性"等特点，通过比较，就能更好地发现其价值和作用，从中汲取合理的养料和教育元素，以丰富和创新我国高校思想政治教育的内容和方法，提高高校思想政治教育的实效。

（3）层次比较

层次比较就是针对同一事物的不同阶段和层次的比较，从而给予事物以准确的定位，以提高教育针对性的方法。教育工作者需要通过对不同层次的大学生予以比较，从而把握大学生所处的不同阶段和思想特点，然后有针对性地确定教育目标、教育内容和教育方法，进而提高高校思想政治教育的效果。在高校思想政治教育实际工作中，处于不同学龄层次的大学生的思想状况不同，其教育的方式、方法也不同，这就需要教育工作者在对其进行比较的基础上，有针对性地因材施教。

3. 比较教育法的基本要求

运用比较教育法要注意以下三个方面的要求：

（1）注意对象的可比性。运用比较教育法时，要注意比较的人或事物的性质、条件、特点等属于同类，具有可比性。完全不同类型的人或事物，是无法比较的。

（2）注意综合比较。运用比较教育法，需要教育工作者从正面、反面、相同、相异、对立、统一等各个角度进行综合的比较，才能深刻地把握事物的特点，从而增强教育的针对性。所以，要避免单一、片面的比较，以免出现错误的判断和方法。

（3）注意从内容和本质上进行比较。运用比较教育法，不能单从形式或现象上进行比较，而是要善于从事物的具体内容和本质上进行比较，避免得出错误或片面的结论，影响高校思想政治教育的效果。

（五）典型示范教育法

典型是时代精神在个别人或集体身上的集中反映和浓缩，会对人们的心理产生强大的刺激作用，起到激励或警示的作用。在高校思想政治教育过程中，典型示范教育法可以很好地教育人、鼓舞人或警示人。

1. 典型示范教育法的含义

所谓典型示范教育法，是指在高校思想政治教育过程中运用具有代表性的人物或事件对大学生进行引导和教育的方法。从哲学的角度，典型是在一定的时期或一定范围具有相当程度影响的人物和事件，它是能代表一类或一般事物的典型特征和本质、发展趋势或发展规律的个人或个案。典型示范教育就是通过典型教育使大学生吸收先进典型的有益成分，并对照自己的不足，吸取经验，消除自己的不良思想和行为，提高自己的思想政治素质。

2. 典型示范教育法的主要形式

典型按照性质来分，有正面典型和反面典型；按照范围来分，有个体典型和群体典型。在此，着重介绍正面典型示范教育和反面典型警示教育形式。

（1）正面典型示范教育

正面典型示范就是在高校思想政治教育活动中选取先进的、积极的典型人物和事例作为典型示范教育的材料或案例。在选取正面典型人物或事例时，要准确把握时代脉搏，突出时代特征，充分反映时代和社会发展的主流价值取向，面向现实生活，贴近人民大众，努力找到时代需要与人民大众现有思想道德水平的最佳结合点。在利用正面典型人物或事例进行教育时，一是要充分运用其生动的事例阐明抽象的道理，从而提高大学生的思想认识和觉悟；二是要充分发挥正面的、先进榜样的激励作用，使大学生学习有榜样，追赶有目标，充分发挥正面典型的榜样示范效应；三是要关心、爱护正面典型人物，并对其进行实事求是的宣传，力戒拔高和浮夸，使其正常的生活、学习和工作免受影响。只有这样，才能持续发挥正面典型的稳定示范作用。

（2）反面典型警示教育

反面典型警示教育就是通过一些典型的反面教育的人物、案例来对大学生进行教育。反面典型警示教育主要是使大学生在学习和生活中以反面典型为警戒，避免犯类似的错误。进行反面典型警示教育时，一是要注意反面典型的时代性和代表性。与正面典型的选择一样，在高校思想政治教育活动中，选取反面典型时，也要注意时代性和典型性，所选取的反面典型一定要具有代表性，能够反映当下人们在错误价值观引导下产生的特别重大或严重的失误，给个人或社会造成较大损失或产生了严重的后果，对个人或社会造成了不良的影响，具有较强的代表性。二是要加强反面典型的警示性教育。正面的、好的典型在高校思想政治教育过程中可以发挥正面的、积极的示范作用。同样，极具代表性的反面典型在高校思想政治教育过程中可以震撼大学生的心灵，督促他们进行反思，检视自己的思想和行为，通过对反面典型的思考，自觉规范自己的言行。

3. 典型示范教育法的基本要求

在高校思想政治教育过程中，运用典型示范教育法的基本要求有如下三点：

（1）注意典型的代表性和示范性。在高校思想政治教育过程中，运用典型示范教育法时，要注意典型的代表性和示范性，使其能真正发挥作用。

（2）注意典型示范教育时机的选择。在高校思想政治教育过程中，应注意典型示范教育时机的选择，充分发挥典型的时效性。任何典型都是一定时期、一定范围、一定环境的产物，离开其时空范围就难以发挥作用或引起人们的共鸣，就不能发挥典型的示范作用。所以，要注意典型示范教育的时机的选择，充分发挥其时效性。

（3）注意正确引导。在高校思想政治教育过程中，运用典型示范教育法时，要对大学生进行正确的引导。正面典型主要是要引导大学生以典型人物或事例为榜样，向先进典型学习。反面典型主要是引导大学生吸取其教训，规范自己的言行，将一些不正确的思想和言行消灭在萌芽状态。

（六）心理咨询法

在新形势下，高校思想政治教育要引入和借鉴心理学的知识和方法，开展心理咨询，不仅能保护大学生的身心健康、塑造其健全人格，还能开发大学生的巨大潜能。

1. 心理咨询法的含义

所谓心理咨询法，是指教育工作者或专业咨询者运用心理学的知识、理论和技术，通过回答大学生的思想困惑或心理迷茫问题，并为其提供建议，从而帮助他们解决思想和心理问题的一种方法。心理咨询法运用到高校思想政治教育过程中，主要是针对大学生在思想政治教育中出现的思想或心理问题而并非所有的心理问题。通过与教育工作者或专业咨询者的交流，使大学生改变对自身的认识，解决其思想冲突，防治其心理疾病，促进其心理健康发展。

2. 心理咨询法的主要形式

作为一种专业性极强的方法，心理咨询法在高校思想政治教育中的运用，其形式也是多样的。

（1）现场咨询

现场咨询就是教育工作者或咨询机构的专业人员深入学校，为大学生提供多方面服务的一种咨询形式。这种形式可以解决大学生咨询人数多，而专业咨询人员不足的问题。

（2）电话咨询

电话咨询是通过打电话或发短信进行交流和咨询，这是一种较为方便而又迅速、及时的心理咨询方式，可以及时帮助思想或心理有问题的大学生排忧解难，有效地预防因心理问题导致的不良行为的发生。

（3）专栏咨询

专栏咨询主要是通过报刊、广播、电视等大众传媒形式对大学生的典型心理问题进行解答。这种咨询形式目前在我国比较普遍，如许多电台或报刊都开设了心理健康咨询专栏或专题节目。

（4）网上咨询

网上咨询是随着互联网技术的发展而逐步普及的，各学校或大型单位建成的校园网或局域网设立心理谈心室或心理咨询站，由专业的教育工作者或咨询者主持，广大大学生可以随时通过网上咨询，解决心理问题，克服心理障碍，促进良好心理素质的培养。

3. 心理咨询法的基本要求

在高校思想政治教育过程中，运用心理咨询法时要注意以下三点：

（1）教育工作者要有扎实的专业知识

运用心理咨询法，要求教育工作者要有扎实的专业理论知识，包括高校思想政治教育学和心理学的相关知识，并能熟练运用心理咨询的技术和观察法、问答法、测验法、访谈法、个案法等心理咨询方法。

（2）教育工作者的态度要热情，要注意对咨询内容的保密

教育工作者对大学生要热情、周到、真诚、耐心、细致，要像朋友式地交谈，同时要注意对咨询内容保密。鼓励大学生畅所欲言，积极倾诉内心苦闷，了解大学生的真情实感，尊重其合理要求，建立互信关系。

（3）注意疏导和排解不良情绪

对于大学生的疑难问题和心理障碍，教育工作者或专业咨询人员要用热情的态度和温暖的话语使大学生摆脱孤独、无助的困扰和心理痛苦，使其感受到温暖和关怀，使不良情绪得到合理的宣泄，心理得到很好的调适，逐步调整看问题的视角和方法，建立新的认知结构，提高社会适应能力。

第三节　思想政治教育的任务和目的

一、高校思想政治教育面临的新任务

（一）发挥意识形态引领作用的现实需要

意识形态工作是党的一项极其重要的工作。加强意识形态建设，是统一认识、凝聚人心、团结群众、提振斗志的重要思想力量，是推进经济社会发展的强大思想支撑。高等院校是巩固马克思主义指导地位、发展社会主义意识形态的重要阵地，意识形态建设是高校思想政治工作的灵魂，贯穿高校教学、科研、管理各项工作之中。高校思想政治工作会议印发了《关于加强和改进新形势下高校思想政治工作的意见》，进一步指出思想政治教育在意识形态教育中的重要性，同时，这也反映出高校思想政治教育意识形态功能的发挥遇到了前所未有的挑战。

（二）培养社会主义合格建设者和可靠接班人的重要保障

高校思想政治教育工作是培养社会主义合格建设者和可靠接班人的重要保障，是做好高校其他一切工作的前提。在加快推进社会主义现代化建设的过程中，高等教育具有基础性、战略性、先导性作用，关系着高素质人才的塑造和培养。实现"两个一百年"奋斗目标和中华民族伟大复兴，需要一代又一代人的不懈奋斗，最终将在青年一代的努力中变成现实。所以，高校培养人才"质量"的优劣，直接关系到中华民族伟大复兴事业全局的兴衰成败。然而，如何衡量人才培养的"质量"标准？我们常说"才为德之资，德为才之帅"，显而易见，"德才兼备"便是最重要的标尺。高校立身之本在于立德树人，立德树人离不开思想政治教育功能的有效发挥。"要坚持把立德树人作为中心环节，把思想政治工作贯穿教育教学全过程，实现全程育人、全方位育人。"

二、高校思想政治教育的目的

(一) 高校思想政治教育目的的类型

1. 根本目的和具体目的

这是按照目的在高校思想政治教育目的体系中的地位做出的划分。我国的高校思想政治教育以共产主义为方向，直接作用于大学生的思想品德，是培养大学生的思想道德素质的活动。高校思想政治教育的这一性质决定了我国高校思想政治教育的根本目的是提高大学生的思想道德素质，促进大学生的自由、全面发展，激励大学生为建设中国特色社会主义，最终实现共产主义而奋斗。这一根本目的包含相互联系的两个方面：一是提高大学生的思想道德素质。高校思想政治教育是满足大学生精神世界发展需要的一种方式，是提升大学生的精神品质的社会实践活动，而提高大学生的思想道德素质是这一活动的内在目的。二是促进人的自由全面发展。人的自由全面发展既是共产主义的理想目标，也是社会主义的本质要求。社会主义的本质是解放生产力，发展生产力，最终落脚点是人的自由全面发展，而这正是高校思想政治教育的终极目的。

高校思想政治教育的根本目的可以被看作长远目标，它要经过人们长期的努力奋斗才能达到。在高校思想政治教育过程中，这一长远目标一般需要经过多层次分解，成为一个个具体目标，指导高校思想政治教育的具体活动。通过一个个具体目标的实现，才能一步步向长远目标迈进。可见，具体目标是根本目标的具体化，其作用在于把高校思想政治教育任务落实到高校思想政治教育机构或教育工作者个人身上，故又可称为操作目标。高校思想政治教育活动的大部分内容都是由相关机构或教育工作者完成操作目标的，因此具体目标对于高校思想政治教育来讲也是很重要的。

2. 个体目的和社会目的

这是按照作用对象对高校思想政治教育目的所做出的划分。高校思想政治教育的个体目的，是指通过高校思想政治教育活动，在大学生个体思想和行为方面所期望达到的结果，包括心理素质目的、思想素质目的、道德素质目的和政治素质目的等。心理素质目的是基础，思想素质目的是前提，道德素质目的是重点，政治素质目的是核心。高校思想政治教育的社会目的，是指通过高校思想政治教育活动，在全体社会成员的思想和行为方面所要达到的预期效果。社会目的比个体目的层次更高，包含政治目的、经济目的和文化目的。政治目的是实现经济目的的根本保证，决定着文化目的的性质和内容；经济目的是政治目的和文化目的的基础；文化目的受政治目的和经济目的的制约，但又是政治目的和经济目的实现的必要条件。高校思想政治教育社会目的对高校思想政治教育个体目的起主导和支配作用，决定个体目的的形成、发展和实现；而个体目的又是高校思想政治教育社会目的实现的基础。

3. 远期目的、中期目的、近期目的

这是按照时限对高校思想政治教育目的所做出的划分。远期目的又可称作长远目的，是指经过相当长时期的持续努力方能实现的高校思想政治教育目标，在某种意义上可将其看作在一个长时期内要完成的基本任务。它反映的是社会发展的客观趋势和受教育者精神世界发展的长远需要，对高校思想政治教育活动具有长远的指导意义。远期目的的作用在于能够给高校思想政治教育活动指明具体的前进方向和奋斗目标。没有远期目的，高校思想政治教育的根本目的就会变得渺茫，教育活动就会失去方向。高校思想政治教育的中期目的是指需要经过较长时间的努力才能实现的高校思想政治教育目标。它实际上是将远期目的提出的基本任务做进一步划分，使之具体化，便于实施。没有中期目的，远期目的将难以有效实现。高校思想政治教育的中期目的具有阶段性、局部性和过渡性，是高校思想政治教育的"战役"目标，对高校思想政治教育活动具有重要的指导作用。高校思想政治教育的近期目的是中、长期目的的具体化，是高校思想政治教育当前想要达到的预期效果，具有现实性、具体性和可操作性，是高校思想政治教育的战术目标。高校思想政治教育的大部分活动都要达到近期目的，因此这一目的对高校思想政治教育很重要，对高校思想政治教育活动具有直接的指导作用。高校思想政治教育的远期目的、中期目的和近期目的相互影响、相互制约，远期目的指导和制约着中期目的和近期目的，中期目的是联系远期目的和近期目的的桥梁和纽带，起着承前启后的作用，近期目的是中期目的和远期目的实现的基础。

4. 观念性目的和指标性目的

这是按照抽象程度对高校思想政治教育目的所做出的划分。高校思想政治教育的观念性目的以抽象概念的形式表现出来，集中反映了高校思想政治教育目的的社会价值、发展价值和整体需要，具有明确的指向性和激励性。高校思想政治教育的指标性目的是由一系列以指标形式表现出来的具体目的组成的，是高校思想政治教育的观念性目的的具体化，人们可以借助这套指标对高校思想政治教育活动进行具体检测或比较。在高校思想政治教育目的体系中，这两类目的都是不可或缺的。没有高校思想政治教育的观念性目的，高校思想政治教育的指标性目的就会失去依据和方向；仅有高校思想政治教育的观念性目的，而缺少高校思想政治教育的指标性目的，就难以对高校思想政治教育活动进行有效的评估。

(二) 高校思想政治教育目的的特征

1. 方向性和客观性的统一

高校思想政治教育目的的方向性特征是由目的的向量性所决定的。我们在确定高校思想政治教育目的时必须保证其方向的正确性。因为高校思想政治教育目的的方向正确与否直接关系到高校思想政治教育活动的性质和实际效果。具体来说，我国高校思想政治教育目的必须充分体现社会主义的性质和发展方向，必须为社会主义现代化建设事业服务，为实现党和国家的发展战略服务，为人的全面发展服务。同时，高校思想政治教育目的又必须以社会生活条件和大学生的思想实际为前提和基础，这是高校思想政治教育目的客观性的突出表现。在确定高校思想政治教育目的时，必须将方向性和客观性有机地统一起来。

2. 超越性和可行性的统一

高校思想政治教育目的的超越性主要表现为如下两个方面：一是高校思想政治教育对社会生活应保持一定的超越性，高校思想政治教育目的的要求应高于大学生现实的思想品德水平，进行高校思想政治教育是要解决社会要求的思想品德规范与大学生现有思想品德水平之间的矛盾，如果高校思想政治教育目的缺乏超越性，那就难以完成这一任务，高校思想政治教育也将失去其存在的意义；二是高校思想政治教育目的产生于高校思想政治教育活动之前，具有时间上的超前特性。高校思想政治教育目的不仅应具有超越和超前的特点，还应具有可行性特征。也就是说，在确定高校思想政治教育目的时，应充分考虑社会发展及大学生思想品德发展的实际。高校思想政治教育目的是对大学生产生影响的预期，要实现这一预期，必须考虑高校思想政治教育的客观条件，考虑大学生的接受状态。如果高校思想政治教育目的及其指导下的教育活动不能进入大学生接受的阈限，高校思想政治教育目的就会被大学生束之高阁，从而难以发挥其作用。超越性和可行性是高校思想政治教育目的既有区别又有紧密联系的两种特性。超越性建立在可行性的基础上，可行性则受到超越性的制约，二者是有机统一的。

（三）高校思想政治教育目的的意义

第一，高校思想政治教育目的为高校思想政治教育活动指明方向。人的活动不是盲目随意的，而是有目的的。在社会生活中，不管是群体还是个体，无论做什么事，都要先确定目的，以明确活动的指向。高校思想政治教育不仅不例外，而且目的性更强，高校思想政治教育活动的方向就是由其目的所决定的。高校思想政治教育的根本目的从总体上决定了高校思想政治教育活动的共产主义方向，对高校思想政治教育的具体活动具有引导和激励作用。高校思想政治教育的其他一切方面，如任务、内容的确定，原则、方法、载体的运用等都必须与这个方向一致，都必须有利于朝这个方向发展。体现高校思想政治教育根本目的的具体目的也在不同层面上保证了高校思想政治教育活动的共产主义方向。

第二，高校思想政治教育目的为思想政治活动提供动力。高校思想政治教育过程是教育者和受教育者的双向互动过程，只有教育者和受教育者都充分发挥主观能动性，积极参与互动，高校思想政治教育才能取得预期效果。而高校思想政治教育目的为激发教育者和受教育者的主观能动性提供了动力。对于高校思想政治教育者而言，高校思想政治教育的目的尤其是具体目的往往具有时限性，可用具体指标加以衡量，体现为阶段性的任务，因此能较好地激发大学生的活力，使他们积极主动地工作，为达到目的努力奋斗；对于受教育者而言，高校思想政治教育目的实际上就是他们的奋斗目标，教育目的所要求的思想政治素质就是受教育者应当努力达成的理想人格，因此其必然会对教育对象起到重要的引导作用。

第三，高校思想政治教育目的为衡量高校思想政治教育活动成效提供依据。

高校思想政治教育目的是整合高校思想政治教育所有具体评价标准的精神内核，不仅是高校思想政治教育活动应努力的方向，也是评估高校思想政治教育活动成效的重要依据。判断高校思想政治教育活动是否有成效以及成效的大小的重要依据就是高校思想政治教育目的。有助于达到目的的高校思想政治教育活动，就是有成效的活动；反之则是没有成效的活动。从总体上看，高校思想政治教育活动是否有成效，主要看高校思想政治教育根本目的的实现程度，即受教育者的思想道德素质是否提高，个性、能力是否得到全面发展等；从局部或具体单位看，高校思想政治教育活动的成效如何，要看活动的具体目标是否达到，如思想认识是否提高，工作、学习积极性是否得到充分的发挥等。

可见，高校思想政治教育目的是衡量和评价高校思想政治教育活动成效的基本尺度。由于高校思想政治教育目的是社会发展的客观要求和受教育者内在精神世界发展的需求相互作用的产物，目的达到的状况客观上反映了社会和个人需求满足的程度，因此将高校思想政治教育目的作为衡量高校思想政治教育活动成效的标准是适宜的。

第二章 思想政治教育认同基础理论

第一节 思想政治教育认同相关概念

一、认同的概念释义

(一) 认同的词源学释义

从词源学上考察，认同一词译自英文的"identity"，而"identity"一词起源于拉丁文 idem，意为"相同的"。"identity"在英文中有多种含义。作为可数名词，根据《英语大词典》的解释，其基本含义包括四种：一是身份、本身；二是同一人、同一物；三是同一（性）、相同（处）、一致（处）；四是个性、特性。根据《新牛津英汉双解大词典》的解释，其基本含义包括四种：一是身份、本体；二是同一性、一致；三是恒等运算；四是恒等（式）。而根据《朗文当代高级英语辞典》（第六版）的解释，其基本含义包括三种：一是身份；二是（区别人或群体的）特性；三是（两件事物的）相同、一致。可以看出，这几部英文权威词典，都包含了"身份""同一""一致"等字样的含义。对于"identity"的界定，学界目前有许多不同答案，尚未达成共识。一般而言，在汉语学术研究领域，哲学语境中往往用"同一性"这个术语来翻译"identity"，而在某些社会科学中则根据不同的语境分别使用"身份"和"认同"这两个概念来表述"identity"的含义。《现代汉语大词典》对于"认同"的定义，一是承认是同一的；二是一种行为和过程。由于中英文语义的某种差异，对于英文"identity"的汉译，需要结合具体的语境进行确定。从"identity"的语义出发，我们认为"认同"的基本含义有两个方面，即同一性、相似性和差异性、个性。其中，差异性和个性是认同的根本含义，因为只有当事物之间、人与人之间、思想观念之间存在着不同和差异，人们才会谈论认同，社会才会存在认同问题。①

（二）认同的学科化阐释

"认同"是一个较为复杂的概念，学术界对其含义见仁见智，尚无统一的说法。"认同"最初是一个心理学的概念。从 20 世纪 60 年代开始，西方学者将其在社会学、政治学、哲学、民族学、文化学、人类学等诸多领域中广泛应用。"认同"在不同学科领域以及在同一学科领域中，因为理解的角度不同，其内涵存在着较大的差异。

西方学者中最早使用"认同"概念的是奥地利心理学家弗洛伊德，他把认同看作是一个心理过程，是个人向另一个人或团体的价值、规范与面貌去模仿、内化并形成自己的行为模式的过程，认同是个体与他人有情感联系的原初形式。②后来，人格发展八阶段理论的提出者、美国心理学家埃里克森把认同理论系统化，他从自我与他人的关系角度，将认同看作一个逐步形成结构，是一种自我同一性和历史连续性感觉，是对在生命周期的不同阶段发生的内驱力和社会压力的反应。③可见，"认同"最早作为一个心理学概念，它根源于个人与他人之间的关系，更多的是指自我认同，即自我认识、自我肯定的过程。换言之，认同是指个体获得他者的承认以及对这种承认的确认，是个体人格形成的基础。

在埃里克森之后，随着现代性的发展，认同概念逐渐突破心理学的范畴，被越来越多的西方学者广泛应用于社会学、哲学、政治学等领域，认同成为社会生活中的普遍现象和问题。法国后现代主义学者韦克斯指出："认同乃有关隶属，即关于你和一些人有何共同之处，以及关于你和他者有何区别之处。……认同是有关于你的生活关系，你与他者复杂的牵连。"④后来，德国学者哈贝马斯指出："认同归于相互理解、共享知识、彼此信任、两相符合的主观相互依存。认同以对可领会性、真实性、真诚性、正确性这些相应的有效性要求的认可为基础。"⑤

---

①胡建. 当代中国公民政治认同研究 [M]. 北京：中国社会科学出版社，2020. 07.

②徐俊. 高校大学生思想政治教育认同研究 [M]. 武汉：华中科技大学出版社，2022.

③徐俊. 高校大学生思想政治教育认同研究 [M]. 武汉：华中科技大学出版社，2022.

④胡建. 当代中国公民政治认同研究 [M]. 北京：中国社会科学出版社，2020.

⑤倪瑞华. 思想政治教育认同基本理论研究 [M]. 北京：中国民主法治出版社，2021.

美国学者亨廷顿在对"认同"进行界定时也持类似观点，他指出，"在绝大多数情况下，identity 都是建构起来的概念。人们是在程度不等的压力、诱因或自由选择的情况下，决定自己的 identity 的"。① 由此可见，认同是一个积极建构的过程及其结果，是在不同主体之间的相互沟通、交流过程中建构的，认同强调的是个人或者群体的自我建构，即强调认同承载者的主体性、能动性和自我反思能力。这里所说的自我建构，应包括个人在社会中获得成员身份即自我认同和个体对群体的接纳即社会认同这两个方面。认同是在自我认同和社会认同两个维度上的双向建构。

在广泛借鉴国外学者关于认同研究相关成果基础上，国内一些学者对于认同概念的理解也提出了一些有价值的看法。社会心理学家沙莲香认为，认同是维系人格与社会及文化之间互动的内在力量，从而维系人格统一和一贯性的内在力量，因此，这个概念又用来表示主体性、归属感。教育心理学家冯忠良认为，认同作为社会规范的一种接受水平，一般指行为主体在认识、情感上与行为上对规范趋于一致，从而产生自愿对规范遵从的现象。② 社会学家李友梅认为，认同是一个"求同"与"存异"同时发生的过程，通过"存异"实现"自我证明"、自我身份的确认，通过"求同"实现"去个性化"和自我的情感归属。③ "认同"概念在汉语中主要有三种含义：其一是同一、等同，指不同时空条件下某种事物与另一事物为相同事物的现象，描述事物的一贯性；其二是确认、归属，指个体或群体通过辨识自己的特色，确定自己属于哪一种类属、不属于哪一种类属的活动，表达个体或群体的归属性；其三是赞同、同意，指主体对某个组织、团体或观点持支持、赞同或肯定的态度或判断，表达个体或群体对事物或观点的肯定性。

综上，认同的本质就是指主体通过"自我"与"他者"之间的"求同"与"存异"，最终完成对自我的身份确认和情感归属。个人在社会生活中只有完成了自我肯定及自我身份感的确认，才能最终实现对社会共同体的认同，即最终形成对社会的情感归属、对社会普遍规则的遵循及对个体行为的约束。因此，关于认

①胡建. 当代中国公民政治认同研究［M］. 北京：中国社会科学出版社，2020.
②李东斌，邓稳根. 教育心理学［M］. 南昌：江西高校出版社，2019.
③李友梅，刘春燕. 环境社会学［M］. 上海：上海大学出版社，2004.

同的定义可以概括为：现代社会体现中的主体（个体或群体）在社会生活中，基于自我身份确认基础上产生的对外界对象的情感和意识上的归属感，以及在社会生活中主体基于自身的利益和价值需要而积极支持、参与认识对象的实践行为和过程。其含义可归结为两个层面：心理（归属）层面的认同和实践（行动）层面的认同。简言之，认同是一定个体或群体对外界人或事物的一种肯定性的心理反应和行为表达，即对某一现象承认、认可并且自愿地按其规范行事。总之，认同就是一个从心理层面的归属到实践层面的支持的演化过程。在本质上它是一种趋同的过程，即主体对他者在思想上和行动上的趋同过程。从其特征来看，认同具有主体建构性、发展变动性、社会互动性等基本特征。

二、思想政治教育认同的内涵释义

（一）思想政治教育认同的内涵

思想政治教育认同是"思想政治教育"和"认同"叠加的名称，但其内涵不是这两个概念的简单拼接。科学理解和界定思想政治教育认同的内涵，首先要明确思想政治教育认同与思想政治教育的关系，明确思想政治教育认同在思想政治教育中的地位和作用。认同问题既是实现思想政治教育实效性的前提和关键，又是思想政治教育存在和发展合法性的基础。从思想政治教育的内涵看，思想政治教育作为一种社会政治实践活动，其本身就内含了认同的环节，换言之，思想政治教育认同是思想政治教育的应有之义。张耀灿等人将认同与受教育者的主体性紧密联系，认为"思想政治教育接受过程的核心是主体认同，这是以价值认同为导向、利益认同和心理认同为基础形成的理性认同过程"[①]。孙其昂在研究思想政治教育内部规律时认为，"思想政治教育实际上就是思想政治教育者有目的、有计划、有组织地帮助和引导教育对象认同和接受社会公共理性，形成种符合社会主张的思想政治品德素质，从而付诸实践活动"[②]。沈壮海在分析思想政治教育对象的意识活动有效性时指出，"积极的情感活动，表现为思想政治教育对象

[①] 张耀灿. 现代思想政治教育学 [M]. 北京：人民出版社，2001.
[②] 孙其昂，黄世虎. 思想政治教育学基本原理 [M]. 南京：河海大学出版社，2015.

对教育者情感上接近、尊重、信任，对教育内容及其所表达的思想政治教育目的的认同、接纳与强烈的追求、实践欲望"①。以上学者虽然没有直接定义思想政治教育认同，却触及了思想政治教育认同的要义问题，指明了思想政治教育认同在思想政治教育实践中的重要性。

魏永军在《思想政治教育认同研究》一文中指出，思想政治教育认同问题，是思想政治教育认同主体在处理"自我"与思想政治教育认同客体关系过程中所产生的一种情感和意识上的归属，从而自觉地根据思想政治教育认同客体的要求来规范约束自己的思想和行为。② 这一界定主要从心理学角度来探讨思想政治教育认同的发生、发展规律，具有一定的先创性。王易、朱小娟认为，思想政治教育认同就是认同主体出于自身利益需要的考虑，对思想政治教育自觉自愿的承认、认可、赞同乃至尊崇的倾向性态度，并主动根据思想政治教育的要求来规约自己的言行举止，以求自身思想和行为与思想政治教育要求趋于一致的活动过程。③ 魏永强、郑大俊认为，思想政治教育认同就是认同主体对思想政治教育系统认可和赞同的心理活动，进而调整自己的行为举止，达到思想行为与思想政治教育要求一致性。④ 倪瑞华则认为，思想政治教育认同是指教育主体和教育客体对作为客体的思想政治教育性质、作用、功能的认知、赞成、接受，确立信仰并转化为自己的实践行动，是经由感性到理性、由内而外的过程。⑤ 这些观点主要是从个体与社会的差异性出发，认为认同是个体思想与行为趋同社会要求的过程。不难看出，上述各种界定较多受认同的心理学本义影响，一方面，体现了思想政治教育学发展过程中对心理学、教育学等学科的兼容并蓄和借鉴；另一方面，从完善性上看，还有某些方面值得商榷。这些定义总体上显得较为笼统、抽象，没有厘清思想政治教育要素中的认同主体、认同客体及其关系，没有突出受教育者的主动性、自主性、需求性、实践性等主体性特点，也没有体现思想政治教育学科的话语特征、学科特征。

---

① 沈壮海. 思想政治教育有效性研究 [M]. 武汉：武汉大学出版社，2017.

② 魏永军. 思想政治教育认同研究 [D]. 南京：河海大学，2007.

③ 王易，朱小娟. 思想政治教育认同初探 [J]. 复印报刊资料（思想政治教育），2013（8）：41-47.

④ 魏永强，郑大俊. 思想政治教育认同的心理结构及其生成机制 [J]. 学校党建与思想教育，2014（5）：16-18，21.

⑤ 倪瑞华. 思想政治教育认同基本理论研究 [M]. 北京：中国民主法治出版社，2021.01.

　　综合上述定义，我们认为，对思想政治教育认同可以做出如下界定：思想政治教育认同是指受教育者基于自身和社会的需要，在教育者引导和教育环境影响下，主动、自觉地认知、理解、接受、同化一定的阶级、政党、社会群体的思想观念、政治观点、道德和法律规范，形成情感和精神上的归属感和一致性，并内化为自身的思想、政治、品德等素质，外化为符合社会需要的行为和习惯的实践活动。这一概念界定包含如下意蕴：一是在根源上，社会需要与个人需要是思想政治教育认同产生的原因。二是在结构上，思想政治教育认同是由认同主体、客体、介体、环体等基本要素构成的复杂系统，是由不同要素共同作用与影响的结果。三是在过程上，思想政治教育认同是一个内化与外化辩证统一的过程。思想政治教育认同首先是认同主体在认知基础上对认同客体认可、接纳。但只有内心的认同是远远不够的，内化的观念、观点、规范还必须转化为行为习惯。四是在本质上，思想政治教育认同是精神性与实践性相统一的活动。①

　　在探讨高校思想政治教育认同这一概念时，学术界经常提及大学生思想政治认同、大学生政治认同教育或大学生思想政治认同教育，它们与高校思想政治教育认同有何关系？实际上，这几个概念之间既有区别又有联系。大学生思想政治认同是指大学生对相关思想政治观念的认同，与高校思想政治教育认同相比，这一概念并未明确通过何种途径实现大学生思想政治认同，也就是说大学生思想政治认同是自发的还是自觉的实现，是通过自我习得还是他人教育引导生成的，人们并不知晓。因此，这一概念具有很大的包容性，高校思想政治教育认同是对这一概念的拓展和具体化，指明大学生在思想政治教育过程中通过自我的认知、理解、接受和同化，实现了对相关思想政治观念的认同。大学生政治认同教育，是指高校和其他教育主体运用中国共产党的政治理论、政治思想和政治价值观念对大学生群体进行的有目的、有计划、有组织的教育活动，目的是使大学生群体逐渐形成符合中国特色社会主义事业发展和党长期执政需要的政治认同。大学生政治认同教育关系到大学生政治认同的产生、延续和巩固，其内容主要是对中国共产党领导和执政的认同教育和对中国特色社会主义理论、道路、制度的认同教育。目的是使大学生群体接受中国特色社会主义，并真正内化为自身的政治信

①林华开，龙静云.思想政治教育认同的概念界定和把握［J］.思想教育研究，2020（5）：23-27.

仰，指导自身的实践活动和政治行为。① 从这个定义可以看出，相比大学生思想政治认同教育，大学生政治认同教育是侧重于对大学生政治认同维度的教育，教育的内容主要是相关的政治体系，而大学生思想政治认同教育不仅对大学生进行相关政治体系的认同教育，还包括思想观念、道德品质等方面的认同教育。

（二）思想政治教育认同本质

思想政治教育认同本质是思想政治教育认同过程中最普遍、最稳定的特性，它始终贯穿于思想政治教育认同整个过程，是思想政治教育认同各种现象的存在根据。我们认为思想政治教育认同本质可以从以下三个方面把握：

第一，思想政治教育认同的需求性。思想政治教育认同应该同时满足认同主体个人发展需求和社会发展需求。从个人发展需求来看，个人的全面发展离不开社会环境，个体在社会中学习社会知识，个人只有接受、认可、认同与社会发展一致的价值规范，从而形成良好的社会规范意识和融入社会，与社会发展保持一致，才能获得更多的社会资源与支持条件，才能在社会中发展和完善自我，进而实现个人的要求、理想、自身价值。从社会发展需求来看，社会的稳定、和谐发展，有赖于社会每个成员接受、认同社会规范、价值准则、理想信念，产生社会身份感与归属感。正是促进每个社会成员获得、认同与内化社会规范、价值观，才能形成共同的社会精神与价值观念，产生推动社会发展的凝聚力与向心力，在社会不同领域提供持续发展的动力，促进社会和谐和整体进一步发展。

第二，思想政治教育认同的政治性。所谓思想政治教育认同的政治性，也就是它的意识形态性本质。从社会需要考虑，思想政治教育认同的目的，就是一定阶级和集团通过教育者的引导、教育、影响，促使认同主体对思想观念、政治观点、道德和法律规范等客体的认同，形成符合特定社会意识形态要求的思想品德和行为习惯。这一认同过程不是自主自发形成的，而是一定阶级和集团通过教育者有意识、有计划、有组织对认同主体施加影响的结果。有意识、有计划、有组织地对认同主体施加影响，既是思想观念、政治观点、道德和法律规范作为意识

---

①元修成，张澍军.多元文化背景下大学生政治认同教育策略分析［J］.思想政治教育研究，2014（3）：54-56.

形态被认同主体认同、接受、吸收的过程，也是意识形态作为客体主体化过程，是意识形态掌握群众（认同主体）的过程。

第三，思想政治教育认同的实践性。思想政治教育认同本质上是认同主体在追求一致性、明确归属感中改造思想政治品德和行为的实践活动，实践性是思想政治教育认同的又一本质特征。思想政治教育认同过程是改造人的主观世界、促进主观世界与社会要求等客观世界统一又保持自我一致性的过程。同时，个体成长与发展过程中，始终和社会发展密切相关，每个人都是社会关系性存在。个人需要按照预设的社会身份，习得一定的社会规范和价值观念，内化为自己的思想政治品德，外化为社会要求与角色期待的行为与习惯，才能融入社会，得到其他社会成员的认同、肯定和接纳、尊重，获得归属感、安全感和意义感。

第二节　思想政治教育认同的要素结构

一、思想政治教育认同的构成要素

思想政治教育认同是由一系列相互联系、相互作用的要素构成的复杂的有机系统，每一要素都发挥着不可替代的重要作用。思想政治教育认同活动的成功依赖于每一要素的有效介入和支持。缺少任何一个要素或者各要素之间不能有效协同与配合，不仅会影响其他要素在整个思想政治教育认同体系中的功能的发挥，而且可能影响整个系统从而导致认同失败。也就是说，促成思想政治教育的认同无疑是多种要素共同作用的结果。一般情况下，思想政治教育认同的构成要素主要包括传授主体（施教者）、认同主体（教育者与受教育者以及公众）、认同客体（思想政治教育内容）、认同介体（思想政治教育教学方法）、认同环体等。这几大要素之间相互联系、相辅相成，缺少任意一个要素或各要素之间的联系不合理，都会直接或间接影响思想政治教育认同的获得以及受教育者的认同效果。

（一）传授主体

传授主体主要是指在思想政治教育认同过程中，根据一定社会、国家、阶级、政党的要求，有目的、有组织、有计划、自觉地对社会个体或群体施加可控性影响的承担者、发动者和实施者。简言之，传授主体就是传授思想政治理论内容的组织者和教育者，包括各级党的组织、政府机构、群体组织，以及各级各类企事业单位、部队、学校、社区、家庭等，其中从事思想政治教育的专门机构和专业人员是传授主体的核心部分，承担着更加重要的政治责任和任务。在思想政治教育认同要素系统中，传授主体是不可或缺的基本要素，是不能缺席、必须在场的重要角色。思想政治教育认同的传授主体，可以引导和调控整个认同活动，决定着思想政治教育认同过程的方向和效果，在整个思想政治教育认同过程中居于主导地位，具有主导性。传授主体的主导性主要表现在对意识形态教育地位、教育目标、教育内容等方面的主导上。这种主导性不仅注重传授主体的主体性和引导性，还充分尊重和强调受教育者的主体地位，两者相互作用。一方面，传授主体通过对教育内容、教育方法及教学手段的设计和选择，引导并传授给受教育者相关的思想政治理论；另一方面，受教育者在选择性地认同这些内容时，会潜移默化地发生思想观念上的转变，形成社会所期待的道德和政治素质要求，从而实现思想政治教育的有效认同。

（二）认同主体

在思想政治教育认同过程中，认同主体可分为个体主体和群体主体。前者是指处于一定社会关系中的人，这是认同主体的主要部分；后者是指社会、国家、阶级、政党、社会组织等。思想政治教育认同主体具体是指教育者和受教育者，以及社会公众。其中，教育者既是传授主体又是认同主体，传授主体自身也有一个对自己所传授内容的认同问题；受教育者是最主要的认同主体，我们所说的思想政治教育认同的主体主要是指受教育者；社会公众作为认同主体，他们对思想政治教育的认同程度形成一个强力的外在影响因素。思想政治教育认同过程就是认同主体基于自身状况对思想政治教育内容进行选择和接受、内化和实践的过程，而这个过程顺利进行的关键在于认同主体，认同主体能否选择、接受、内化和实践思想政治教育内容直接影响思想政治教育认同的进程的快慢，决定着思想政治教育认同的成败。因此，在思想政治教育认同的结构要素中，认同主体最为关键。认同主体是思想政治教育认同的出发点和落脚点，其思想状态也是传授主体进行思想政治教育认同的基本依据。认同主体的权利与义务是相互统一的，认同主体不仅有进行思想政治教育认同的义务，也有在思想政治教育认同过程中受尊重的权利。因此这就要求传授主体充分了解认同主体的思想状况，遵循认同主体的身心发展规律，满足认同主体合理的利益诉求。在思想政治教育认同过程中，认同主体具有极强的主体性，他们可以对思想政治教育的内容进行选择性认同或拒绝认同。认同主体的差异性要求传授主体在思想政治教育认同过程中必须考虑认同主体特殊的心理特征和个性需要等，做到因材施教。

（三）认同客体

认同客体可以从广义和狭义两个层面理解。广义上的认同客体是指认同主体在思想政治教育过程中所接触到的与思想政治教育有关的各种对象，包括思想政治教育的施教者、课程、内容、方法、途径、过程和结果等方面，也就是说广义的认同客体涉及思想政治教育认同的各种要素，认同主体会对思想政治教育认同过程中触及的一切要素（包括认同主体自身）进行认知、评价、判断和选择；狭义的认同客体是指认同主体在思想政治教育过程中所接受的教育内容或教育对象，包括一系列的思想观念、政治观点、道德与法律规范等。在这些思想政治教育的主要内容中，每一项内容都可具体分为多方面和多类型。其中，正确的世界观、人生观和价值观的塑造是根本，爱国主义、集体主义和社会主义教育是核心，道德素质和法律素养等是基础。认同客体的诸形态和各要素有机地结合在一起，相互渗透、不可分割。思想政治教育的认同客体具有特殊性，一般不具有人们通常所以为的直接实用价值，而是具有非常鲜明的阶级性、党性、政治性和意识形态性色彩，这是其最为本质的属性。社会的统治阶级为巩固其政治地位，必然要通过思想政治教育向人们灌输本阶级的道德意识、思想政治观念等内容，并力争把它们转化为人们的思想道德品质，进而转化为思想道德义务。我国是社会主义国家，国家的阶级性质决定了我国思想教育认同的客体与剥削阶级的思想政治教育认同客体有着明显的质的区别。科学性也是其本质属性之一，这是因为思想政治教育认同客体反映了客观事物的本质，符合社会发展进步的趋向和规律。思想政治教育认同客体的阶级性与科学性是辩证统一的。与此同时，思想政治教育认同客体还具有时代性与继承性，思想政治教育的认同客体既要继承历史传统，又要充分反映时代发展过程中的新理论、新思想、新要求、新精神，实现时代性和历史继承性的有机统一。

（四）认同介体

认同介体是传授主体、认同主体、认同客体、认同环体之间相互联系的纽带，它是传授主体在进行思想政治教育认同活动时所运用的传递载体和传授途径，主要包括思想政治教育认同过程中的认同方法、认同载体等。认同方法是指传授主体在引导认同主体的思想行为发生预期变化的过程中所运用的方法，也是传授主体在思想政治教育认同过程中与认同主体之间真正确立教育与被教育关系的纽带；认同载体则是指能承载、传导思想政治教育内容，能被传授主体熟练运用，且传授主体和认同主体可借此相互作用的一种思想政治教育认同的活动形式。通常情况下，认同载体是思想政治教育认同各要素相互联系的纽带和通道，是各要素相互作用的实现形式。认同方法、认同载体能够作为思想政治教育认同介体的重要组成部分，其根本原因在于其中介性，这种中介性主要表现为关联性、传导性和互动性的特点。认同介体的关联性，是指思想政治教育的认同介体是把各要素联系起来的桥梁和纽带。认同介体的传导性，就是指思想政治教育认同介体总是要承载和传递一定的思想政治教育内容，具有教育内容输出和输入的导体功能。认同介体的互动性，是指思想政治教育的认同介体是传授主体与认同主体相互作用的手段，传授主体可以运用一定的介体作用于认同主体，认同主体也可以运用一定的介体作用于传授主体，从而使传授主体与认同主体形成一种双向互动的关系。

（五）认同环体

认同环体是指思想政治教育认同过程中所面对的外部客观存在的环境，其对思想政治教育认同结构中的其他要素，以及整个思想政治教育认同活动的效果都具有很大的影响作用。从宏观角度来看，认同环体包括整个社会的政治、经济、文化、传统等，决定了思想政治教育认同的总目标和总方向；从中观角度来看，认同环体则包括家庭环境、学校环境、社区环境等学习生活场所，对认同活动有着重要的影响；从微观角度来看，认同环体包括教室、书房、微机室等一些具体开展认同活动的场所，对思想政治教育认同的效果起着直接的作用。思想政治教育认同环体的根本特点是条件性，这种条件性不仅体现在认同环体为思想政治教育认同的顺利进行提供重要的条件，也体现在认同环体在思想政治教育认同结构要素的运行过程中为传授主体认识了解认同主体提供条件。这种条件性主要表现为思想政治教育认同环体的具体性、综合性、开放性和历史性。认同环体表现为具体性，是因为认同主体一定要从思想政治教育的具体环节或条件出发开展思想政治教育认同活动。离开具体的环境和条件，思想政治教育认同活动将会显得空洞乏力。综合性主要是考虑思想政治教育认同环体提供的条件因素的多维性，只有综合考虑各种外部条件因素，思想政治教育认同才能取得良好的效果。认同环体的开放性，是改革开放、经济全球化、信息网络化的必然要求，是指思想政治教育认同面临新的挑战与机遇，对思想政治教育认同的开展和认同主体的"三观"形成与发展产生潜移默化的影响。认同环体的历史性，是指思想政治教育认同环体必然随着社会发展进步而产生变化，这就要求我们既要重视历史因素，也要考虑现实条件，在继承思想政治教育认同优良传统基础上，不断更新和优化思想政治教育认同的内容和方法。

二、思想政治教育认同的目标维度

现有研究中存在不少与思想政治教育认同有关的文献，它们主要集中在思想政治教育过程中的自我认同、政治认同、文化认同、价值认同等方面。这些方面的研究或多或少地涉及思想政治教育认同的目标维度，需要从理论上加以澄清。思想政治教育认同的目标维度要求，某种意义上也可以理解为思想政治教育认同所要达到的预期效果和作用。

（一）实现自我认同

自我认同是实现自我身心和谐的基础与核心，对于每个青年大学生都非常重要。一个人只有对自身的言行持肯定性评价，支持自己的选择，认同自己的行为，实现自我的身心一致，才能科学地理解这个世界，正确处理个人与他人、个人与世界的关系。大学生正处于从青年到成年的人生重要转折时期，在这一阶段更容易出现自我认同问题。一方面是因为生理上的成熟向他们提出了更高的自我要求，另一方面是因为社会角色的转换使其对自我认知和自我判断形成了新的挑战。大学生面对的社会环境、生活环境的剧烈变化也会给自我认同提出新的挑战。在这一阶段，大学生形成个体自我认同的过程会遇到很多困难，进而会影响大学生人格的健康发展。当代大学生自我认同能力的提升关键在于培养自我认知和自我接纳能力。自我认知主要是通过与人沟通、语言交流、知觉记忆、理论思考等形式形成的学习能力和适应社会的能力。因此，应该通过开展大学生理想信念教育、世界观、人生观、价值观的培养，以及开展社会实践活动、志愿服务活动等提高大学生的社会适应能力和自我学习能力，从而形成正确的自我认知和自我判断。自我接纳是在自我认知和自我评价的基础上形成的一种自我态度，是自尊心理的最基本、最核心的特征。一个不能尊重自己生命的人，显然不会尊重别人的生命，只有获得积极的自我生命的尊严与价值，才能真正尊重他者的生命。因此，开展大学生尊重生命的意识教育，树立正确的生命观、形成合理的生命意识才能真正容纳自己，接纳他者，承认并尊重生命过程，自觉发现生命的价值与意义，实现人生价值。真正的自我接纳是建立在自我评价与社会评价的互动基础之上的客观的、全面的自我认知与自我分析。这是一种自觉的生命意识。开展自我认同教育，培养自我认知和自我接纳能力，在根本上就是解决"我是谁、我从哪里来、我向哪里去"的问题，促使大学生思考、追问和确认自我身份，接纳自己的优点和缺点，对自己形成较为完整、深入、系统的认知，从而提出适合自身的奋斗目标和理想追求，促进自我的身心和谐与健康成长。

（二）实现政治认同

大学生思想政治理论课是高校思想政治教育的主渠道，是大学生形成正确思想政治认同的重要途径。高校思想政治理论课对促进大学生提高政治鉴别力、增强政治敏锐性、树立正确的政治价值观具有特殊作用。实现对国家制度和意识形态的政治认同是高校思想政治教育的主要目标任务。对大学生进行思想政治教育，一是能够帮助青年学生树立正确的政治立场，完整、准确地理解与把握党和国家制定的路线、方针、政策，甚至对其形成系统深入的解读，进而拥护党和国家的正确决策，提高党的领导能力、国家的治理效能和治理能力；二是可以影响和改变他人或者普通群众对政治制度的根本看法，大学生通过思想政治理论课教育形成的政治认同，可以影响和改变身边人的政治观念，提高他们的政治认同度，也可以通过他们的宣传普及，消除人们对党和国家的路线方针政策的误解，化解社会矛盾，从而达到提高政治认同度的效果。由此可见，无论我们采取什么样的方式开展思想政治教育，它的根本目的都是用马克思主义的基本理论，特别是用马克思主义中国化的最新理论成果——习近平新时代中国特色社会主义思想去教育学生，解决学生对政治观念、政治行为的困惑。思想政治教育的根本目标是运用马克思主义的世界观、方法论去教育引导学生，使之成为拥护中国共产党的领导，拥护中国特色社会主义制度，坚定地做中国特色社会主义的建设者和接班人。这是一项通过思想政治教育来改造人的工作，即通过对青年大学生主观世界的改造来提高他们改造客观世界的能力。这既需要教育者具有良好的政治认同，能够通过言传身教传达给受教育者，还需要教育者充分地掌握思想政治理论课教育的基本规律，能够有效地提高思想政治理论课教学的效果。

如果说大学生形成自我认同、实现身心和谐是高校思想政治教育认同自身前提的话，那么认同党的基本路线方针政策，巩固马克思主义在意识形态领域中的指导地位，形成对中国特色社会主义政治制度的认同则是高校思想政治教育认同的基本政治要求和根本内容。这就要求我们在大学生思想政治理论课教学中，一方面要坚守马克思主义的意识形态阵地，反对各种各样的历史虚无主义、文化复古主义思潮，做到抓住事物的根本，把这些错误思潮的本质讲清楚；另一方面要提高思想政治教育的时代性、时效性、针对性、亲和力、吸引力。既能够把学生吸引到课堂上来，抓住学生关心的问题，把国家的路线方针政策讲清楚、讲透彻，还要讲得生动活泼，让大学生愿意听、喜欢听，从而提高思想政治理论课教学的认同度。思想政治工作应该积极教育和引导大学生正确认识世界和中国发展的大势，理解党的政策和决策，提高政治认识水平和领悟能力。

（三）实现文化认同

高校思想政治教育除了巩固和加强中国特色社会主义制度的政治认同之外，更为重要的是，形成、巩固和深化中国特色社会主义文化认同，使当代大学生自觉地做弘扬中国精神的践行者，社会主义核心价值观的维护者、实践者。我们知道，文化认同比政治认同、社会认同、民族认同等具有更深刻的内涵和持续而深沉的影响力，因而通过思想政治教育巩固和强化中国特色社会主义文化认同尤为重要。通过历史的学习，以爱国主义教育为重点，弘扬和培育民族精神，增进当代大学生对党史、新中国史、改革开放史、社会主义发展史的认同，有助于大学生从人类历史发展的规律、社会主义建设规律和共产党的执政规律的角度理解走中国特色社会主义道路的历史必然性，理解中国特色社会主义文化的丰富内涵、理论逻辑和历史逻辑，从而深刻地理解中国精神的深刻内涵。

中国精神包括以爱国主义为核心的民族精神和以改革开放为核心的时代精神。爱国主义是浸润在中华民族的每一个成员的血液之中的情感和信念。它不是国家在理论和文化上的倡导，而是对中华民族的历史的概括、提炼和总结。这种升华了的精神追求才是爱国主义得以在人们心中生根发芽的根本原因，大学生作为国家的未来和民族的希望，是社会主义现代化事业的建设者、无产阶级革命事业的接班人。因此，高校思想政治理论课程应当以爱国主义教育为重点，立足新时代中国特色社会主义的伟大实践，大力弘扬以爱国主义为核心的民族精神。教育当代大学生继承爱国主义的优良传统，增强大学生对于中国近现代史的认同感和使命感，满足大学生对于中国近现代史的体认需求，强化大学生的国家认同感和民族认同感，培养大学生的民族自尊心和自豪感，促进大学生以振兴中华为己任，自觉弘扬中华民族精神。以改革创新为核心的时代精神最能反映当代中国的时代特征，也最能解决中国遇到的时代问题（即发展问题）。以改革创新为核心的时代精神是对中国当代史的反思、概括与提炼，它确切地反映了当代中国的精神内核，也是中国经济社会在过去几十年里保持快速发展的重要秘诀，更是指引未来中国经济社会迈向高质量发展的根本法宝。代表祖国未来的大学生深刻学习和领会改革创新的时代精神是高校思想政治教育的应有之义。由此可见，教育新时代大学生继承、弘扬以爱国主义为核心的民族精神和以改革创新为核心的时代精神，强化当代大学生的责任意识、主体意识，提高新时代大学生的民族自豪感和民族自信心，提高大学生对中国精神的文化认同，自觉弘扬中国精神意义重大。

弘扬中国精神与践行社会主义核心价值观是大学生文化认同的两个相互联系的基本环节。如果说弘扬中国精神是从精神文化层面、从理论的角度对新时代中国特色社会主义文化的认同与肯定，那么践行社会主义核心价值观则是从实践的维度，以实际行动表达对新时代中国特色社会主义文化的支持和维护。对于一个民族、一个国家而言，最持久、最深层的力量是全社会共同认可的核心价值观，它凝结着全民族共同的精神信念和价值追求。社会主义核心价值观是时代精神和民族精神的汇流，是当代中国精神的体现。它以深沉的力量影响和改变着当代中国的发展进程和前进方向，培育和践行社会主义核心价值观具有重大的理论意义和现实价值。高校思想政治教育必须始终坚持社会主义核心价值观的主导作用，准确把握时代发展提出的新要求，了解和掌握社会诉求，契合时代主题，不断地自我调整、丰富和完善。文化的内核是价值观，价值观教育本质上是一种文化认同教育，社会主义核心价值体系作为我国社会主义的主流文化，是当今时代的主旋律。高校思想政治理论课程应该围绕社会主义核心价值观，以弘扬主流文化为目标，加强大学生对我国优秀传统文化、社会主义先进文化和西方外来文化的充分认识、学习和理解，提高大学生对优秀文化的鉴别能力，增强大学生对于社会主义文化的普遍认同，实现社会主义核心价值观的教育功能。

（四）实现价值认同

教育的根本问题在于"培养什么人、怎样培养人、为谁培养人"。在这三个问题中，为谁培养人决定了培养什么人和怎样培养人。党的十九大指出，中国特色社会主义进入新时代，我国社会主要矛盾已经转化为人民日益增长的美好生活需要和不平衡不充分的发展之间的矛盾。在中国日益走近世界舞台中央、全面开启建设社会主义现代化国家新征程之际，我们要培养和教育的青年人才，在政治上是面向新时代，承担中华民族伟大复兴的历史重任的人才，是顺应历史潮流，坚定地走中国特色社会主义道路的接班人，是继续坚持中国共产党的领导，拥护党中央和国家权威的继承人；在经济上是社会主义市场经济制度的继承者和建设者，是技术创新和社会变革的开拓者、创新者；在文化上是社会主义核心价值观的拥护者、践行者，是优秀传统文化的继承者、弘扬者，是党的革命文化的学习者、继承者，是社会主义先进文化的承担者、领航者；在生态上是"绿水青山就是金山银山"重要理念的贯彻者、执行者。总体而言，他们是美好生活的追求者、建设者、见证者、实现者。在世界风云变幻，意识形态领域各种思潮暗流涌动，社会思潮交流、交融、交锋的时代背景下，增强青年学生的政治意识，锻炼他们的政治定力，必须坚定地树立马克思主义的世界观、人生观、价值观，必须牢牢坚持马克思主义在意识形态领域的指导地位，必须坚定崇高的理想信念，坚定共产主义的远大理想和中国特色社会主义的共同理想，才能筑牢中国特色社会主义的根基，确保中国特色社会主义道路不变形、红色中国不变色。

三、思想政治教育认同的心理过程

人的心理现象多种多样，它们之间的关系非常复杂。一般来说，心理过程和个性心理是反映人的心理活动最重要的两个方面。心理过程是指在客观事物的作用下，心理活动在一定时间内发生、发展的过程。人的心理过程通常包括认知过程、情感过程和意志过程三个方面。其中，认知过程指人以感知、记忆、想象、思维等形式反映客观事物的性质和规律的过程；情感过程是人对客观事物的某种态度的体验或感受；意志过程是人有意识地克服内心障碍和外部困难而坚持实现目标的过程。认识、情感和意志都有其自身发生和发展的过程，但是，它们不是彼此独立的过程。情感和意志过程中含有认识的成分，它们都是由认识过程派生出来的；情感与意志又对认识过程产生影响，它们是统一的心理活动中的不同方面。个性心理是每个个体所具有的稳定的心理现象。它包括个性倾向性和个性心理特征两个方面。个性倾向性是决定个体对事物的态度和行为的内部动力系统，是具有一定动力性和稳定性的心理成分，包括需要、动机、兴趣、理想、信念和世界观等，它们使每个人的心理活动有目的、有选择地对客观现实做出反应。个性倾向性对相关的心理活动起着支配和控制的作用。个性心理特征是个体身上经常表现出来的本质的、稳定的心理特征。它主要包括能力、气质和性格。能力是表现在完成某种活动的潜在可能性方面的特征；气质是表现在心理活动的动力方面的特征；性格是表现在完成活动的态度和行为发生方面的特征。个性心理特征影响着个体的行为举止，集中体现了人的心理活动的独特性。[①]

在思想政治教育认同过程中，大学生比较常见的心理类型包括认同心理、从众心理和逆反心理。思想政治教育认同心理，指大学生出于对高校思想政治教育目标的认同从而产生的一种积极的心理状态，能够产生肯定性的情感，成为实践

[①] 胡雯，余梦月，范卫国. 心理学 [M]. 成都：电子科技大学出版社，2020.

客观目标的驱动力。大学生在接受思想政治教育的过程中能够抱有认同心理，就能主动、自觉地将思想政治教育信息与现有的世界观、人生观、价值观整合并转化为自身内在的思想观念、政治观点、道德规范等，从而将其外化为自己的道德行为习惯，达到个人发展整体提升的效果。认同心理的形成是一个复杂的过程，从观念内化到行为外化需要经历认知、情感、意志等心理活动。只有通过认知认同、情感认同，经由意志的参与支持形成价值认同，才能转化成最后的行为认同，达到知行合一。认同心理的形成在认知、情感、意志等内化阶段直接受到认同主体个性差异的影响。个性倾向性作为个性结构中最活跃的因素，是推动思想政治教育认同的动力系统，决定着认同主体对思想政治教育的态度。由于个性倾向性和个性心理特征的差异，每个学生在思想政治教育认同过程中呈现出不同的心理状态和认同效果。因此，对认同主体个性心理的科学认识和把握，是促成学生认同心理形成的内在要求。①

下面具体探讨思想政治教育认同的心理过程的四个关键环节。

（一）思想政治教育的认知认同

认同本身是一个认知过程，在这一过程中自我和他者的界限会逐渐变得模糊起来，并在交接处产生完全的超越。积极的认同关系使认同主体在认知上把他者看作是自身的延伸。思想政治教育认知是指思想政治教育对象接受教育之后，对思想政治教育的目的、意义、地位、作用和要求的理解和掌握。所谓认知认同是在人们对思想政治教育系统认知的基础之上产生的对思想政治教育的认同。认知只是认同主体将思想政治教育要求纳入自己的认知范围，但对它的正确性和必要性不一定认可，甚至还会怀疑。而认知认同则是认同主体在认知的基础上对思想政治教育表示承认、认可和赞同，消除了对思想政治教育正确性和必要性的疑虑。因此，认知认同是思想政治教育工作的重要前提和基础。从认同发展的规律而言，对思想政治理论知识的掌握，是思想政治教育认同发展的基础所在。要达到对思想政治教育的认同，首先就要"知道它、学会它、记熟它"，进而才能对它形成认知认同。认知认同是认同主体在学习、认知、了解思想政治教育领域普

---

①潘婧. 大学生思想政治教育认同心理探析［J］. 学校党建与思想教育，2015（3）：37-38.

遍原理以及处理具体的政治和道德问题的方式方法的基础上达到的认同，一般不要求认同主体开动脑子，不需要经过认同主体的主观价值评价选择。认知认同是仅作用于认同主体的感觉、知觉的浅层认同。要使大学生认同思想政治教育，必须提高思想政治教育社会化水平，增强他们对思想政治教育规范要求的认识，提高他们对思想政治教育的认知水平。思想政治教育认知认同也不是一次性完成的，需要在不同的时间内反复地进行，从而使认同主体获得对思想政治教育知识的理解、把握，达到熟知。需要指出的是，对思想政治教育知识的认知不等于对思想政治教育认同，现实社会不乏通晓思想政治教育知识的个体，但他们对思想政治教育或思想政治教育学不一定接受。认知是认同的前提，只有在认知的基础上对思想政治教育承认、认可，才是真正的认知认同。

（二）思想政治教育的情感认同

思想政治教育认同不仅作用于认同主体的感知觉，还存在进一步影响其思维、情感的中层思想政治教育情感认同。情感作为人对客观事物是否满足主体需要而产生的指向性心理体验，通常以肯定或否定、满意或不满意、热爱或憎恨、赞赏或厌恶等两极性心理状态表现出来的，并转化为一定的情绪，对思想政治教育认同活动起调节作用。思想政治教育的情感是指人们对一定社会或一定阶级所要求的政治规范、思想规范和道德规范的倾向性态度和体验，是人们对思想政治教育的一种态度，即人们根据自己的主观体验，在情绪、情感、心境上对思想政治教育系统所表现出来的肯定或否定、满意或不满意、热爱或憎恨、赞赏或厌恶的心理现象。所谓思想政治教育的情感认同，是指在一定的社会历史条件下，在长期的社会关系和思想政治教育认识——实践活动中建立起来的，人们在情绪、情感和心境等心理层面上对思想政治教育感到亲切、承认、认可、赞成的倾向性态度并愿意保持这种关系，而且对思想政治教育系统发生持久的更浓厚的兴趣，乐于接受其影响。与认知认同强调客观理性地反映思想政治教育系统的印象和认识不同，情感认同更注重个体主观体验。首先，情感作为认同主体的非理性因素是在认知的基础上产生的，来源于对事物的深刻了解，同时对认知产生巨大的影响，成为调节和控制认知活动的重要因素。其次，情感不但作用于认知，而且渗透于认同活动的整个过程，从信息的接受、选择到分析、加工，始终以一种弥散的方式作用于整个认同活动。再次，不同的信息对认同主体的情感起着不同的刺激作用，那些能够唤起认同主体注意、引起认同主体兴趣的信息刺激着认同主体产生积极的情绪体验，容易获得主体的情感认同；反之，难以获得认同。最后，情感本身对认同也起着不同的强化作用，积极的肯定性的情感促进认同主体的认同，表现为对认同客体情感上的接近和认可，对思想政治教育目的和内容的顺从、认同；而消极的否定性情感则妨碍和抵制认同，表现为对思想政治教育的冷漠、应付和反感。因此，思想政治教育者要科学把握思想政治教育情感认同规律，选择运用那些能唤起思想政治教育认同主体积极情感的方法和载体，创设宽松、和谐的思想政治教育情境，积极展开与认同主体平等对话和交流，从而促进思想政治教育认同主体对客体的认同。

（三）思想政治教育的价值认同

思想政治教育认同不仅作用于认同主体的感知觉、思维、情感，而且在认同主体意志的参与支持下，进一步影响到认同主体的价值理想、价值取向、价值标准与价值评价，形成深层次的价值认同。价值认同是建立在对思想政治教育深信不疑、充分理解的基础上的认同，是认同主体知、情、意在高水平、高层次上的协调，是认同主体主观能动性的高度体现。所谓价值认同，指个体出于对规范本身的意义及必要性的认识而发生的对规范的遵从现象，是主体与客体在价值理想、价值取向和价值标准等方面的一致性和统一性。价值认同作为一种主观活动过程，是以价值现实和价值关系为其客观内容的，价值认同是在既定的价值关系的基础上生成的，归根结底是从已存在的价值关系出发而形成的自觉认同。人类的一切思想认同、文化认同和政治认同，归根结底都可以概括为价值认同。思想政治教育的价值认同，是认同主体基于对思想政治教育所传导的价值规范本身的意义、对主体自身的意义及践行思想政治教育信息、规范的必要性的认识而发生的对思想政治教育规范遵从践行的现象，是认同主体已有价值在价值理想、价值取向和价值标准等方面与思想政治教育规范要求的一致性和统一性，也包括思想政治教育所传导的价值对个体价值的同化，即由思想政治教育社会化引起的价值认同。价值认同更具心理学的属性，所以也更持久、更稳定。认同主体通过思想政治教育价值认同获得一种归属感，从而获得一种信仰系统，最终导致行为实践上归依思想政治教育所传导的社会行为规范。认同主体愿意遵守思想政治教育的规范要求，不仅仅是因为若不遵守就会受到惩罚，还因为他们确信遵守是应该的。

思想政治教育价值认同一旦形成，就会产生深入、持久的作用，就会反过来对思想政治教育认同的进一步发展和走向起到指导和统摄作用，成为具有支配性的思想基础。思想政治教育价值认同的主要表现形式就是对思想政治教育所意欲传达内容的价值意义确认、信念和信仰。价值意义确认是认同主体在对思想政治教育与自身需要的契合性评价的基础上对思想政治教育价值意义的确认，是思想政治教育价值认同的最低层次。信念是认同主体在一定认识、理想、目标等基础上形成的对思想政治教育所持有的坚定不移、牢固信奉的观念，是人们对现实生活中所追求的思想政治教育目标的一种孜孜以求的意念。思想政治教育认同信念层次的认同是社会大众对思想政治教育形成的一种坚定的理想信念，是对思想政治教育比较具体的追求目标。信仰是一种特殊的、高级意志表现形式，是人的精神生活的最高层次，是人们做各种事情的强大精神动力和不竭力量源泉。在思想政治教育认同建构过程中，认同主体逐渐获得相应的思想政治教育信仰观念，而思想政治教育信仰正是思想政治教育认同的必然结果。当思想政治教育价值认同上升为信仰时，就成为主体自我内在的主体需要，成为主体自觉的主体认同。

（四）思想政治教育的行为认同

行为认同是认知认同、情感认同和价值认同发展的逻辑必然结果。在思想政治教育认同活动中，如果离开行为认同，认知认同、情感认同和价值认同就失去现实的支点而沦为思想的行动。客观地说，正是主体的行为认同活动孕育了人们的价值观念，锤炼着人们的直接现实行为，行为认同活动从根本意义上建构了思想政治教育认同。思想政治教育行为认同，就是认同主体自觉地以思想政治教育的规范要求自己，按照社会所认可的思想政治教育规范指导自己的行为实践活动。从思想政治教育行为认同的过程看，内化和外化是实现思想政治教育行为认同的两个重要环节。内化是认同主体把思想政治教育知识和价值系统自觉转化为自己的价值准则和道德规范，外化是认同主体在理智和情感上接受思想政治教育价值系统的基础上对自己已有价值观念的重构，形成符合思想政治教育要求的价值观念，并以此作为自己的道德规范和行为准则，从而转化为良好行为，形成良好习惯的过程。从表现形态上看，思想政治教育行为认同是认同主体将教育内容从知识形态、观念形态、信仰形态转化为实践形态的社会行为模式。

认知认同、情感认同、价值认同和行为认同体现了思想政治教育认同过程的环节和阶段，可以看作是一个连续的链条，遵循着自低向高认同层次的逻辑发展。同时，它们之间相互渗透、相互作用、相互支撑，共同构成了思想政治教育认同的心理结构。首先，认知认同是情感认同、价值认同发展的前提和基础，为它们提供了现实条件和丰富素材；而情感认同、价值认同是认知认同的发展，比认知认同更稳定、深刻和持久；行为认同是认知认同、情感认同和价值认同的体现，使思想政治教育认同实现由知到行的质的飞跃。其次，情感认同强化认知认同发展，为认同活动向价值认同深化和行为认同转化做准备。情感认同对认知认同进行加工、选择和驱动，巩固价值认同的效果。再次，价值认同对认知认同发挥支配作用，对情感认同起到巩固作用，加速行为认同的实现。最后，行为认同又促进并强化认知认同向情感认同、价值认同深化，进而形成稳固的思想政治教育认同的心理结构。

至于思想政治教育认同的生发机制，目前尚没有达成统一的认识。在思想政治教育认同的心理过程中，认同主体的个性倾向性，如需要、动机、兴趣等对于思想政治教育认同的驱动、选择具有十分重要的作用。而能力、气质和性格等个性心理特征，是个体基于心理过程社会化的结果，它们使思想政治教育认同打上了个体心理特征的烙印，使得思想政治教育认同的内容和形式更加丰富和多样，也增加了思想政治教育认同的难度。

第三节　思想政治教育认同的理论基础

一、马克思主义辩证唯物主义蕴含的相关方法论

恩格斯指出："马克思的整个世界观不是教义，而是方法。它提供的不是现

成的教条，而是进一步研究的出发点和供这种研究使用的方法。"① 在马克思主义世界观和方法论中，唯物辩证法是其核心内容，为人们认识世界和改造世界提供了根本方法。唯物辩证法的一系列规律和范畴，揭示了世界普遍联系和永恒发展的普遍规律，既是科学的世界观，也是我们认识世界和改造世界的基本方法论。人的认识活动本身既要符合客观辩证法，又有其固有的辩证运动规律。作为唯物辩证法实质和核心的对立统一规律，同时为人们的认识活动提供了方法上的遵循。认识活动中的主体与客体、感性与理性、具体与抽象、个别与一般等关系，无不是对立统一的关系。量变质变规律指导人们在科学研究中把定量分析和定性研究结合起来，遵照"量变—质变—新的量变"的客观进程，去认识和把握事物运动变化发展的阶段性与不同发展状态的转化。否定之否定规律告诉人们，任何现实事物都将在其发展过程中实现自我否定，周期性地向更高级的存在形态前进，应从前进性和曲折性相统一中把握事物发展本质及其发展方向。唯物辩证法的一系列成对的基本范畴，作为对客观事物及其发展过程最基本关系的反映，都体现了对立统一的关系，它们从不同的侧面进一步揭示了事物的联系和发展，是矛盾分析方法的具体运用，也对人们深入认识世界和有效改造世界具有重要的方法论意义。运用唯物辩证法的矛盾分析法研究问题和解决问题，要求人们不断强化问题意识，坚持具体问题具体分析，善于认识和化解矛盾，尤其是要把优先解决主要矛盾作为打开局面的突破口，以此带动其他矛盾的解决。上述思想为高校思想政治教育认同的研究奠定了深厚的方法论基础。

具体而言，马克思主义辩证唯物主义的相关方法论思想对于当代大学生的思想政治教育认同研究具有重要的指导作用，主要表现在以下方面：

第一，马克思主义唯物辩证法关于事物联系和发展的原理为科学分析认同问题提供了基本思路。马克思主义关于事物普遍联系的原理，要求人们善于分析事物的具体联系，确立整体性、开放性观念，从动态中考察事物的普遍联系。思想政治教育认同的要素构成表明，思想政治教育认同是由传授主体（施教者）、认同主体（受教育者）、认同客体、认同介体、认同环体构成的复杂系统。在考察思想政治教育认同时，需要分析各种要素的关系、作用、功能，特别是思想政治

① 吴家庆. 马克思主义基本原理概论 [M]. 长沙：湖南师范大学出版社，2018.

教育认同主体在整个认同系统中的主体地位。从历史的维度探讨思想政治教育各因素的变化和发展趋势。事物的发展是一个过程，只有经过一定的过程，事物才能实现自身的发展。对于思想政治教育认同而言，受教育者对于思想政治教育的认同也是一个认识、理解、接受、内化的过程，不可能一蹴而就。而且思想政治教育认同的效果相对隐性，不易评价，需要思想政治教育组织者、教育者耐心地观察和综合地考察。

第二，马克思主义唯物辩证法三大规律为认同问题的解决提供了理论基础。认同从哲学高度来理解，就是指主体对某一客体的认知、理解、把握的程度，以及由此形成的赞成、认可的程度。思想政治教育认同本质上是受教育者对于思想政治教育的价值认同，这种价值认同反映了认同主体与客体之间需要和满足需要的价值关系，是认同主体对思想政治教育认识基础上的求同存异过程，体现了思想政治教育主体与客体的良性互动。在考察思想政治教育认同过程中，我们应该坚持"两点论"和"重点论"的统一。既要看到思想政治教育已经取得的成绩，也要看到高校思想政治教育存在的问题和不足，不能只看到问题或只看到成绩。在推动高校思想政治教育认同过程中，要把握好"适度"原则，处理好思想政治教育和课程思政、思政课和专业课之间的关系。对于高校思想政治教育认同问题，需要持之以恒，群策群力，久久为功，不能寄希望于一次教育立竿见影。对于高校思想政治教育认同的内容、载体、方法，应该博采众长，按照洋为中用、古为今用的原则，批判借鉴，取长补短，提高思想政治教育认同效果。

第三，内容与形式、本质与现象、原因与结果、必然与偶然、现实与可能构成了联系和发展的基本环节。这些基本环节所蕴含的方法论思想同样具有重要的指导价值。任何事物都是内容与形式的统一。思想政治教育包含丰富的教育内容，不能简单地灌输，应该采取大学生喜闻乐见的形式对大学生施加教育影响，才能便于其接受和认可。教育者只有真正为受教育者考虑，才能做到有的放矢、因材施教。我们常说要透过现象看本质，现象和本质的辩证关系要求我们在考察高校思想政治教育认同时，需要准确地辨别真相和假象，不要被外在的假象所迷惑，要通过掌握大量的现象，采取科学的技术手段和理论分析加以提炼、概括，达到对高校思想政治教育认同规律的把握。社会现象的复杂性决定了某种现象或结果的产生往往不是源自一种原因，可能来自多种因素合力的结果。因此，在考察思想政治教育认同的因果联系时，要加强因果分析，增强预判性（由因导果）、进行合理归因（执果索因）。必然与偶然的辩证关系要求我们在考察高校思想政治教育认同过程中，必须重视思想政治教育发展的必然规律和发展趋势，并以此为依据制定思想政治教育的目标和计划，同时也要充分估计到各种偶然因素的作用，利用积极的偶然因素提高思想政治教育认同效果。在实践中正确地把握现实与可能的辩证关系，要求我们立足于高校思想政治教育现状，对可能发生的问题进行全面的分析和预判，着眼于长远，防止各种消极因素对其思想政治教育认同的干扰，积极创造有利条件，促使其向好的方面发展。

二、马克思主义关于社会存在与社会意识辩证关系的理论

马克思主义唯物史观揭示了社会存在与社会意识的辩证关系，即社会存在决定社会意识，社会意识是社会存在的反映，并反作用于社会存在。社会存在也称社会物质生活条件，是指社会生活的物质方面，即不以人的意识为转移的社会物质生活过程，其核心是"物质生活的生产方式"。社会意识是指社会的精神生活过程，是对社会存在的反映，包括人们的政治法律思想、道德、艺术、宗教、科学和哲学等意识形式，以及感情、风俗习惯等社会心理。马克思主义认为，社会存在是社会意识内容的客观来源。

社会意识是人们对周围环境、社会生活和社会关系的认识，是人们对以实践为基础的不断变化发展的现实世界的主观反映。"物质生活的生产方式制约着整个社会生活、政治生活和精神生活的过程。不是人们的意识决定人们的存在，相反，是人们的社会存在决定人们的意识。"[1] 人类社会生产力和生产关系的矛盾运动推动了人们思想、意识的发展与进步，"而发展着自己的物质生产和物质交往的人们，在改变自己的这个现实的同时也改变着自己的思维和思维的产物。不是意识决定生活，而是生活决定意识"[2]。与此同时，人们的社会意识并不是消极、被动地反映社会存在，社会意识具有相对的独立性，对社会存在具有能动的

[1] 中共中央马克思恩格斯列宁斯大林著作编译局. 马克思恩格斯选集 2 [M]. 北京：人民出版社，2012. 09.

[2] 中共中央马克思恩格斯列宁斯大林著作编译局. 马克思恩格斯选集 1 [M]. 北京：人民出版社，2012. 09.

反作用。正如恩格斯所说的，"虽然物质生活条件是原始的起因，但是这并不排斥思想领域也反过来对这些物质条件起作用，然而是第二性的作用"①。正确的、先进的社会意识能推动和促进社会存在的发展，错误的、落后的社会意识则阻碍和破坏社会存在的发展。

马克思主义唯物史观在肯定社会存在决定社会意识的前提下，特别强调先进的社会思想和理论在实现社会革命、解决社会物质生活发展的新问题和新任务中所具有的伟大作用。马克思曾指出，"如果从观念上来考察，那么一定的意识形态的解体足以使整个时代覆灭"②。这里特别需要指出的是，在社会意识中，反映一定社会的经济关系和阶级关系，服务于特定政治经济制度和特定阶级的部分，属于社会意识形态范畴。意识形态作为一种精神现象是对现实世界的反映，同时它作为一种上层建筑对经济基础具有反作用。马克思、恩格斯提出了意识形态概念，并形成了关于意识形态与物质生活、生产实践的辩证关系等理论观点，这必然与其对于社会存在与社会意识的辩证关系的阐释紧密联系，具有相关性。

马克思主义关于社会存在与社会意识的辩证关系原理对于当代大学生的思想政治教育认同研究具有重要的指导作用，主要表现在以下方面：

第一，社会存在决定社会意识的理论揭示了人们的思想意识产生的一般规律，为我们研究人们的思想来源、观念变化以及人们的思想对社会的依赖关系提供了理论基础。在现实的社会政治生活中，人们的政治意识、政治思想等意识形态必然要受到客观社会存在的制约和影响，社会存在的多样性也必然导致人们的思想观念的多样性和复杂性。外部物质条件发生变化，必然引起人们的思想观念、政治价值观相应地发生改变。作为政治人对政治体系的一种能动的反应、一种主观的政治心理活动，思想政治认同最终是由"物质生活的生产方式"和一定的思想政治体系决定的，各种外界的物质生活条件和现实因素都对大学生思想政治认同产生巨大的制约和影响作用。因此，我们在对新时代高校思想政治教育认同的生成机制、影响因素以及思想政治教育认同机制的完善路径进行阐述和分析

---

① 中共中央马克思恩格斯列宁斯大林著作编译局. 马克思恩格斯选集 2 [M]. 北京：人民出版社，2012. 09.

② 中共中央马克思恩格斯列宁斯大林著作编译局. 马克思恩格斯选集 3 [M]. 北京：人民出版社，2012. 09.

时，必须紧密结合当代中国的现实社会情境以及中国特色社会主义的实际状况。

第二，社会意识反作用于社会存在的理论揭示了精神的力量在一定条件下可以转化为物质的力量，为我们研究人们的思想意识的社会功能及现实意义提供了理论基础。社会意识并不是消极地反映社会存在，它对社会存在具有能动的反作用。马克思指出："一种历史因素一旦被其他的、归根结底是经济的原因造成了，它也就起作用，就能够对它的环境，甚至对产生它的原因发生反作用。"① 思想政治认同是认同主体对思想政治体系能动的、积极的和肯定的心理反应，因此，思想政治认同又会直接反作用于思想政治体系，并通过对思想政治体系的作用来影响"物质生活的生产方式"，从而使精神的力量转变为物质的力量，促进社会的稳定、经济的发展和政权的巩固。新时代中国大学生的思想政治教育认同研究必须以马克思主义关于社会存在与社会意识的辩证关系原理为理论基础和指导，全面把握其辩证关系，既不能削弱、淡化甚至否定思想政治认同的重要作用，也不能任意夸大思想政治意识、政治观念的作用，用政治冲击一切、代替一切。

三、马克思主义关于人的本质理论

人的本质理论是马克思主义人学的一个基本观点。马克思在《关于费尔巴哈的提纲》一文中对其做了经典的阐释："人的本质不是单个人所固有的抽象物，在其现实性上，它是一切社会关系的总和。"马克思主义认为，人不但具有自然属性，还具有社会属性，人是自然属性和社会属性的统一体，而社会属性是人的根本属性。人的本质与一定的社会关系相联系，世界上根本不存在抽象的、纯粹的、脱离一定社会关系的人。"不管个人在主观上怎样超脱各种关系，他在社会意义上总是这些关系的产物。"② 全面理解马克思主义人的本质理论，我们还应注意以下三个方面：

第一，人的本质是全部的社会关系的总和。就是说，决定人的本质的社会关系不是单一的，而是多方面的，包括经济的、政治的和文化的关系，人与自然、

---

① 中共中央马克思恩格斯列宁斯大林著作编译局. 马克思恩格斯选集 4［M］. 北京：人民出版社，2012.

② 中共中央马克思恩格斯列宁斯大林著作编译局. 马克思恩格斯选集 2［M］. 北京：人民出版社，2012.

人与人的关系；在阶级社会，人们的社会关系主要表现为阶级关系。人在多方面的社会关系中获得多方面的社会规定性，即人性，因而人性也是具体的、多方面的。而在人的全部社会关系中起决定性作用的是经济关系，即生产关系。人在生产关系中获得的规定性构成人最基本的社会规定性，构成人性的现实基础。因此，全面把握人的本质及人性，必须把人放在以生产关系为基础的各种社会关系中进行综合考察。

第二，必须从"现实性"上去认识和理解人的本质。人的社会关系随着物质生产活动及其他社会交往活动的发展而演变，因此，受其制约的人的本质不是凝固不变的抽象物，而是具体的、历史的。人的本质就存在于现实的、可感知的、发展变化着的社会关系之中。

第三，人的本质还表现在人的能动性和实践性上。马克思主义认为，人是一种包含理性在内的感性活动的存在，即实践的存在。实践是人所特有的生存方式。正是在实践活动过程中，人把自己与自然界区分开来，意识到自我的存在，具有了主体意识，创造了人之为人的一切本质特征。因此，人在本质上是一种实践的存在，是能动的、富有创造性的。马克思主义认为："环境的改变和人的活动的一致，只能被看作是并合理地理解为变革的实践。""从前的一切唯物主义——包括费尔巴哈的唯物主义——的主要缺点是对对象、现实、感性，只是从客体的或者直观的形式去理解，而不是把它们当作人的感性活动，当作实践去理解，不是从主体方面去理解。"[1]

马克思主义关于人的本质理论为我们全面把握与分析新时代高校思想政治教育认同问题，提供了科学的理论指导。

第一，要在全面的、复杂的社会关系中分析和把握大学生的思想政治教育认同状况。人的本质理论告诉我们，在分析人的思想与行为时，必须把一个人放在具体的社会历史环境中、放在复杂的社会关系中去考察。大学生的思想政治教育认同受各种社会关系，包括政治关系、经济关系、文化关系等的制约和影响，其中经济关系具有决定性的制约影响作用，而经济关系的核心是利益关系。因此，

---

[1]中共中央马克思恩格斯列宁斯大林著作编译局. 马克思恩格斯选集 1 [M]. 北京：人民出版社，2012.

对新时代大学生的政治认同的影响因素与完善机制的分析就应从大学生所处的经济关系、政治关系、文化关系等出发进行把握。

第二，必须从"现实性"上去理解和分析新时代高校思想政治教育认同问题，人的本质存在于现实的、可感知的、发展变化着的社会关系之中。"现实性"就意味着社会关系的动态性、时代性、发展性，新时代高校思想政治教育认同就应展现这种"现实性"。只有是"现实的人"而非"抽象的人"才能够成为思想政治教育认同的主体。中国正处于社会转型期和全球化时代的现实背景之下，我们必须准确把握这一"现实性"的政治、经济、文化关系及其特点，全面认识和解决新时代高校思想政治教育认同的现状、问题及对策等问题。

第三，强调从人的主体性视角去认识和把握新时代高校思想政治教育认同问题。人在本质上是一种自我创造的主体性存在，具有能动性和创造性。因此，新时代大学生的思想政治教育认同问题研究，必须坚持人的主体性视角，确立和尊重人的思想政治认同主体地位。特别是在健全和完善新时代高校思想政治教育认同机制问题上，必须做到以人为本，充分调动和发挥人的主观能动性，强化大学生思想政治社会化治理机制，提升大学生个体的思想政治素质。

四、马克思主义关于思想与利益辩证关系理论

思想与利益的辩证关系原理是历史唯物主义的一个基本理论问题。这一理论与马克思主义意识形态理论具有密切关联。在阶级社会中，占统治地位的思想文化，本质上是经济上占统治地位的阶级的意识形态。而意识形态中的价值观念和理想追求，不过是人们在现实生活中利益关系的观念表达。马克思主义认为，人的思想并不是某种高悬于历史和社会之上的本源性的东西，它是离不开人类社会中的物质利益的。正如马克思、恩格斯在反驳鲍威尔一伙的谬论时总结出的著名原理："'思想'一旦离开利益就一定会使自己出丑。"① 这就从辩证唯物主义出发说明了思想是由现实的物质利益和阶级利益决定的。在阶级社会中，应当从物质利益关系、阶级关系和权力地位关系来考察和分析思想文化和意识形态。马克

---

① 中共中央马克思恩格斯列宁斯大林著作编译局. 马克思恩格斯选集 2 [M]. 北京：人民出版社，2012.

思、恩格斯还揭示了一条原理：思想不能脱离一定的社会物质条件而独立起作用，思想斗争是作为社会阶级斗争的一部分而在一定社会历史范围内起作用。

与此同时，马克思主义意识形态理论还强调，意识形态具有相对独立性，要重视意识形态对经济基础的反作用。恩格斯指出："政治、法律、哲学、宗教、文学、艺术等的发展是以经济发展为基础的。但是，它们又都相互影响并对经济基础产生影响。并不是只有经济状况才是原因、才是积极的，而其余一切都不过是消极的结果。"① 当思想反映现实的社会发展的需要，符合社会进步阶级的利益时，它将具有巨大的能动性，它一经产生，就能变成推动社会发展的强大动力。其中，马克思、恩格斯还深刻阐明了思想要转化为现实，变为物质力量，就要掌握群众，而要掌握群众，必须反映群众的利益、要求和愿望。群众创造历史的实践活动，它们的思想动因，其背后蕴含着深刻的物质利益。马克思主义对思想反映一定阶级利益的发现，使得进一步科学地阐明社会意识及其形式变为可能，所以这里孕育着唯物主义历史观的重要的思想萌芽。马克思和恩格斯依据这一新的发现，深刻地揭示出历史发展的现实进程。如果说，群众的行动受他们实际利益的制约，那么随着社会生产关系的发展而发展起来的物质利益以及广大劳动群众对自己利益和对少数者利益的对立的认识，必然使越来越多的群众自觉地、积极地参与到社会历史运动中来。

马克思主义深刻地阐明了思想和利益的辩证关系，并提出了正确理解思想在社会发展中作用的原理。这一理论为我们研究当代高校思想政治教育认同问题提供了理论依据与重要启示。也就是说，对新时代高校思想政治教育认同研究应当首先确立物质利益原则，同时也不能忽视思想文化和意识形态的重要作用。人的思想由物质利益决定，利益是思想的基础，人们历史活动的思想动机背后蕴含着深刻的物质利益。物质利益是人类生存和发展的物质条件，人们对物质利益的关心是一个客观现实。"人们奋斗所争取的一切，都同他们的利益有关。"② 人们是在争取物质利益的活动中产生思想、观念和意识的，因此要把思想文化和意识形

---

① 中共中央马克思恩格斯列宁斯大林著作编译局. 马克思恩格斯选集 3 [M]. 北京：人民出版社，2012.

② 中共中央马克思恩格斯列宁斯大林著作编译局. 马克思恩格斯选集 1 [M]. 北京：人民出版社，2012.

态的发展变化放到现实生活的物质利益关系中去把握。只有在此基础上，考察人们思想产生、变化的最终根源，才能真正了解人们思想的内在秘密。思想政治认同作为一种思想政治心理和思想政治行为，其形成的基础和动力就是利益。要满足民众的利益需求，保障民众的各项权益，同时，还要充分发挥思想文化和意识形态的巨大整合力量和合法化功能，实现广泛的社会思想共识。在对新时代高校思想政治教育认同的研究中，要做到思想与利益的辩证统一。一方面，要注重物质利益问题，紧密结合大学生的利益诉求及当前中国的利益分化现实来对思想政治认同的现状、影响因素及完善对策进行考察与分析；另一方面，又要注重思想文化建设，结合中国意识形态领域的新变化、新形势，加强社会主义核心价值体系建设，培育和践行社会主义核心价值观，不断巩固马克思主义在意识形态领域的指导地位。

五、马克思主义交往实践理论

交往实践观是马克思主义历史唯物主义的一个重要理论。马克思在《1844年经济学哲学手稿》《德意志意识形态》等著作中从"交往""交往关系""交往形式"等概念入手，阐述了人类以客体为中介进行的主体之间的交往实践活动，建构了人与人之间的社会关系，即人的社会本质以及交往活动对生产实践及社会发展的作用。虽然马克思没有明确界定一种严格意义的交往实践，但其通过对资本主义生产关系的深入分析，形成了较为全面的交往实践理论。归纳起来，马克思主义的交往实践理论的主要内容包括以下三个方面：

第一，交往实践是人的存在方式，并构成社会历史的基础。马克思指出，"全部人类历史的第一个前提无疑是有生命的个人的存在"，要保证个人的存在，人们就得"生产自己的生活资料，同时间接地生产着自己的物质生活本身"。"而生产本身又是以个人彼此之间的交往为前提的"，而交往形式又"是由生产决定的"①。这表明，人类一产生就有了生产、交往。"生命的生产，无论是通过劳动而达到自己生命的生产，或是通过生育而达到的他人生命的生产，就立即表

---

① 中共中央马克思恩格斯列宁斯大林著作编译局. 马克思恩格斯选集 1 [M]. 北京：人民出版社，2012.

现为双重关系：一方面是自然关系，另一方面是社会关系。社会关系的含义在这里是指许多个人的共同活动，至于这种活动在什么条件下、用什么方式和为了什么目的而进行，则是无关紧要的。"① 因此，在人类劳动实践中不仅形成人与自然的关系，而且也形成人与人的关系，即人类在生产中所发生的物质交往关系。在马克思看来，生产实践本身"是以个人彼此之间的交往为前提的"②，其本质就是交往，因此交往实践成为人的存在方式，并构成人类社会历史的基础。

第二，交往实践的历史演进与个人发展、生产发展、社会发展紧密联系。马克思在《1857—1858 年经济学手稿》中，划分了人类交往发展的三个主要历史形态：以人的依赖关系或个人之间的统治和服从关系为基础的最初交往形态；建立在交换价值基础上的，以物品、能力、商品等交换为基础的交往阶段；建立在个人全面发展基础上的自由交往阶段。交往实践发展的三个历史形态，分别对应马克思所讲的人发展的三阶段："人的依赖性阶段""人的独立性阶段""自由个性阶段"。③ 因此，马克思认为，人类交往实践的历史演进与个人发展、生产发展、社会发展紧密联系，"人的依赖关系（起初完全是自然发生的），是最初的社会形态，在这种形态下，人的生产能力只是在狭窄的范围内和孤立的地点上发展着。以物的依赖性为基础的人的独立性，是第二大形态，在这种形态下，才形成普遍的社会物质变换、全面的关系、多方面的需求以及全面的能力体系。建立在个人全面发展和他们共同的社会生产能力成为他们的社会财富这一基础上的自由个性，是第三阶段。第二阶段为第三阶段创造条件"④。可见，马克思充分肯定了交往活动在社会形态变革以及人的发展中的重要作用。

第三，交往实践是社会实践的表现形式之一。交往实践构成人的存在方式，也是人类社会的历史和逻辑基础。马克思主义实践观认为，实践是人们能动地改

---

① 中共中央马克思恩格斯列宁斯大林著作编译局. 马克思恩格斯选集 2 ［M］. 北京：人民出版社，2012.

② 中共中央马克思恩格斯列宁斯大林著作编译局. 马克思恩格斯选集 2 ［M］. 北京：人民出版社，2012.

③ 中共中央马克思恩格斯列宁斯大林著作编译局. 马克思恩格斯选集 3 ［M］. 北京：人民出版社，2012.

④ 中共中央马克思恩格斯列宁斯大林著作编译局. 马克思恩格斯选集 1 ［M］. 北京：人民出版社，2012.

造世界的客观物质活动。作为主体和客体之间的相互作用过程，实践既表现为一种主客体之间的对象化活动，又表现为主体之间的物质交往活动。正如马克思所指出："人们在生产中不仅仅同自然界发生关系。他们如果不以一定方式结合起来共同活动和互相交换其活动，便不能进行生产。为了进行生产，人们便发生一定的联系和关系；只有在这些社会联系和社会关系的范围内，才会有他们对自然界的关系，才会有生产。"① 因此，实践具有交往性，交往实践是社会实践的表现形式之一。这是马克思主义科学实践观的题中之义和本质的规定。同时，马克思主义还认为，交往分为物质交往和精神交往，精神交往是从物质交往中分化出来的，物质交往决定精神交往。长期以来，我们往往对马克思主义实践观只是片面、简单化地从生产角度来理解，而没有从生产与交往的辩证统一以及主体之间交往的角度来理解，因而导致对唯物史观理解的简单化和片面化。

总之，马克思主义交往实践理论内容丰富、内涵深刻、特点鲜明，它为我们研究新时代高校思想政治教育认同问题提供了科学的理论指导和思想资源，并具有重要的启发意义。具体而言，交往实践理论认为，人类的生产活动和交往活动相互联系，共同构成社会实践的有机组成部分；交往实践是统一人与自然、人与社会以及人与自我的基本方式，是人与世界的各种关系在社会运动中的动态表现。它关系到人的发展、生产发展、社会发展各个层面。作为一种对象化活动，交往实践是人类各项活动产生的源泉。当然，人类社会的各种思想政治生活，也是在社会思想政治实践及主体间交往中实现的。在交往实践中形成人的社会性，同时形成思想政治认知和思想政治态度、思想政治实践等。因此，思想政治认同的研究必须从现实的具体的思想政治生活出发，从现实的具体的交往实践活动中进行考察，才能全面地把握思想政治认同现状、问题及其发展规律。另外，我们在对新时代高校思想政治教育认同的研究中，要根据马克思主义交往实践理论，充分把握人与人交往的客观规律，突出大学生的主体性，使交往主体之间形成角色共同体，在参与、理解和解释中达成共识。同时，从中国社会发展的阶段性特征出发，不断满足大学生的物质和精神需求，使大学生在良好的社会交往中树立正确的思想政治

---

① 中共中央马克思恩格斯列宁斯大林著作编译局. 马克思恩格斯选集 1 [M]. 北京：人民出版社，2012.

观念，形成良好的思想品德和政治人格，不断实现人的全面而自由的发展。

六、其他学科关于思想政治认同方面的思想

第一，心理学中的需要理论。需要是人脑对生理需求和社会需求的反映。个体为了生存和发展，必须满足一定的需求，如食物、衣服、睡眠、劳动、交往等。这些需求反映在个体脑中，就形成了他的需要。需要是个体的一种内部状态，或者说是一种倾向，它反映了个人对内部环境和外部生活条件的较为稳定的要求。需要既可以分为生理性需要和社会性需要，也可以分为物质需要和精神需要。当代心理学有几种代表性的需要理论，如马斯洛的需要层次理论[①]、阿尔德夫的需要理论[②]、麦克莱兰的需要理论[③]等，其中以美国心理学家马斯洛的需要层次理论最具影响力。马斯洛把人类的需要分为两大类：一类是基本需要。这类需要和人的本能相联系，与一个人的健康状况有关，缺少它会引起疾病。基本需要包括生理需要、安全需要、归属和爱的需要以及尊重需要。另一类是成长性需要。这类需要不受本能所支配，不受人的直接欲望左右，以发挥自我潜能为动力。这类需要的满足会使人产生最大程度的快乐。它包括认知需要、审美需要和自我实现需要。在晚年，马斯洛又把需要概括为基本需要、心理需要和自我实现需要三个层次，认为在自我实现需要之上还有一个超越需要。马斯洛将人的需要分成由低级到高级不同的层次，并将其纳入一个连续的统一体之中，形成一个按层次组织起来的系统。马斯洛的需要理论表明，人有各个方面、各种层次的需要，正是在需要的推动下，产生了人的心理、认知和实践活动。大学生正处于青年早期阶段，生理已经基本成熟，心理尚处于发展成熟中，他们具有多方面的需求和爱好。在全面建成小康社会的今天，人们在解决温饱的基础上转向对更加美好生活的追求。大学生作为受过高等教育的社会群体，他们对求知、审美、道德、交往等方面的精神需要特别强烈，思想政治教育不仅能满足他们对形成科学的世界观、人生观、价值观等观念的知识需求，也可以使他们在这些科学理论指导下进行各种交往和实践活动，提升自身的思想政治素质，成为一个不断超越自我、受人尊

---

① 许继红. 提升你自己：心理学需要层次理论的研究 [M]. 太原：山西人民出版社，2007.

② 汪罗. 阿尔德佛：ERG 需要理论的创始人 [J]. 当代电力文化，2015（12）：86-87.

③ 姬建锋，贾玉霞. 心理学 [M]. 西安：陕西人民出版社，2017.

重的个体。作为教育者，应该充分考虑大学生的实际需求，做到因材施教。

第二，社会学中的个体社会化理论。马克思认为，人的本质属性在于社会性。社会化符合并满足人的社会性特征要求。社会学理论认为，社会化是个体在特定的社会文化环境中，学习和掌握知识、技能、语言、规范、价值观等社会行为方式和人格特征，适应社会并积极作用于社会、创造新文化的过程。它是人和社会相互作用的结果。个体学习社会中的标准、规范、价值和所期望的行为。个体的社会化是一种持续终身的过程。美国社会学家默顿指出："社会化"指的是"人们从他们当前所处的群体或他们试图加入的群体中，有选择地获取价值和态度、兴趣、技能和知识——简言之，文化的过程。它指的是社会角色的学习"[①]。从默顿的定义可以看出，人的社会化也是一个按照社会规范和要求学习、扮演各种社会角色的过程。孙立平认为，社会化实际上是两个过程的结合：一是个人通过与社会的互动，获得独特的个性和人格，学会适应并参与社会生活的过程；二是社会成员、社会结构和社会文化一起行动，共同支持和维护社会生存与运行的过程。从第一个过程来看，社会化不仅是一个从"生物人"向"社会人"转变的过程，而且是一个内化社会价值标准、学习角色技能、适应社会生活的过程。由于成年人生活中同样存在这样一些问题，因此，社会化在人的整个一生中都在持续——在人的生命周期的每个阶段，从出生婴幼儿、青少年、成年、老年直到死亡，社会化都是存在的。从第二个过程来看，社会化不仅对个人的生存、发展至关重要，而且，对社会的生存与有效运作也是如此。因此，社会成员的行为、社会结构的运行、社会文化的期待等，都共同塑造着个人社会化的过程，共同维持着社会的正常运转和持续发展。社会化具有形成和发展独特人格、维持和发展社会结构、传递和延续社会文化的功能。[②] 人的社会化过程除了需要具备最基本的生物性基础以外，还需要具有相应的环境因素，这样才能顺利完成。这些环境因素包括家庭、学校、朋辈群体、工作组织和大众传媒等。个体的社会化不仅促进个体有效地适应和融入社会，而且也增进了个体的自我认同和社会认同，为思想政治教育认同提供了必要的条件。

---

①［美］罗伯特·K.默顿.社会研究与社会政策［M］.林聚任，等译.北京：生活·读书·新知三联书店，2001.

②孙立平，应星，吕新萍.社会学导论［M］.北京：首都经济贸易大学出版社，2012.

第三，政治学中的政治社会化理论。政治社会化的思想实际上是借用社会学中社会化理论形成的。所谓政治社会化，是指个体通过多种途径的政治学习和社会实践，形成以社会政治文化为基本特征的政治态度、政治信念、政治准则和政治价值观的过程。政治社会化原理告诉我们，一个国家的统治阶级必须重视政治社会化问题，要通过教育向社会成员传播主流政治文化，帮助社会成员树立符合统治阶级需要的政治信仰。政治社会化可以通过多种途径来完成，其中最主要的就是家庭和学校的教育。家庭是社会成员接受政治社会化的第一个场所，父母通过自己的人生阅历和政治常识教育和影响子女；学校是系统化、正规化的政治社会化场所，在学校教育中，学生接受相关课题教学的教育、专门的政治认同教育，使学生系统掌握一个国家的主流政治文化和意识形态，学生们系统了解统治阶级的政治思想、政治理论，从而强化了对所属政治价值、政治制度、政治实体、政治工具的认同。除此之外，职业群体、政党、媒体、重大政治事件等都具有政治社会化的功能。其中，媒体的社会化作用在当前特别突出，随着互联网和新媒体的广泛应用，人们获取信息的渠道和来源日益多元，媒体的政治社会化功能日益凸显，这也给政治认同教育带来了新的难度。总的来说，政治社会化就是一个政治培训的过程，是统治阶级通过一定渠道将自己的政治文化传授给社会成员的过程，这个过程实际上也就是社会成员政治认同的形成过程。从这个意义上讲，政治社会化的过程就是接受思想政治认同教育的过程。

第三章 思想政治教育体系

第一节 思想政治课程体系

一、高校思政课程的性质与定位

（一）高校思政课程教育的概述

1. 新时代高校思政课程的教育理念

教学理念是教育者在教学实践中形成的比较稳定的态度和观念，是对教育和教学活动内在规律的认识的集中体现，对教育实践有直接指导的作用。高校思想政治理论课是铸魂育人的课程，就要解决好"给谁铸魂、铸什么样的魂、怎样铸魂"三个问题。思想政治工作本就是做人的工作，铸魂育人落脚点还是在人，因此高校思想政治理论课必须把学生放在首位，围绕学生做好教育工作，更要"关照学生、服务学生"，把学生培养成为"德才兼备、全面发展"的新时代人才。充分发挥高校思想政治理论课铸魂育人功能，就需要教师们不断革新，使思想政治理论课能够满足学生成长的需要和成才的需求。

（1）以"学生为中心"理念是实现思想政治教育目标的前提

时代在变，社会发展主题在变，人的使命也在变。青年是高校思想政治教育的对象，他们将参与中华民族伟大复兴中国梦实现的全过程。如何把新时代青年培养成能担当重任的合格人才，是思想政治教育理论者们奋斗的目标。新时代要改变传统的教师主导课堂的模式，教师要努力挖掘学生的潜力，鼓励学生主动参与到课堂教学的环节中，使学生成为学习的真正主体。确立以"学生为中心"理念，改变教师满堂灌的教学模式，是当前势在必行的一场革命。确立"以学生为中心"理念，改变让学生做被动的听众、教师做孤独的演讲者的教学模式，增加学生主动参与课堂教学的机会，充分调动学生的能动性，尽可能地鼓励学生成为思政课的主角，使其在体悟中接受思政课、喜好思政课，进而助力思想政治教育目标的实现。

（2）以"以学生为中心"理念是提升思政教育亲和力和针对性的需要

高校思想政治理论课教师，要把学生作为教育起点，打造能够满足学生成长发展需要的思想政治理论课，不断促进学生的全面发展。目前高校思想政治理论课的亲和力和针对性并不是很强，致使高校思想政治教育实效性还不够高，是当前高校思想政治教育亟须解决的问题。亲和力，即让思想政治理论课有温度，"以学生为中心"，考虑学生的感受，用大学生喜闻乐见的形式表达，用贴近大学生生活实际的素材作为教学资源，使思政课具有吸引力、感染力，进而增强其说服力，提升大学生对思想政治教育的认同度。针对性，即开展思想政治教育活动要有针对性，"以学生为中心"，要抓住学生需求和成长需要开展活动，要真正做到为学生解惑，做好他们的引路人。

（3）以"以学生为中心"理念是满足新时代大学生学习需求的关键

新时代，中国社会主要矛盾的变化影响着高等教育的发展方向，也影响着思想政治教育的内容和实施方式。生长于新时代的00后们，他们对美好生活的渴望、对精神世界的追求、对学习方面的期待都发生着变化。新时代高校思想政治理论课，要解决好"怎么教、教什么"等问题，必须关注学生的现实需要。通过了解学生现实需要，精准施教，提升学生认同感和获得感，进而提升思想政治教育理论课教学质量。要坚持"以学生为中心"，遵循教书育人规律，不断提升育人能力和育人效能，切实做好育人工作；要遵循学生成长规律，解决好学生思想困惑，真正做好引领和扶正工作。

2. 高校学生思政课程教育的必要性

首先，高校构建学生课程思想政治教育是帮助促进中国特色社会主义建设事业发展的需要。良好的社会主义价值观念的塑造是提高高校学生思想道德素养的有效途径。社会主义价值观念的培养需要渗透到高校教育的方方面面，才能够真正地将思政教育的效果落到实处。

其次，思政教育是高校的工作内容之一，培养合格的社会主义事业建设者是高校的重要教学目的。而目前的高校思想政治教育工作的内容和方法等还相对单一，不利于思政教育效果的提升，因此需要高校对思政教育体系进行构建。

最后，高校教育的课堂思政教育等模式的展开对学生的思政教育效果提升有限，学生在单方面的教学活动中感受到的思政教育内容感染性不强。多种形式的思政教育体系能够从多方面提升思政教育的效果，增强思政教育的感染力。

3. 新时代高校思政课程教育的重点

（1）互动协同、寓教于乐

高校思想政治理论课是大学生的必修课程，每一门课程都对当代大学生的发展起着不可或缺的作用。当前，高校思想政治理论课在改革过程中，教育教学实践的形式不同，改革效果良莠不齐，给学生带来的体验不同，导致学生对思想政治理论课程的认识与反馈参差不齐。如何推进思想政治理论课的课程改革，提高当代大学生对思想政治理论课以及思想政治教育的认识和认同，对当代思想政治理论课教师来说无疑十分具有挑战性。

（2）重在过程、知行合一

高校应加强"学考一体化"建设，形成完善的教学体系。将学习和考核方式贯穿于整个学期，能有效杜绝平时逃课旷课、期末疯狂背书的情况。创新教学方式，丰富教学手段，提高学生学习的积极性、主动性和参与性，这不仅要求思想政治理论课教师理论功底深厚、视野广阔，更要求思想政治理论课教师敬畏课堂、尊重课堂，用大量的时间来做好课堂教学，从而让学生通过思想政治理论课学习能够明辨是非，引导学生真学、真懂、真信、真用，达到思想政治理论课课堂教学的根本目的。

（3）通天接地、实践育人

新时代下，高校思想政治理论课需要不断探索新的教学模式，创新教学手段，加强理论与实践的结合。首先，高校应成立专门思想政治理论课实践育人工作委员会，建立有效的实践育人体系，完善实践育人的管理、监督和考核机制；其次，高校应明确课程教学目标，制定统一的教学大纲和实施方案等，让实践教学拥有完善的教学体系；再次，高校应建立实践育人保障机制，师资配备齐全，提高教师素养，促进实践课程规范有效地开展；最后，高校应建立合理、规范、客观、公正的实践教学考评体系，切实有效地推进实践课程育人机制健康运行，促进实践课程成为高校思想政治理论课重要组成部分。

（4）善用新媒体、多渠道引领

①善用互联网媒介。随着网络技术的发展，互联网使得学生的生活方式和学习模式发生了很大变化，网络的发展势必会影响当代学生的认知状态和意识形态。教师要转变传统的教学模式，用学生喜欢的、更容易接纳的教学方式进行教学，这就要求教师与时俱进，学会用新媒体的教学方式教学，利用互联网的技术，激发学生对思想政治理论课的兴趣，在课程中穿插当下热点，讲授内容贴近学生生活，引导学生辨真伪，帮助学生树立正确的价值观。

②借力和借鉴微课教学手段。思想政治理论课教师要善于借助微课的教学手段，推动学生积极参与教学，从而解决思想政治理论课程中出现的枯燥现象。利用微课的教学特点，充分发挥微课内容丰富、短小精悍、针对性强、表述生动形象的特点，组织微课制作、微课讲授比赛等，引导学生积极参与教学。微课本身的特点与互联网环境下成长起来的大学生学习方式十分吻合，更容易让学生接受，从而调动学生积极参与教学，对思想政治理论课教学效果发挥积极作用。

③利用好优秀思想政治理论课程慕课平台。当前，思想政治理论课程慕课资源十分丰富，思想政治理论课教师要利用好慕课资源，让学生自主学习更优秀的思想政治理论课，提高学生学习主动性。思想政治理论课教师结合慕课，采用慕课与传统课堂相结合、线上线下教学相补充的教学方式，克服其弊端，提高教学效果。教师要对不同的学生使用不同的教学手段，例如，针对不同年级、不同学科、不同专业学生，讲授的重点难点各不相同，教师要结合学生特点利用的慕课资源和教学手段也不相同，采取学生更容易接受的方式吸引学生，层层递进，引入更深层次的探讨。在教学过程中，引入当下时政热点问题，通过对时政热点的讨论对不同层次的学生进行引导，强化学生的认知能力和理解能力，从而引导学生树立正确的价值观。

（二）新时代高校思政课程教育的科学定位

1. 价值基础定位：以立德树人为根本目的

一般来讲，从国家和全社会宏观的战略角度明确思想政治育人的重要价值和核心地位是新时期高校思政教育坚持正确政治思想和聚焦教育根本任务的结果。思想政治教育以明确的政治导向从基础维度决定了高校思政育人的方向，同时以其特殊性决定了需要严守政治标准和与教育要求相符合。从新时代微观角度来看，立德树人与思政教育都是建设学生社会主义思想、引领学生树立正确的人生观、价值观。从新时期教育哲学的角度来看，高校思政教育是高校推进立德树人的关键环节，是属于立德树人教育价值的载体。通过以上内容可以看出，新时期的高校必须将立德树人作为思政课程的教学目标，并以立德树人作为高校价值定位的基础。

2. 教育主体定位：以学生群体为教育中心

高校思想政治教育的最终目的是以学生思想政治高素质化作精神成为学生内心的信念，成为自身的素养的一部分。这需要高校思政教育运用思政思维对社会生活中存在的疑难问题展开思索从而获取经验。新时期的思想政治教育要促使学生将思想政治教育应用于实践活动中，发挥其思想政治教育的引导作用，这与之前教师始终作为教育的实施者和教学的组织者，占据着教育的主体地位是不同的。思想政治教育应当以学生为中心开展思想政治教育教学活动，树立学生在教育中的主体地位，而思政教师已经从教学的组织者实施者转变为了引导教学方向、督促学生、监管教学质量、搭建教学平台的辅助者。教师的主要任务在新时代发生了转变。由于高校大学生的学习阶段正是"三观"建立的关键时期，思想容易受到外界的影响而产生动摇，所以，高校更应当以学生为中心，做好思想政治教育，引领学生走向正轨。

3. 教学形式定位：以实践应用为核心本质

思想政治实践应用是新时期下思想政治教育的核心本质，主要目的在于深化学生对思想政治理论的理解及掌握。思想政治实践应用实际上是将以往单一的理论教学，转变为开展课外与富含实践内容为主要形式的教学活动。

4. 教学性质定位：以社会主义为思想引领

随着社会的飞速发展、技术的不断进步，信息化时代加快了人们的认知。当代大学生更早地接触社会很容易受到网络环境的影响，因为个人的认知还不够成熟，"国外的月亮比国内圆"的思想和行为较为严重，民族国家意识不强，因此现阶段的思想政治教育的性质更应当以社会主义为思想引导，激励和感召大学生为了国家奋斗。高校思想教育应当发挥推广宣传的优势，利用"启发、感召、教育、动员"等方式增强大学生自身的国家意识，将个人的思想意识与国家民族结合在一起。大学生的意识水平高低和国家民族意识的强弱直接关系到我国将来发展的潜力。所以，高校更应当以社会主义、民族自豪感为思想的引导，提升学生的民族自豪感，积极投身社会主义建设。同时，更应当发扬正确的社会思想价值观，坚持马克思主义的理论与社会实践有机地结合起来，促进国家文化软实力的长远发展。

二、高校思政课程的科学内涵

高校思想政治课程作为大学生的必修课，正在实现由单纯的"知识传授"到"全面育人"角色的转变，其内涵随着时代的发展日益丰富，在当前突出表现为以下五个方面：

（一）秉承高度的爱国主义情怀

爱国主义自古以来就流淌在中华民族血脉之中，去不掉、打不破、灭不了。爱国主义是调节个人与国家命运联系的品德要求、政治原则和法律规范，集中表现在爱祖国的大好河山、爱自己的骨肉同胞、爱祖国的灿烂文化三个方面。爱国主义是维护祖国统一和民族团结的纽带，是实现中华民族伟大复兴的动力，是实现人生价值的源泉。爱国主义是中国精神的重中之重。在实现中华民族伟大复兴的征途中，深化爱国主义教育，大力弘扬爱国主义精神，培育爱国主义情怀，具有重大而深远的意义。高校是培育人才的前沿阵地，新时代高校思想政治教育必须减少枯燥的理论传授，在教学中培育大学生的爱国主义热情，提升他们的家国情怀。

1. 新时代爱国主义教育对大学生的意义

进入新时代后的今天，世界政治格局风云变幻莫测，随着中国的国际地位日益攀升，崛起势头正旺，部分西方势力联合起来对我国施压，在政治、经济、文化等方面展开了一场"无声"的战争。人们的思想受到了一定程度的影响，一些西方势力乘虚而入，暗地里煽动公众情绪，挑拨国民关系并加紧了意识形态渗透的步伐，将目标瞄准了正处于"拔节孕穗期"的高校学生，动摇学生的爱国之心、削弱学生的爱国之情、误导学生的爱国之行。因此，国民的民族性需要被再次唤醒，在社会各界广泛开展爱国主义教育，在当今时代极具必要性。

对此，近年来党中央发表了一系列重要指示，中共中央、国务院于 2019 年 11 月印发了《新时代爱国主义教育实施纲要》，为爱国主义教育提出更合时代所需的新要求与新方向，党中央在文件中表明，当前中国特色社会主义已进入新时代，中华民族正处于伟大复兴的关键时期。2020 年 9 月 3 日，习近平总书记在纪念中国人民抗日战争暨世界反法西斯战争胜利 75 周年座谈会上指出："爱国主义是我们民族精神的核心，是中国人民和中华民族同心同德、自强不息的精神纽带。面对国家和民族生死存亡，全体中华儿女同仇敌忾、众志成城，奏响了气吞山河的爱国主义壮歌。爱国主义是激励中国人民维护民族独立和民族尊严、在历史洪流中奋勇向前的强大精神动力，是驱动中华民族这艘航船乘风破浪、奋勇前行的强劲引擎，是引领中国人民和中华民族迸发排山倒海的历史伟力、战胜前进道路上一切艰难险阻的壮丽旗帜！"① 党的领导人与党中央的重要指示深刻说明了在当今时代开展爱国主义教育的重要意义。因此，为适应当今国内外形势，契合国家对爱国主义教育的新要求，保护并培养高校大学生这一支势头正足、长势正猛的新生力量，高校应继续完善爱国主义教育，在爱国主义教育上加大改革、优化力度，寻找当前爱国主义教育中存在的关键问题，对其进行深度的研究与分析，结合当代青年学生特点与时代所需探寻解决对策，进一步推进和创新高校的爱国主义教育工作，为爱国主义教育赋予新的时代内容与现实意义，以更好的姿态来面对新时代背景下高校爱国主义教育的未来。

2. 培养大学生爱国主义教育的路径

（1）更新大学生爱国主义教育的教育目标

教育目标的设立决定着教育发展的走向以及教育的最终结果。在爱国主义教育中，教育目标的设立最为重要，决定了整个爱国主义教育活动的总体走向，是高校爱国主义教育工作的纲领蓝图。《新时代爱国主义教育实施纲要》的颁布使爱国主义教育在这个时代再次焕发出了勃勃生机，为了奔向时代所指、满足时代所需，高校的爱国主义教育要做到与时俱进。以《新时代爱国主义教育实施纲

---

① 习近平. 在纪念中国人民抗日战争暨世界反法西斯战争胜利 75 周年座谈会上的讲话 [J]. 共产党员（辽宁），2020（19）：4-7.

要》为基础，契合新思想、新纲要提出的新内容、新要求，在义务教育目标制定上，做到"删旧谱续新章"，将助力民族复兴伟业、弘扬培育民族精神、培养爱国时代新人作为爱国主义教育的总目标，着重对学生民族情怀、爱国精神、素质能力的培养，说好国的历史，讲好党的故事，道好民族未来，为学生解答"为什么爱国""如何爱国""怎么爱国"这一系列问题，引导学生为中华民族伟大复兴中国梦而奋斗。此外，根据不同层次的学生群体，结合学生的具体实际进行教育目标的微调整，使目标的确立更具针对性。据此调整教育部署，重新规划爱国主义教育路线，为高校在新时代开展爱国主义教育指明前进方向。

（2）丰富大学生爱国主义教育的教育内容

爱国主义教育是一个历史的范畴，历史条件与社会背景的变更使爱国主义教育的内容也随之发生变化，这一特性使得爱国主义教育在每个时代焕发着独特的生机。因此在当今时代开展爱国主义教育，不光要讲好时代话语，还要注入时代精神，以波澜壮阔、宏伟沧桑的百年党史，开天辟地、气壮山河的革命史诗与改革开放以来中国特色社会主义取得的伟大成就为背景开展中国特色社会主义与中国梦的教育，从气壮山河、源远流长的中华文明历史、中国建党史以及中国特色社会主义建设史出发，开展中华优秀传统文化与民族精神教育。还要善于抓住时事，通过现今暗流涌动和复杂多变的世界政治格局、经济格局、军事格局进行国家安全教育和国防教育。此外，还要重视对学生情感、意志、心理方面的教育，多角度、多方面地对学生进行综合教育，激发学生的爱国情感，挖掘潜在的优秀品质，引导学生自觉弘扬和传承在几千年灿烂的中华文明中积淀出的先进思想与品格，发自内心地在新时代扛起爱国主义大旗。

（3）创新大学生爱国主义教育的教育方法

为了跟随时代脚步，在新时代开展高质、高效的爱国主义教育，高校要对现有的教育方法进行调整和创新，首先，将传统课堂的"一贯式"教育风格革新，加强与学生之间的互动交流，开展翻转课堂、小组辩论、微课堂比赛，以及爱国主义题材的才艺展示等活动丰富课堂教育形式，让教育从黑板里走出来，站稳课堂这一教育阵地，发挥教育主渠道作用。其次，网络技术的成熟发展，使得由网络衍生的现代教学手段已被广泛应用于各行业，高校应抓住这一点，利用多媒体技术创新爱国主义教育模式，通过微信公众号、微博、学校自主 App 等媒介搭建自己院校的网络爱国主义教育平台，把握好网络这一新兴的教育阵地。最后，高校应注重课外爱国主义教育活动形式的创新，不应只局限于讲座、报告会、征文比赛等，还应组织更多形式的爱国主义主题活动，如以校院为单位，给定主题举行微电影比赛、社会公益服务以及乐曲、短剧、舞蹈等文娱性质的活动，进一步丰富教育载体，促进爱国主义教育方式的转变与创新，为爱国主义教育增添时代色彩。

（二）常怀崇高的责任担当精神

担当精神要求有原则、工作负责、传播正能量，勇于面对矛盾，正确处理危机，面对歪风邪气敢于斗争。责任担当精神表现为个体在享有权利的同时履行自己的义务，对党和人民忠诚尽责。中华民族伟大复兴的中国梦绝不是轻轻松松就能实现的，需要一代又一代的中国人持续奋斗，尤其是需要广大青年勇挑重担、身体力行。青年作为社会主义的建设者和接班人，将为实现中国梦注入强大的生机与活力，应该投身到实现中华民族伟大复兴的中国梦的伟大事业中。新时代高校应更加重视思想政治教育工作，让新时代青年投身社会主义现代化建设和致力于中华民族伟大复兴，常怀一颗担当之心。

1. 当代大学生的责任担当的内容

根据责任主体的不同，当代大学生的责任可以分为自我责任、家庭责任、社会责任和国家责任。

（1）自我责任担当

自我责任是指大学生应该对自己的生命、生活、学习和职业发展负责。一个人只要对自己的人生负责，珍惜生命，热爱自己的工作，才可以对他人、社会、国家负责。

（2）家庭责任担当

家庭责任是指个人对家庭理解、情感沟通和思想交流，以及应承担的责任和履行的义务。家庭责任是人类最基本的责任形式，包括父母对子女的监护责任、子女对父母的赡养责任，以及家庭成员之间分担的责任。在传统社会中，家庭承载着社会成员的情感和经济，社会成员之间，情感交流更多地存在家庭之中，每个大学生作为各自家庭中的一分子，必不可少地承担着一份家庭责任。

（3）社会责任担当

社会责任是大学生首要担当的责任，担当是责任的承受，独立思考，独立做事，独立自省。一个人只有积极主动地承担社会责任，为社会提供力所能及的服务，从而贡献社会，才能实现自己的人生价值。责任担当就社会责任的意义而言，应该是寻求在其位谋其政，履行人民、社会和历史赋予的使命和责任。人不但要有社会责任感，还要勇于为社会与人民的责任而担当。

（4）国家责任担当

国家责任首先是爱国，只有先从情感上去爱这个国家，才会从实际行动中去主动承担自己的国家责任，中国特色社会主义已经进入了新的发展阶段，正朝着顺利开启全面建设社会主义现代化国家新征程迈进。当今世界正在经历一个世纪以来从未有过的巨大变化。国际环境变得越来越复杂和不稳定。但是，和平与发展仍然是时代主题，合作与共赢仍然是人类的共同愿望，构建"人类命运共同体"已成为全球共识。在这个历史时期，社会主义建设需要更多负责任的人，人的发展需要中国青年承担重任，责任担当已成为国家的需要、时代的声音。

2. 培养大学生社会责任感的路径

（1）大学生要加强自我修养自觉培养社会责任意识

在经济全球化发展的趋势下，大学生只有加强自我修养，培养自身的社会责任感意识，才可以认识到自己需要承担的社会责任。这就需要大学生要对自己有一个真正的认识，在接受自己优点的同时，还要认识到自己的不足和问题；在发现自己潜力的同时，还要对自己能力方面的欠缺有客观的认识和了解，学会对自己的情绪进行控制、调整，形成正确的人生观、世界观和价值观，对自己未来发展奋斗方向制订科学、合理的计划，并坚定不移地朝着自己的目标努力奋斗。另外，还要虚心接受对自己提出的意见和批评，了解周围他人对自己的客观性评价，了解社会对个人发展的需求，并把自我发展和社会国家发展进行对比，发现自己的不足，不断完善自我发展方向。此外，还要加强自我道德修养，努力学习中华优秀传统文化，提升自己对民族文化的自豪感，了解自身的责任和义务，提升自身的文化修养，在潜移默化中实现自我高尚情操和道德素养的提升。最后大学生还要加强对思想政治理论的学习，了解新时代发展的精神内涵，在自我学习和发展的过程中，时刻把自身发展和社会国家的发展进行结合，主动承担起社会和国家赋予自己的重任，实现自我社会责任感价值的形成和升华。

（2）完善高校德育教育内容和方法提高高校德育教育质量

高校德育工作是重要的教育内容，通过德育可以更好地培养大学生的责任意识和爱国主义意识。所以，在高校德育工作开展的过程中要不断完善德育教育内容和方法，改变传统老旧的教育观念，重视德育教育，提高德育教学质量和水平。另外，高校还要重视德育教师的培养，为大学生德育教育工作提供重要的师资保障。学校定期组织德育教师参与到德育内容的学习培训中，提高德育教师们的政治素养，在整个学校中形成良好的德育环境。此外，还要不断完善创新德育的教学方法，重视理论课程教学和实践教学的有效结合，在德育目标的基础上，鼓励学生们积极参与到德育教学实践活动中，培养大学生的感恩之心、爱心。同时，德育教师还要关注学生们的思想情绪变化，针对有思想问题的学生进行及时的思想指导和心理疏导，帮助学生们建立起正确的人生观、世界观和价值观，为德育教学工作的开展创造良好的基础。

（3）完善正确教育和宣传教学构建良好的社会环境

在经济全球化发展的影响下，社会中存在非常多的不良现象和思想，不仅不利于社会公平正义价值观的拓展，同时还成为社会不稳定因素。比如，网络中很多个人主义、享乐主义思想的传播，不讲社会公德的行为，反社会等思想，这些严重影响到了党和政府在人民心中的良好形象，对大学生们思想价值观产生了非常大的消极影响。因此，要加强正确的宣传和教育，构建良好的社会发展环境。比如，相关部门需要利用多种不同的渠道和方式来营造良好的、积极正面的思想；加强正面思想和正义力量的宣传引导，用积极向上的思想和力量来作为主导，为大学生们树立起正向的典范；或者是通过公共讲座和文艺表演的方式来进行正能量的宣传教育，形成一种正气之风，培养大学生正确的思想认识，并在社会中积极宣传奉献精神和服务意识。此外，还可以利用互联网技术，净化网络中的不良思想和社会行为，加大网络监管力度，积极宣传积极思想，清除暴力、欺诈等不良思想，为大学生社会责任感的培养构建积极向上的社会环境。

（三）树立牢固的遵纪守法意识

遵纪守法是每个公民义不容辞的责任。《中华人民共和国宪法》奠定了最根本的法律基础。党的十一届三中全会召开后，高度重视法治建设，确立了法治的权威，标志着中国法治建设的不断完善。党的十五大正式把依法治国作为党治国理政的基本方略。进入新时代，党中央统筹推进"五位一体"总体布局，协调推进"四个全面"战略布局，提出了全面依法治国的总目标：建设中国特色社会主义法治体系，建设社会主义法治国家。高校要充分发挥思想政治教育的作用，完善《思想道德修养与法律基础》教材中的法律内容体系，加强新时代学生法律知识教育，促进社会和谐稳定，营造明礼诚信和全民守法的良好局面。

1. 改善当今社会环境，加强法律权威

近些年，我国始终强调有贪必肃、有腐必反的理念与行动，重视强化对于各项权力运行的全面监督和制约，以制度为依托进行权力管理，重视贪污腐败现象的预防方针政策建设，更为高效、科学地防治社会腐败现象出现。一方面，应创设积极的社会法治环境，积极的法治环境是大学生法律意识生成的主要依赖，所以相关部门应持续强化改善社会法治环境，真正消解社会中存在的消极因素，其一，应完善民主法治环境，强化正义、民主、自由与平等的法治理性，明确法律至上理念；其二，健全法治建设工作各环节，严格根据法律法规办事，加强法律权威性。唯有切实保障平等、公平的法律原则，使大学生群体在实际生活中坚信法律公平，才可调动其学习法律、了解法律并遵守法律的主动性与积极性。另一方面，公正执法造就大学生的群体法律情感。培养当代大学生的法律意识，不但需要依赖于相应法律法规，还要依赖于法律具体运行与实施。所以，在执法与司法过程当中，应强化相关工作者法治意识，使其真正将公正执法落到实处。唯有如此，才能保证司法公正，加强司法权威性与公信力，进而培养学生法律情感，为改善法律教育和学生法律意识培养工作奠定基础。

2. 激发学生自我觉醒，坚定法律信仰

从整体上来说，法律意识涵盖法律知识、信仰、情感以及意志。而法律信仰是每个主体以理性认知为基准所产生的神圣体验，不仅是对于法律心悦诚服的归属感与认同感，亦是社会群体对于法律的理性认知与激情升华，更是个体对于法律的主观心理状态的崇高境界。真正能够阻止犯罪行为的是遵守法律的传统，此种传统植根在每一个体热烈且深切的意识和信念当中。即法律既是世俗社会的政

策性工具，更是生活最终意义与目的的组成部分。激发学生自我觉醒，使其从内心深处坚定法律信仰，是加强大学生群体法律意识、法治素养的核心所在。所谓内因是变化的基本依据，而外因则是变化的根本条件，外因借助内因产生作用。

充分整合地方政府机关、社会各行业、学校、教师、家庭及学生个体的力量生成法律教育合力，势必是培养大学生群体法律意识、开展法律教育的最佳外部条件。然而，若想切实提升大学生群体法律意识，需要大学生个体明确拥有法律意识、掌握相对完善的法律知识的重要性，从而自觉学习国家法律知识，唯有如此才能全面提升大学生法律意识，深化其相关体验，使其努力做一名知法守法的新时期高素养人才。

3. 创新法律教育模式，深化法律教育

高校人才培养工作模式在较大程度上决定着大学生未来能否成长为顺应社会改革、发展的优秀人才，对学校而言，若想强化学生群体法律意识，一方面，应将依法治校落到实处。因为学校实际法治情况对于学生法律意识具有无形的影响。构建完善的规章制度，依托于现行法律法规是新时期高等院校实现依法治校的根本。另一方面，在学生工作当中坚定民主原则，特别在学生评优评先工作中，相应工作者要始终坚定工作的公开、公正与透明。同时，学校在设计人才培养大纲时，应将法律素养培育囊括在内，重视学生思政教育工作的同时，还应重视法律教育。除此之外，学校应鼓励从事思修课程教学的教师创新自身教育方法，注重案例教学和实践教学，从而确保法律教育工作实效性。法律作为具有较强专业性与实践性特点的学科，唯有通过教育实践，才可让学生群体真正地掌握法律知识，因此法律教育应注重理论内容和实践教育的深度整合。在课堂教学中，教师应采取导入式案例教育模式，规避单调、枯燥的法律条例讲析，深化课堂师生互动，加强法律教育趣味性。

(四) 培育健全的人格

人格是指人健康协调的成长。健全人格的特点可以从性格、气质、责任感、情感态度、思维灵活性五个方面来看。如果一个人的人格发展均衡、协调，那么他的状态是一种健康的状态，便称之为人格健全。新时代思想政治教育与传统的思想政治教学相比，更加注重青年的身心健康和人格的全面发展，这在一定程度

上改变了唯分数论的思想政治教育模式。高校是为国家培育人才的重要阵地，要努力做好素质教育的排头兵，重点抓好学生思想政治教育，贯彻素质教育理念，促进学生德智体美劳的全面发展。

1. 大学生健全人格的新时代要求

（1）人格的内涵

人格是指一个人具有一定倾向性和相对稳定的心理特征总和。通俗地讲，它是指一个人的品格、品质、思想境界、情操格调、道德水平等。人格的形成离不开历史条件和社会生活，当代大学生健全人格的内涵也具有时代特征。在当代大学生健全人格的培养过程中，应至少包括"两种意识"和"两种精神"，即自我意识、责任意识和进取精神、奉献精神。

（2）健全人格的要求

所谓自我意识，就是用某种价值观念、道德准则来审视自我、反思自我、解剖自我、约束自我。要完善自我意识，就必须自觉地提高自我的主体素质，这包括生理素质、心理素质、文化素质、思想素质、道德素质、审美素质、政治素质等。人作为人生价值的创造者，有什么样的主体素质，就会创造什么样的人生价值。因此，自觉提高主体素质是自我意识的关键所在。要完善自我意识，就必须做到自尊、自立、自强。自尊是人格主体尊重自己，不向他人卑躬屈膝，也不允许他人歧视侮辱自己的品质，它是主体自身努力的结果，也是个人从事有益于社会活动的结果。一个自私自利、狂妄自大、轻浮虚伪、奴颜媚骨的人是谈不上自尊的。自立是指人格主体不依赖他人，靠自己的能力和行为有所建树、有所作为的人格特质。一个胸怀坦荡、表里如一、光明磊落、堂堂正正的人，必然会受到人们的敬慕。自强是指人格主体努力向上、永不停息的精神状态和行为特征。人生道路并非一马平川、顺水行舟，而是常伴有不如意和苦闷。只有不畏艰险、拼搏进取、自强不息的人，才是生活的强者，才能成为掌握自己命运的主人。

责任意识是一定社会关系的产物。人的责任是客观的，生活在现实社会中的每一个人都必须具有强烈的责任意识。首先，个人应当对他人承担一定的责任，因为我们的生存与发展离不开彼此，任何人要想实现自己的价值，没有他人的配合与协作，往往是实现不了的。其次，个人必须对社会承担一定的责任。社会是人的社会，人是社会的人，社会要对个人负责，个人更应对社会负责。如果社会成员都能主动地承担起属于自己的社会责任，积极创造、发愤图强，未来的社会也一定会更加繁荣昌盛。再次，个人必须对自己的行为承担一定的责任。社会是由人创造的，社会也为人的存在和发展提供了多种多样的条件和可能，因而个人也需要对自己的选择和行为负责。最后，人必须对自然环境承担一定的责任，要认识到人类也不过是自然界中的普通一员，与自然环境是休戚与共的关系，维护自然界万物生存与延续人类的发展，其中的道理是一样的。

进取精神是指人们在认识世界和改造世界的实践中表现出来的积极奋进的意识，是人的自觉能动性得以发挥的精神状态。要增强进取精神，就得敢于打破传统条条框框的制约。不仅如此，还应本着否定之否定的精神，不断审视突破自我。新时代大学生作为具有较高智力与学识水平的人才，决不能淡化进取精神，而应努力运用自己所掌握的知识和才能开拓创新，为社会创造出更多财富，勇做时代的弄潮儿。显然，进取精神既是自我实现的需要，也是对他人、对社会的理应贡献。

奉献精神是中华民族的传统美德，是社会道德规范的基本准则，是共产主义人生观和价值观的核心所在，也是当代大学生健全人格的重要组成部分。当下，我们必须理性看待市场经济对人们的伦理道德观念、对当代大学生人格塑造所产生的诸多影响。

（五）培养大学生健全人格的路径

1. 加强师资队伍建设力度

教师是塑造人类灵魂的工程师，承担着教书育人的重大责任。思政课是对大学生进行正确的人格教育的主渠道。当今时代不乏过度重视学术教育、规则教育而忽视了素质教育、人格教育的教师队伍，只有师生建立良好的关系，强化对学生的心理关怀才能使学生在更好的学习氛围中提升个人人格品质，所以要想让学生人格教育培育到位就离不开教师的人格楷模作用。高校可以对学校师资环境进行整合，加强对教师队伍的素质教育培训，关于对教师的素质培养，简言之，有以下五个方面：高尚的思想政治素质、广博的知识素养、突出的教学技能、良好的心理素质、健康的外在形象。

2. 高校适当开展社会实践活动

组织具有高校特色的社会实践活动有助于丰富大学生的内心世界，弥补大学生空洞的心灵。高校组织的大学生社会实践教育活动的过程，同样也是大学生提升个人道德素质的过程。优秀人格的培养离不开现实实践的反复锻炼和打磨，高校要开展具有教育意义的室内外综合素质实践活动：读书分享会、心理委员会、健身交流大会等。这些有益的高校文化活动营造了高尚人格氛围，这对高校大学生的精神世界起着潜移默化的作用。

3. 加强家庭的引导作用

家庭被称为"创造人类健康人格的第一环境"。若能将家庭教育对大学生的引领作用发挥到极致，那么家庭教育必定能促进学生的人格健康发展。父母可以从身边的一点一滴培养孩子养成良好的生活习惯、营造和谐的家庭环境、保护孩子的自尊心、增强其自信心、注意培养孩子的独立性等。家长要以身作则，摒弃官场权谋、利己思维、攀比心理，与孩子建立平等和谐的"朋友"关系，在家庭教育中尽力灌输家国情怀和严于律己、宽以待人的思想。

4. 引导大学生形成自我教育的意识

每个人都是独立的个体，每个大学生都是具有独立意识的成年人。要引导大学生主动获取优良人格的意识。高校教育者要注意培养大学生发挥主体作用，促使他们形成积极的自我反省意识。健康的自我意识，会促使学生树立正确的人生观、价值观，在大学生个体的自我优化过程中将不断提升学生个人的文化品位和文化素质，进而形成具有优良品质的完善人格。

三、高校思政课程的内容与特色

（一）高校思政课程的内容构成

思政课程内容构成一般来讲包括知识、情感、思想、能力和行为五个维度。

1. 知识

知识获得指新时代青年学生通过思想政治理论知识学习使自身知识需要得以满足而产生满足感和愉悦感，这一维度在获得感体系中最易感知。思政课以马克思主义理论为指导，向青年学生传输科学、系统的知识体系。具体包括马克思主义基本原理，中国共产党的基本理论、方略、路线，新时代中国特色社会主义思想的本质、内涵，民主法治和公民道德等。这些理论知识是对许多时代难题的回答，也是新时代青年学生亟须武装头脑、指导行动的理论武器。

2. 情感

情感获得指青年学生在思政课学习后产生的积极情绪体验，如情感共鸣、内心充实与愉悦、精神升华等。具体包括：存在情感获得，即思政课中学生处于主体地位，作为主体参与思政教育活动；愉悦情感获得，即思政课教学将马克思主义通俗化、时代化，让青年学生乐于聆听且能听懂，在思政课学习过程中产生喜悦、快乐的心理体验；激励情感获得，即思政课内容引发青年学生情感共鸣，激发其内在精神动力，使其投身社会主义现代化建设伟业。

3. 思想

思想获得指思政课学习满足青年学生思想需要而产生的满足感。主要体现在：

（1）青年学生通过思政课对人生价值、人与世界的本质及二者关系等进行探究，构建正确的人生观、世界观和价值观；

（2）青年学生掌握了历史唯物主义、辩证唯物主义等马克思主义方法论，学会多角度、多层次、全方位地看待问题；

（3）青年学生通过思政课学习获得积极、顽强的意志，在面对价值选择及困难挫折时更为果断、顽强。

4. 能力

能力获得指青年学生在思政课学习后因为能力上的获得而产生的满足感，是思政教育外化的表现。可细分为：

（1）道德能力获得，即青年学生以自身道德认知为基本依据对相关问题做出判断及选择的能力；

（2）政治鉴别能力获得，即青年学生以个体政治观念为依据，准确判断、理性看待社会事件的能力；

（3）社会思潮辨析能力获得，一些错误的社会思潮向青年学生传递与主流意识形态相悖的观点和理论，诱使青年学生以非理性做法、消极态度抵触社会，准确地辨别错误社会思潮是新时代青年学生的重要素养。

5. 行为

行为获得指青年学生在认知上理解、在情感上认同思政课所学理论知识，并将其运用于实践而产生行为向好的方面转变，由此生发出的成就感。具体指青年学生知识增加、思维扩展和能力提升，行为实践满足个体发展需要，以及青年学生的行为实践符合社会行为规范和价值要求，使其在奉献社会中得到大众认可和崇高的获得感。

(二) 高校思政课程的新时代中国特色

1. 高校思政课程的学生教育特色

(1) 学生个性化培养更具精准性

当代青年学生价值取向多样化，思想更加活跃，这就需要对青年学生进行更加细致的思想政治教育和日常帮助及心理辅导。青年学生思想心理问题的出现是由多种复杂因素造成的。因此，要找出影响青年学生思想行为的主要矛盾，就要遵循学生思想问题的产生规律，通过大数据分析建立学生数据画像，实现思想政治教育从定性到定量的转变，深入了解学生个体与群体的差异，提高学生个性化训练的准确性。

(2) 学生行为研判引导更具规律性、

在互联网和大数据的背景下，学生行为的学习和引导更加规范，学生有很多方式获得新知识和理解新事物。学生接受的知识体系更加多样化，但认知与行为之间存在矛盾。因此，高校要提高思想政治教育工作者研究、判断和引导学生日常行为的能力以及学生的发展路径和发展规律，利用互联网和大数据建立学生思想行为的动态研究、判断和引导体系。

2. 高校思政课程教育资源手段特色

①新时代环境下信息技术已经融入了高校学生生活的各个方面，针对这类人群的思政教育以信息技术和新媒体平台为教育载体，能够打造出高校学生接受先进文化的重要渠道。新媒体的大量信息能够为高校学生的思政教育提供更多资

源，信息传递的速度与信息更替速度也很快，且各种各样类型的信息能够使思政教育变得声色俱全、图文并茂，提高了思想政治教育的吸引力。

②新媒体有着时代最鲜明的特征。在新理念的指导之下，新媒体手段的利用对高校学生的思政教育资源、教育手段等许多方面都产生了不小的影响，它使教育者开始转向关注高校学生的成长、学习等各个环节，从整体且系统的角度去评价教学活动，对推动高校学生思政教育的革新有着重要作用。

③在当前时代下网络与信息技术已经占据了比较重要的地位。不仅是教育领域，在各个领域里，新媒体的便捷性都是它极大的优点。新媒体手段的发展，加快了当前社会发展的速度。在这样的环境中，知识经济变得尤为重要，社会对人才的标准都提高了，需求量也逐渐增加了。现如今，人才不仅要具备相应领域的知识技能，对于相关的工艺使用方法也要理解和熟练使用。这种创新的模式导致教育体制革新变得越发重要，从前以传授知识为主的教育方式已经成为过去式，当前的教育模式要注重学生的思维能力与学习意识的培养。在新媒体环境下，高校思政教育工作的创新发展，也正是教育体制革新变化的体现。

四、高校思政课程的价值与意蕴

（一）高校推进思政课程教育的时代价值

马克思说："理论一经群众掌握，也会变成物质力量。理论只要说服人，就能掌握群众，而理论只要彻底，就能说服人。"新时代中国特色社会主义思想是党和人民实践经验和集体智慧的结晶，大众化是其理论的本质属性和内在要求只有实现新时代中国特色社会主义思想的大众化，并使之成为大学生的政治认同和信仰，才能真正发挥其最新理论成果的号召力和凝聚力，真正引导学生认识问题、解决问题和承担使命担当。

1. 学生维度：时代新人养成的"精神之钙"

在党的十九大报告中，首次提出了"培养担当民族复兴大任的时代新人"这一重大时代命题，为高校指明了新历史方位下的人才培养定位，也为大学生全面发展提供了发展方向和目标。"时代新人应该自觉用马克思主义中国化最新成果武装头脑，增强自己的理论素养，深刻领会习近平新时代中国特色社会主义思想的内涵与实质。"① 是否具有时代使命担当的自觉性是检验时代新人的重要标尺，新时代中国特色社会主义思想植根于当代中国特色社会主义建设的客观实际，有着鲜明的问题意识，反映了时代精神，从理论和实践层面系统而全面地回答了我国发展的新目标、新使命和面临的新矛盾。只有尽快用新时代中国特色社会主义思想助力学生深刻理解新矛盾和新使命，才能真正让大学生把个人发展同祖国前途命运紧密联系起来，主动担当起对社会的责任和贡献，回应时代的呼唤，真正成长为担当民族复兴大任的时代新人。

2. 高校维度：党的教育方针落实的方向保证

2016 年 12 月中共中央、国务院印发的《关于加强和改进新形势下高校思想政治工作的意见》指出：高校思想政治工作要"培养又红又专、德才兼备、全面发展的中国特色社会主义合格建设者和可靠接班人"。新时代，从"教育是国之大计、党之大计"的高度提出了立德树人的根本任务以及培养社会主义建设者和接班人的时代使命。高校坚持社会主义办学方向，培养的建设者和接班人首要的是政治立场坚定、政治素质过硬、坚决拥护党的理论和路线方针政策。新时代中国特色社会主义思想是党的最新理论成果，具有深度的科学真理性和强大的理论解释力，是高校思想政治教育工作的重要理论支撑和抓手，有助于学生增强"四个意识"，坚定"四个自信"，做到"两个维护"，这是完成新时代高校教育使命的关键所在。

3. 国家维度：思想共识凝聚的具体依托

主流意识形态是一个民族理想信念的重要体现，是执政兴国的思想导向和政治保障。马克思、恩格斯曾指出："统治阶级的思想在每一时代都是占统治地位的思想。""一个社会只有向其成员成功地灌输适合于维持其制度的思想才能得到维持。"这些论断鲜明地指出，只有通过思想理论的宣传将执政党的理念讲清楚，才能最大限度地获得群众的政治认同，巩固自己的领导地位。当下的大学生是未来国家和社会的主体，然而，"高校是意识形态斗争的重要阵地，青年学生是意识形态争夺的重要群体"，尤其是伴随着互联网技术的发展和自媒体终端应用的

---

① 朱志明，刘映芳. 时代新人要勇于担当时代责任和历史使命 [J]. 北京青年工作研究，2018（4）：12-13.

普及，大学生获取信息的方式呈现出多渠道、碎片化的特点，学生价值观日趋多元化，这些给高校意识形态工作带来了很大困难和挑战。因此，通过新时代中国特色社会主义思想的宣传教育牢牢掌握高校意识形态工作领导权、管理权、话语权，有利于提高学生的思想觉悟和水平，凝心聚力，为未来国家建设的主体力量打牢共同的思想政治基础。

（二）高校思治课程对大学生自身发展的意义

1. 指引学生正确认识自我

高校思想政治教育在大学生就业创业中的一个显著作用就是可以指引学生正确认识自我。所谓认识自我，也可以称为自我认知，包含个体自身的个性发展、具体实际的需求、就业与创业的水平以及职业道德素养等多个方面，而思想政治教育这项工作的开展可以加深学生对自我的认知，明确其未来的就业与创业的方向，在竞争激烈的社会大环境下能够找准自己的位置、紧跟时代的步伐，从而不被社会所淘汰。

2. 使学生对社会发展现状有正确的认知

随着我国高等教育进入普及化阶段，高校毕业生的数量每年呈上升趋势，但随之而来的后果就是就业岗位饱和，毕业生的数量与社会所提供的就业岗位不匹配，进而很多毕业生无法在毕业后找到合适的工作。高校思想政治教育工作的开展，可以引导学生对社会发展现状有一个正确的认知，扭转学生不正确的就业创业观，促使学生结合当前社会大环境，清楚地认识到严峻的社会就业形势，避免只顾眼前利益，单单关心工作的环境、待遇与工资，从而导致自己"高不成低不就"。

3. 有利于培养学生的工匠精神

工匠精神是一种精益求精、做事严谨且认真、对工作追求完美，并且具有创新的精神。如果能够培养出学生的工匠精神，不仅可以成为学生未来发展的不竭动力，而且也会促使学生成为同龄竞争者中的佼佼者。高校思想政治教育工作的开展便是培养学生工匠精神的重要法宝，对于提高学生的工匠精神具有不容忽视的价值作用。

4. 有助于学生正确就业、创业观念的树立

高校思想政治教育在大学生的就业、创业中具有明显的作用。通过思政教育工作的开展向学生渗透、普及当前的就业方针政策，有助于学生正确就业、创业观念的树立，从而为自己的职业生涯打下坚实的基础。除此之外，思想政治教育还会加强对偏远山村地区的就业政策宣传，鼓励学生到偏远地区的基层工作，贡献自己的力量、实现自己的价值。

5. 有助于提高学生的职业道德素养

人无德则不立，一个人自身的职业道德素养直接关系到这个人未来的就业创业是否顺利。对学生思想道德的教育是高校开展思想政治教育内容的重要组成部分，有助于提高学生的职业道德素养，使得学生在就业、创业过程中能够对职业道德行为准则进行严格的遵守，从而实现自己的既定目标。

6. 有助于促进学生的心理健康发展

大学生自身的心理健康也同样影响着学生将来能否成功地就业与创业。由于当前大学生面临着严峻的就业形势，所以心理上会有较大的压力，这种压力如果不能及时排解就会转化为不良的负面情绪，进而对学生未来就业创业带来不利的影响。然而，高校思想政治教育工作的开展可以培养学生积极乐观的心态，化解负面情绪，提高抗压能力，这对于学生的心理健康发展具有重要的价值作用。

第二节　思想政治工作日常教育体系

一、高校思想政治工作日常教育体系的要素

日常教育体系是一个庞大、复杂且动态的系统工程，从要素来看，包括教育主体、教育对象、教育内容、教育载体等，具有教育主体多元、教育内容丰富、教育载体多样、教育过程动态化等特点。大学的思想政治工作是一个多主体力量相互联系、相互制约、相互影响的过程。提升高校思想政治工作日常教育效果，必须打通教育诸环节。换言之，构建高校思想政治工作日常体系需要激活各主体

的主动性和积极性，实现"1+1>2"的效果。因此，考察各个要素的内涵与外延，因势利导尤为重要。

（一）教育主体

思想政治教育主体是在思想政治教育过程中的主动行为者，主体既可以是单个的个人，也可以是由多个个人组成的群体。高校思政工作日常教育体系的教育主体，是指策划、组织和实施大学生日常思想政治教育的个体和群体。个体主体包括专职党务工作者、团干部、辅导员、班主任、"两课"教师、心理健康教育教师、学生宿舍和公寓管理人员、校园网络管理人员等，也包括能够实现自我教育的大学生。群体主体包括学校党团组织、学校职能部门、学院党团组织、学生党团组织、学生（研究生）会、班级、各类学生社团与协会等组织、团体和机构，也包括"大学生生活社区、学生公寓、网络虚拟群体等新型大学生组织"。

高校的日常思想政治教育通常由群体主体发起，个体主体参与策划、组织和实施。在个体主体层面，辅导员和班主任是高校日常思想政治教育的主干力量，承担着教育、管理、服务的多重角色。在群体主体方面，可以分为以下三个层次：

第一，领导部门。大学生的思想政治教育承担着实现人才培养目标、增强国家核心竞争力、实现中华民族伟大复兴的重大战略使命。当前，我国高校基本坚持校院两级管理体制，大学生日常思想政治教育同样实行两级领导体制，各级党委发挥政治核心作用。学校党委作为一级领导机构全面领导学校工作，发挥"领导核心"（"承担管党治党、办学治校主体责任，把方向、管大局、做决策、保落实"）作用，学院（系）党委作为二级领导部门发挥"政治核心"（"履行政治责任，保证监督党的路线方针政策及上级党组织决定的贯彻执行"）作用。依托学校与学院的不同分工，形成了高校思想政治工作的基本格局。在具体的实践中，学院（系）党委既要落实学校党委思想政治教育的总体规划和部署安排，也要结合本学院（系）的学生情况开展具有学院（系）特色的大学生日常思想政治教育。将高校思想政治工作日常教育体系建设落到实处，必须统筹学校与学院（系/所）两级。党委要筑牢大学思想政治工作主导权，把思想政治工作贯穿育人全过程，全方位覆盖育人空间场域，确保高校始终成为培养德、智、体、美、劳全面发展的社会主义建设者和接班人的坚强阵地。

第二，执行部门。执行部门包括学校与学院两个层面。在学校层面，包括党委宣传部、学生工作部、团委、心理健康教育部门、就业指导部门、勤工助学部门、公寓管理部门等各相关部门。在学院层面，则包括学院党委、团委及行政等组织，各组织部门中包含相关工作人员和辅导员、班主任等个体。各个部门及相关工作人员按上级规划和部署在具体的思想政治教育活动中各司其职、相互配合。近年来，伴随"三全育人"综合改革的持续推进，高校中被纳入思想政治工作的执行职能部门也在加多，包括教务处、研究生院等部门，也成为高校日常思想政治工作开展的执行部门。习近平总书记要求："整体推进高校党政干部和共青团干部、思想政治理论课教师和哲学社会科学课教师、辅导员、班主任和心理咨询教师等队伍建设。"① 校、院（系）各执行部门中的党政干部、团干部、辅导员、班主任、思政课教师、心理咨询教师等，都是新时代日常思想政治工作的重要执行力量。

第三，学生自我教育组织。学生自我教育组织是高校日常思想政治工作的依靠力量，它既包括党支部、团支部、班委会、学生会、研究生会等正式组织，也包括各种学生社团、协会等非正式组织，还包括适应高校后勤社会化和网络信息技术发展产生的"大学生生活社区、学生公寓、网络虚拟群体等新型大学生组织"。其中，党支部、团支部是大学生发挥主体性、开展自我教育的重要平台，起到重要的规范性作用，并且和以教师为主体的执行部门有着深度联系。班委会、学生会、研究生会、社团联合会等，也是按一定组织程序设立的正式群体，是学生"自我服务、自我管理、自我教育"的主体组织。这些组织是学生进行日常活动的重要组织类型，既是日常活动的组织依托，也是日常活动的重要平台。各类社团、协会、网络虚拟社群等则属于非正式群体，大学生个体因为"趣缘"等打破个体界限形成组合，规范性相对于前两类组织来说相对较弱，但它们既是日常活动的重要平台，更是活跃校园文化的骨干力量，在增强个性化教育、促进大学生全面发展方面扮演重要角色，从而承担起一部分的日常思想政治教育职能。

---

① 习近平. 习近平谈治国理政［M］. 北京：线装书局，2022.

（二）教育对象

高校日常思想政治教育的对象是大学生。思想政治工作是做"人"的工作。习近平总书记指出："思想领导，就是要掌握高校思想政治工作主导权……保证高校始终成为培养社会主义事业建设者和接班人的坚强阵地。"党的十八大报告指出："要坚持教育优先发展……培养德智体美全面发展的社会主义建设者和接班人。"党的十九大报告再次强调："落实立德树人根本任务。""当代大学生正处在一个社会生活节奏快速化、价值观念多元化的时代，其心理水平正处于一种走向成熟又未完全成熟的过渡时期。在这一时期，大学生的各种心理活动异常活跃，同时也充满了矛盾与困惑。"

首先，当代青年大学生思想活动的独立性、复杂性、多变性与差异性日益增强。在互联网环境下，当代大学生接受的是碎片化的信息，思想观念和行为受到多种信息的影响，呈现出多元化的价值取向。而同时，大数据下形成的信息茧房又使得大学生的观念认识相对窄化和固化。大学生所处的年龄阶段决定了他们对社会热点的关注热情更高，但由于知识结构和社会认知的局限，他们更容易受到多种差异化的思想文化的影响。成长在改革开放持续深入、网络信息化不断发展的时代背景下，当代大学生思维活跃、个体意识强，实现个人诉求的愿望强烈，自尊、自信心态突出，勇于创新和接受挑战，他们的认知水平、行为方式、思想观念、价值取向、目标追求等各方面日益个性化、复杂化与多元化。大学生的人格发展和价值观逐渐成熟，自我成长意识逐渐增强，具有强烈的进取心和使命感。

其次，当代大学生的心理需求日益多元多样和多变。当代大学生的各种需求层次和内容范围不断扩大，发展需求特别是精神需求、生命价值实现等需求日益增多，获得感、幸福感、成就感等需求日益增多，基于情感心理、人际交往、信息获取、娱乐休闲等多元需求日渐增多。在高校思想政治工作中，要充分尊重大学生的多元化需要，引导他们树立正确的价值观，使他们成为一名合格的社会主义建设者。此外，当代大学生们正处在迅速走向成熟而又未完全成熟的人格定型的关键时期，由于知识局限和社会经验不足，大学生们的自我意识尚不全面、看待和处理问题容易主观片面、情绪控制和抗挫折能力较弱。

需要说明的是，日常思想政治教育是一个教育主体与教育对象双向互动的过程。随着信息技术的飞速发展，新媒体、新技术的介入和应用，传统的教师和学生在日常的思想政治教育中的主客体关系得到了一定的调整。青年大学生在日常思想政治教育中的主体性作用更为突出，他们借助各种新技术手段，有了更多丰富的交流平台，从而使得其主体性作用借助各种新的组织类型，如网络社群等，有了更为广阔的发挥舞台。

（三）教育内容

"思想政治教育内容是思想政治教育的重要组成部分，是根据一定社会或阶级的要求，针对教育对象的思想实际，经教育者选择设计后有目的、有步骤地输送给教育对象的一切信息。"① 思想政治教育的内容，包括思想教育、政治教育、道德教育、法治观教育、网络思想政治教育等。而高校思想政治工作中的日常思想政治教育侧重对青年大学生的思想疏导和日常行为的养成，侧重满足青年大学生的现实发展需求。大学生日常思想政治教育的内容可以分为主导性、基础性、发展性及特色性四个层次。

大学生日常思想政治教育内容的主导性方面，是指马克思主义理论教育。马克思主义在我国意识形态领域居指导地位。中国共产党在推进青年大学生的思政教育上，注重目的与手段的统一。在酝酿中国共产党成立的过程中，"那些追随马克思主义的爱国知识青年，开始了一场旷日持久的理论大辩论"②。进行理论大辩论的过程就是用马克思主义理论武装青年的过程。早在新民主主义革命时期，中国共产党就把对青年大学生的思想政治教育摆在了重要位置。"要使青年们懂得，没有一个用马克思主义基本理论武装起来的、全心全意为人民服务的党，没有这样的党的领导，革命不会成功，建设也不会搞好。"进入 21 世纪后，依据党和国家所处形势变化，"要从赢得青年、赢得未来的高度，抓好大学生的理论学习，深入推进马克思主义中国化最新成果进教材、进课堂、进头脑工作，让青年知识分子了解和相信党的理论"③。要实现上述目标，就必须利用多种平

①陈万柏，张耀灿. 思想政治教育学原理 [M]. 武汉：华中师范大学出版社，2009. 08.
②邓中夏. 邓中夏全集 下 [M]. 北京：人民出版社，2014.
③胡锦涛. 胡锦涛文选 [M]. 南宁：广西民族出版社，2019. 05.

台、多种场合加强马克思主义理论教育。21 世纪以来，党领导实施了大学生马克思主义自主学习行动计划，以加强青年马克思主义者的培养。然而培养青年马克思主义者，决不能单纯依靠课堂授课，而是要融入日常思想政治教育之中。"日常"作为大学生生活的重要空间，提供了大学生开展马克思主义学习的重要时间、空间等资源，是大学生第一课堂学习的重要延伸。

"马克思主义是我们立党立国、兴党兴国的根本指导思想。实践告诉我们，中国共产党为什么能、中国特色社会主义为什么好，归根结底是马克思主义行，是中国化时代化的马克思主义行。"① 习近平新时代中国特色社会主义思想是当代中国马克思主义、21 世纪马克思主义，是马克思主义与中国实际和中国传统文化结合的成果，是新时代高校育人的根本指导思想。

大学生日常思想政治教育内容的基础性方面，是指教育工作者向在校大学生传递的最基础的思想观念与道德规范。这些观念与规范包括理想信念教育、爱国主义教育、党史教育、民族精神教育、集体主义教育、道德规范教育、心理健康教育、人文素质教育等。教育工作者要以立德树人为根本，紧紧围绕价值信仰、家国情怀、道德品质、文化素养开展日常思想政治教育。理想信念教育就是要使广大青年大学生树立共产主义理想信念，不断培养社会主义的合格建设者。社会主义核心价值观是中国共产党关于社会伦理、社会道德与个人修养的汇聚凝练。价值观是文化的核心，社会主义核心价值观是社会主义先进文化核心中的核心。青年大学生要在日常生活中自觉践行社会主义核心价值观。

大学生日常思想政治教育内容的发展性方面，是指凸显时代性特征的内容。大学生日常思想政治教育的内容必须把握时代脉搏、符合时代需求，用时代内容塑造学生良好的品格。当前，在百年未有之大变局的时代背景下，青年大学生面临的思想环境纷繁复杂、诡谲多变。在个人与社会的统一导论中实现个体价值，是尊重青年大学生成长规律的内在要求，也是落实思想政治日常教育工作体系的重要任务。时代需要什么样的人才，高校就要培养什么样的人才。青年大学生要依据时代发展，自觉地与时代需求对接起来。青年大学生应把理论知识与社会实

---

① 习近平. 高举中国特色社会主义伟大旗帜 为全面建设社会主义现代化国家而团结奋斗——在中国共产党第二十次全国代表大会上的报告 [J]. 共产党员（河北），2022（C1）：2-24.

践有机地结合起来，以提高学生的综合素质。而要实现这些目标，就必须借助高校日常思想政治工作体系。

大学生日常思想政治教育内容的特色性方面，是指综合素质教育。在百年未有之大变局之下，思想政治工作者要结合学生的群体性特征和时代特征，通过实践、心理健康、校园文化等日常思政工作载体，加强对大学生的政治立场、创新思维、批判性思维等方面的培养，实现青年大学生品格塑造与能力培养的统一。特色活动也包括高校结合大学生个体性的兴趣专长，因材施教，提供能够增强其个人竞争力的条件。

（四）教育载体

教育载体是在完成教育目标过程中承载着教育任务的具体教育形式，是连接教育主体和客体的纽带。思想政治教育载体，是指将思想政治教育观念外化、物质化和现实化的形式和手段，不仅承载思想政治教育的有关信息，为大学生日常思想政治工作者所掌握，而且能够在日常思想政治教育过程中将教育主体与教育对象联系起来，促进教育者与大学生互动交流。高校思想政治教育载体的表现形式多样，各类不同载体在实践中紧密联系、相辅相成，共同促进日常教育的开展。从类别上看，高校日常思想政治教育的载体可以分为以下五类：

第一，教育教学载体。高校是青年大学生学习的场所，其主要工作任务是开展面向广大学生的教育教学活动，因此日常思想政治教育离不开教育教学载体。不同于思想政治教育理论课，日常思想政治教育通常被称为第二课堂，侧重的是解决大学生在课堂外面对的现实问题。因此，这里的教育教学载体并非指课堂之内的思想政治理论课程，而是形势报告会等经常性的教育方式、围绕重大事件和重要议题开展的学习教育等主题教育方式和入党积极分子培训班等针对特定对象及内容的集中教育方式。

第二，日常管理载体。日常管理载体是将思想政治教育寓于日常，通过一定的组织纪律、规章制度和行政措施，对大学生的日常行为予以约束、规范和协调，帮助广大学生养成良好的思想品德和行为习惯。习近平总书记在强调行政科学性时说"把服务建立在科学规范的管理之上，把管理寓于便捷周到的服务之中"①，将这一论述应用到高校思想政治工作领域中同样适用。只有在服务学生中灌输思想政治教育的内容，才能潜移默化地提升效果，实现日常管理载体的效果最优化。

第三，实践活动载体。丰富多彩的校园活动是广大青年大学生活的重要组成部分，把日常思想政治教育融入丰富多彩的活动中，能够潜移默化地感染、熏陶和教育学生，陶冶大学生情操、培育高尚人格。从现实来看，校园活动往往结合党、国家及学校本身发展上的重大时间节点进行策划，能够在活动中提升青年大学生的爱党之心、爱国之情及爱校之感。这些校园活动是贯彻思想政治教育的天然载体。

第四，校园文化载体。校园文化是青年大学生学业生活及日常生活的重要载体，同时青年大学生的学校生活也在充实着校园文化。思想政治教育是运用先进文化涵化人，实现文化浸润作用，实现大学生对积极文化的赞赏和对消极文化的抵制，在认同先进文化中逐渐矫正、发展自己的观念、立场和行为。校园文化包含丰富的科学精神、人文底蕴和文明修养。健康的校园文化还能够以潜移默化的、经常性的影响促进优良校风、学风的形成，引领带动在校学生充实知识素养，提高实践能力、增强育人效果。构建健康向上的校园文化有利于提升学校的人文氛围，增强学生的参与感。将思想政治教育纳入校园文化建设，是促进学生全面发展的内在要求。

第五，传播媒介载体。传媒技术的迅猛发展导致了信息大爆炸，大学生每天都面对海量的外部信息。互联网等新兴媒体的出现，对传统教育管理方式提出了挑战，创新高校思想政治教育的任务极为紧迫。因此，要"树立互联网思维，推动思想政治工作传统优势与信息技术高度融合，使互联网成为开展思想政治教育的新平台"②。观察整个过程，青年大学生既是传播者，也是传播媒介的"俘获者"。简言之，青年大学生既创造媒介内容，也受到已有媒介信息的影响。如此一来，传播媒介自然成为高校思政日常教育的重要载体。具体来说，除了传统的

---

① 习近平. 干在实处走在前列：推进浙江新发展的思考与实践 [J]. 理论与当代，2013（11）：55.
② 中共中央党史和文献研究院. 十八大以来重要文献选编（下）[M]. 北京：中央文献出版社，2018. 05.

校报、广播、电视、宣传栏以外，也包括微信、微博、网站、手机应用软件等网络思想政治教育方式。随着网络新媒体的发展，依托于互联网的各类网络媒介在日常思想政治教育中的角色日益重要。

二、高校思想政治工作日常教育体系的内容

2020 年，教育部等八部门联合印发了《关于加快构建高校思想政治工作体系的意见》（以下简称《意见》），详细规划了理论武装体系、学科教学体系、日常教育体系、管理服务体系、安全稳定体系、队伍建设体系、评估督导体系七个子体系。其中，在日常教育体系方面，《意见》明确了四点内容，即深化实践教育、繁荣校园文化、加强网络育人、促进心理健康。

（一）深化实践教育

马克思主义实践观认为，实践与认识是辩证统一的，实践是认识的来源，实践决定认识，认识反作用于实践。思想政治工作不仅强调认识层面的内容，也强调实践层面的内容。对青年大学生的日常思想政治教育更须注重实践。大学生在学习性、成长性和社会化的实践中发展、检验所学知识，将其合理部分固化为自身认知体系和价值观念，能够以知促行、以行求知，促进知行合一，在认识世界的同时改造世界。党的十九大报告中，习近平总书记强调要"把社会主义核心价值观融入社会发展各方面"。2017 年底，国家倡导高校在思想政治工作质量提升工程中构建"实践育人质量提升体系"，从顶层设计上进一步促进大学生扎根实践、知行合一。

高校不仅是青年大学生学习理论知识的平台，也是进行实践的平台。在高校中，通过将思想政治教育的主线贯穿于大学生日常的实践教育活动中，使得各部门协同开展工作，共同促进对青年大学生的思想政治教育引导。与此同时，各类实践活动为青年大学生结合理论观察、分析、解决实际生活中的问题和矛盾提供了机会，青年大学生在参与各类实践的过程中能够充分发挥自身主观能动性，进一步认识和把握客观世界，进而形成对客观世界的新认识，巩固课堂所学的知识并在实践中获得全面的发展。当前，中国正在向着全面建成社会主义现代化强国的第二个百年奋斗目标迈进，党和国家的建设成果和思想理论创新为高校开展高

校思想政治教育提供了丰富而独有的外部经验，是高校开展社会实践和社会调查的重要资源。高校应充分利用这些宝贵的理论资源和经验资源，丰富各类社会实践形式，深入开展"青年红色筑梦之旅""'小我融入大我，青春献给祖国'主题社会实践"等主题活动，推动构建政府、社会、学校协同联动的"实践育人共同体"，挖掘和编制"资源图谱"，进一步从内涵上提升大学生对劳动教育的理解和实际效果。

（二）繁荣校园文化

文化对人的影响是潜移默化、长期而深刻的。优秀的文化可以涵养德行，滋养心灵，培植灵魂。大学校园文化是一种多元的文化形式，在价值观念的形成过程中，对大学生的思想、价值和行为都产生了一定的影响。良好的校园文化能在一定程度上影响人、改变人的思想意识和言行举止，从而在润物细无声中感染人、转化人，潜移默化地影响青年大学生的思想意识和言行举止，从而提升其思想觉悟、道德修养、精神境界和综合素质，促进青年大学生的全面发展和健康成长。党的十八大以来，习近平总书记把文化建设放在了"五位一体"总体布局中加以考察。文化建设的基本目标是"以人为本"，"以人的全面发展"为核心。2016 年，习近平总书记在全国高校思想政治工作会议上指出："要更加注重以文化人、以文育人，广泛开展文明校园创建……广泛开展各类社会实践。"[①] 这一讲话明确了高校要坚持重视"以文化育人"的日常教育路径。

高等院校应树立"以文化为本"的价值取向和教育理念，从顶层设计和制度规划入手，坚持校园文化的主旋律，构建积极向上、高雅健康的校园文化，在潜移默化中影响学生。具体而言，校园文化包括物质文化、精神文化、制度文化三种文化形式，通过校园建筑景观、文物、校史校歌等文化内涵，提升大学精神气质，让青年大学生感受校园历史文化熏陶，培养知恩感恩、追思先贤的精神品质；培养良好的校风、教风和学风，培养适应新时期高校的精神面貌；坚持创建文明校园，培育尊重老师、重视礼仪、团结互助、友爱他人的思想道德；建立一

---

①王一珂. 网络信息时代高校思想政治工作路径探究 ——学习习近平在全国高校思想政治工作会议上的重要讲话精神 [J]. 安徽工程大学学报，2018（6）：1-4.

批文化遗产保护基地；把创造文化产品和营造文化氛围有机地联系在一起，强化大学的原创文化精品的创作和宣传。

（三）加强网络育人

2016 年 12 月，习近平总书记在全国高校思想政治工作会议讲话中指出："高校思想政治工作……要坚持把立德树人作为中心环节，把思想政治工作贯穿教育教学全过程，实现全程育人、全方位育人。"① 而要落实以上要求，就必须牢牢抓住网络育人这一着力点。

由于信息化的迅猛发展，特别是互联网技术的深层次普及和运用，网络生活已逐渐成为大学生学习、工作和生活的重要内容。一方面，新一代网络信息技术以移动互联网、物联网、云计算、人工智能等为代表，网络新媒体、大数据新技术等为大学生日常思想政治教育提供了新载体；另一方面，社会信息化和网络化的迅猛发展也对高校学生的日常思想政治工作产生了影响。习近平总书记强调："互联网是我们面临的最大变量，在互联网这个战场上，我们能否顶得住、打得赢，直接关系国家政治安全。"② 网络虚拟空间中各种信息纷繁复杂，而网络新媒体与自媒体的崛起更是使传统的教育引导方式面临网络新挑战。高校日常思想政治工作的开展与落实，需要加强网络文化建设，发挥网络文化育人功能，利用网络媒介构筑牢固的思想防线。

2020 年教育部等八部门联合印发的《关于加快构建高校思想政治工作体系导论的意见》指出，要"提升校园新媒体网络平台的服务力、吸引力和黏合度……重点建设一批高校思政类公众号，发挥新媒体平台对高校思政工作的促进作用"。

（四）促进心理健康

心理健康是人的基本心理活动协调一致的过程，表现在认知、情感、意志、人格等的高度统一，能与外界相互适应。心理健康是人健康状况的重要指标，尤

---

① 王一珂. 网络信息时代高校思想政治工作路径探究 ——学习习近平在全国高校思想政治工作会议上的重要讲话精神 [J]. 安徽工程大学学报，2018（6）：1-4.

② 中共中央党史和文献研究院. 习近平关于网络强国论述摘编 [M]. 北京：中央文献出版社，2021.

其是随着物质水平的提高，以及外部世界的日益多元化，人的精神需求更为突出，需要处理的外界问题也越来越多。这容易引发学生学习困难、考试焦虑、消极自闭等问题，而近年来大学生因学习压力、恋爱受挫、就业压力、环境不适、人际关系不协调等原因，心理健康问题日益引起重视。习近平总书记很早就重视加强大学生心理健康教育，他多次强调："要加强大学生心理健康教育……培养良好的心理品质，提高适应社会的能力。"

在高校日常思想政治教育中，教育工作者应关注学生在课堂之外的德育行为和精神世界的健康成长，给予学生更加细致的人文关怀，真正走进大学生的学习与生活。应结合当前大学生的个体心理特征，提高他们的自我管理与环境适应能力，促进大学生人格的全面发展。2016 年 12 月，中共中央、国务院联合下发《关于加强和改进新形势下高校思想政治工作的意见》，要求"加强人文关怀和心理疏导"。2017 年底，国家开始实施高校思想政治工作质量提升工程，倡导构建"心理育人质量提升体系"。目前各高校都建立了心理健康教育机构，开展心理咨询和心理辅导。2020 年印发的《关于加快构建高校思想政治工作体系的意见》指出，要"把心理健康教育课程纳入整体教学计划"。只有更加关注青年大学生的心理状态，才能增强思想政治教育的现实针对性和有效性。在竞争日趋激烈、多重压力并行的时代背景下，帮助大学生形成良好的心理品质和坚强的意志力，更好地面对成长道路上的困难、考验和挫折，成为高校日常教育中的一项迫切任务。

三、高校思想政治工作日常教育体系的功能

（一）促进青年大学生的全面发展

习近平总书记强调："思想政治工作从根本上说是做人的工作。"[①] 日常思想政治教育围绕的是广大的青年大学生。教育者在日常思想政治教育中所做的一切，主要是提高大学生思想政治素质，实现身心健康成长，本质上是为促进大学生的全面发展。

---

①习近平. 论党的宣传思想工作 [M]. 北京：中央文献出版社，2020.

马克思主义认为，人的全面发展就是"作为一个总体的人，占有自己全面的本质"。物质财富极大丰富、生产力高度发达的共产主义社会，能够为人的才能的充分发掘、个性的充分发挥、整体素质的全面优化提供物质条件，从而实现全面发展奠定基础。当前，我国仍处于社会主义初级阶段，与此相对应的人的发展目标是实现德、智、体、美、劳全面发展。青年大学生来到大学校园，不只是学习知识，更是要通过课堂内外的学习与实践、通过各类活动锻炼自己各方面能力，实现自身德智体美劳全面发展，成长为中国特色社会主义现代化建设所需要的优秀人才。"改革开放以来，高校思想政治教育始终以促进大学生全面发展为目标……根据时代的发展和社会的进步，确定大学生全面发展的阶段性目标。"①

当前我国的高质量发展、可持续发展仍然面临诸多挑战，国家建设迫切需要更高质量的高等教育，迫切需要全面发展的高素质人才。习近平总书记在 2016 年召开的全国高校思想政治工作会议上提出："思想政治工作从根本上说是做人的工作，必须……让学生成为德才兼备、全面发展的人才。"日常思想政治教育注重实践教育、心理健康教育、网络思想政治教育等方面，能够通过多种方式、多种途径的教育活动，在潜移默化中提升大学生的思想素质和其他综合素质。通过健全人格的塑造，帮助青年大学生形成符合时代和社会要求的品格；通过思想观念的传递，引导青年大学生能按照法律法规、道德准则约束自己，适应社会发展的方向和要求，不断提高参与社会政治生活的质量和水平；通过各类实践活动的激励，调动大学生的积极性、主动性和创造性，积极主动地参与社会实践来改造世界；通过挖掘大学生的个性优势，调动他们的潜能和能动性，将个人目标与社会目标、个人发展与社会发展紧密结合起来，最终促进他们的全面发展。

(二) 为思想政治理论教育提供实践呼应

理论与实践是教育的两大方面，相辅相成、互相补充。新时代思想政治教育工作要求，既要在课程学习上体现思想政治教育，也要在实践中实现思想政治教育。在高校思想政治教育体系中，思想政治理论课是"主渠道"，日常思想政治教育工作是"主阵地"，学科思政是重要组成部分。日常思想政治教育体系的构

---

① 冯刚. 改革开放以来高校思想政治教育发展史 [M]. 北京：人民出版社，2018.

建，能够为思想政治理论课教学和学科思政提供丰富的实践基础。一方面，实践是理论的来源。在实践中出现的各种新问题和新需要，要求理论不断深化，成为理论创新发展的内在动力。日常思想政治教育的开展主要发生在课堂之外，侧重于在广泛的社会领域和网络空间，丰富和拓展高校思想政治教育，在提高学生政治素质、养成学生良好品德方面具有思想政治理论课不可替代的独特作用。但日常思想政治教育工作又是以思想政治理论课为理论基础和导向的，能够在教育实践中运用和检验思想政治理论课及学科思政的教育成果，弥补了仅仅依靠理论教学的不足，也因此被称为"第二课堂"，是对"第一课堂"理论教育的补充。另一方面，实践是检验真理的唯一标准。理论是否具有科学性、能否为实践提供科学指导，都需要在实践中加以检验。日常思想政治教育的开展，注重将思想政治教育融入青年大学生线下和线上的生活的各个层面，通过有意识地运用心理、传播、教育等多学科理论对其展开系统性的价值引导，帮助大学生在实践中对思想政治理论课和学科思政的教学进行检验和深层次体认，从而有助于整体提升思想政治教育的质量和效用。

（三）推动构建更高质量的高校思想政治工作体系

党的思想政治工作是经济工作和其他一切工作的生命线。对高等院校来说，思想政治工作是学校一切工作的生命线，是学校发展的重要保证。当前，由于国家间实力的升降变化等外部因素的巨大影响，国际和国内的局势发生了深刻的变革。全球视野中，国际社会正处于一种新的大发展、大变化、大调整之中，国家间、地区间的战略博弈日趋激烈，国际体系与国际秩序的深刻调整，国际社会的差异、矛盾和冲突不断升级。当前，国际形势发生了深刻的调整，不稳定、不确定性增加，意识形态领域竞争也愈演愈烈、错综复杂。在国内，中国式现代化建设进入全面的冲刺阶段，处于重大、全面、深入的发展关键期、改革攻坚期和矛盾突出期，经济结构、社会状况、价值观念等都面对机遇与挑战。当今中国，阶层、利益、价值、文化等多种因素交织在一起，构成了一个错综复杂的社会和意识形态生态系统。随着信息技术、新媒介技术的飞速发展，大学生的学习方式、交往方式、思想道德观念、心理发展等各个方面都受到了影响。在这种形势下，高校要顺利完成各项发展目标，必须加强日常思想政治教育、校园文化建设、网络教育、心理健康四个方面，使立德树人贯穿全过程，在日常的生活和实践中，提高青年大学生的思想品德和政治素质。

第三节 思想政治教育管理体系

一、新时代高校思想政治教育管理体系的基本内涵

人类认识世界和改造世界的活动在根本上带有目的性和导向性的特点，这为管理实践提供了现实基础。理论上认为，管理是指特定的社会组织为了实现预期目的而实施的协调活动。管理实践的主体和对象是从事实践活动的人，根本目的是达到或者实现预期目的，过程是协调人力、物力、财力等资源，环节涉及领导、计划、组织、实施、控制等。管理活动产生于社会实践活动而又服务于社会实践活动，从本质上看是人们生产、生活经验的总结和人类集体智慧的结晶。管理活动的领域涉及政治、经济、文化、社会等方方面面，对人类社会的发展产生了重要作用。高校思想政治教育管理是高校思想政治教育领导者、管理者和施教者为了完成思想政治教育任务、实现政治教育管理目标而实施的思想政治教育实践活动。

语义学认为，体系是指一定范围内或同类的事物按照一定的秩序和内部联系组合而成的整体。哲学认为，体系是指相互联系、相互制约的各个要素按照一定的规律和联系而构成的有机统一体。体系与系统相互区别、相互联系，两者既有近同性又有异构性。理论上认为，系统是指由相互作用、相互依赖的若干组成部分结合而成的具有特定功能的有机整体，而且这个有机整体又是它从属的更大系统的组成部分。高校思想政治教育管理体系是指高校思想政治教育管理相互制约、相互联系的各个组成模块按照一定的规律和特定的方式组成的整体。高校思想政治教育管理体系的根本价值诉求是为实现思想政治教育管理目标而提供服务作用、保障作用和支撑作用。从理论上廓清高校思想政治教育管理体系的内涵、表征和阈值设定等要素范畴，是开展理论分析、模块构建、运作程式研究的前置性基础，也是完成思维诉求、逻辑指向和体系构建的前提和基础。

（一）高校思想政治教育管理的基本内涵与理论抽象

学界关于思想政治教育管理概念的说法不一、标准各异，尚未达成广泛性共识。具有代表性的观点有两种。邱伟光教授认为："思想政治教育管理的科学含义就其本质而言，它是为了实现预期的思想政治教育目标，教育者按照一定的管理原则，有计划地组织、协调、监督和实施，促进教育对象思想政治道德素质发展的各种实践活动的总称。"[①] 这种观点立足思想政治教育管理的本质，规定了思想政治教育管理的方法、目标等方面的内容，在本质上认为思想政治教育管理是一切管理实践活动的总和。但在方向层面上，这一说法认为思想政治教育管理的目的是促进教育对象的思想政治道德素质的发展，忽视了思想政治教育规律方面的认知，因此存在一定的局限性。秦在东教授认为："思想政治教育管理，是指一定的社会政治组织或一定的政治利益集团，依据思想政治教育的目的和发展规律，通过借助科学管理的各种功能，有意识地调节思想政治教育系统内外各种关系和资源，以最大限度地实现思想政治教育的社会控制的过程。"[②] 这种观点认为思想政治教育管理的主体是一定的社会政治组织和一定的政治利益集团，强调遵循思想政治教育的目的和规律，重点是协调内外资源。这一观点在界定思想政治教育管理概念的过程中拓展了理论视界和学科界限，具有较高的科学性和合理性，但认为思想政治教育管理的本质是社会控制过程，目的是最大限度地实现思想政治教育效率，忽视了管理的过程、原则和思想政治教育的本质要求而带有一定的狭隘性。应该承认，要界定思想政治教育管理的概念和内涵首先应确定思想政治教育管理的主体和对象；其次，突出思想政治教育管理的本质和根本诉求；最后，要探寻思想政治教育管理的目标方向。因而，尽管学界关于思想政治教育管理的内涵界定具有科学性和合理性，但难免存在一定的问题和不足。这也正是学界一直争论和探讨的原因所在。

经过认真考量和思辨，本书认为高校思想政治教育管理是指高校思想政治教育管理者依照思想政治教育目标，遵照思想政治教育的基本规律，协调人力、物

---

① 邱伟光，程延文，英烈. 思想政治教育管理学 [M]. 成都：四川人民出版社，1992.03.
② 秦在东. 思想政治教育管理论 [M]. 武汉：湖北人民出版社，2003.05.

力、财力等资源，通过决策、计划、实施、控制等活动，对思想政治教育过程和思想政治教育对象实施的有目的、有计划的影响，以保证思想政治教育活动有效开展和促进思想政治教育目标实现的一切实践活动总和。对于这个概念可以做如下抽象和阐释：

高校思想政治教育管理的实施主体是从事思想政治教育管理的人员。在高校范围内从事思想政治教育管理的人员包括学校党委、主管思想政治教育工作的校领导、专门从事思想政治教育管理的工作人员、辅导员、班主任和教师等。这些群体的工作直接与学校思想政治教育管理对象发生联系，因而在整个管理实践活动中处于实施主体的地位。

高校思想政治教育管理的基本遵循是思想政治教育的基本规律。思想政治教育的基本规律是揭示在思想政治教育实践中客观存在的、固有的、能够解释现象的、规定发展过程和方向的、起到决定性作用、占主要地位的基本关系和本质联系，包括认识规律、教育规律等。这些规律能够充分反映思想政治教育管理的本质，决定思想政治教育管理的实践效果。

高校思想政治教育管理的物质基础是人力、物力和财力资源。思想政治教育管理不是"空中楼阁"，必须建立在一定的物质基础之上，其细化表现是，在思想政治教育管理过程中的人才支撑和人力资源配置、日常经费和专项经费保障、办公用品和活动用品等物质资源的投入等。

高校思想政治教育管理的环节包括领导、计划、决策、实施、预警、控制、评估等。高校思想政治教育管理是一个系统，遵循系统论的理论模型和构建程式。高校思想政治教育管理环节的设定是由高校思想政治教育工作的现实性和特殊性所决定的。高校思想政治教育管理的各环节是相互联系、相互制约的整体，环环相扣、缺一不可。各个环节的作用和价值的发挥程度对高校思想政治教育管理目标的实现具有重要作用。

高校思想政治教育管理的目的是保证思想政治教育活动有效开展和促进思想政治教育目标实现，这是相互辩证又互为统一的两个向度。高校思想政治教育管理的向度之一是保证思想政治教育管理活动的有效开展，这是本体价值的衍生诉求。高校思想政治教育管理的向度之二是促进思想政治教育目标的实现，这是最为根本和本质的价值诉求。

高校思想政治教育管理的本质是一项实践活动。高校思想政治教育管理活动是人类认识世界和改造世界的重要组成部分，其来源于社会实践的需求而又对社会实践产生积极作用。总而言之，高校思想政治教育管理活动在本质上是实践的、客观的，是人们积极发挥主观能动性的表现。

（二）高校思想政治教育管理体系的内涵与理论抽象

体系是指组成部分、系统和模块之间按照一定的联系和规律组成的统一整体。高校思想政治教育管理体系就是指，高校思想政治教育管理的各个部分相互联系、相互制约，并按照一定的规律建构而成的整体。对于高校思想政治教育管理体系的内涵，我们可以做如下抽象：

高校思想政治教育管理体系的模块或要素具有同种属性。这是对要素模块类的规定性。这种规定性直接决定了构成思想政治教育管理体系构成要素的同类性整合。失去了这种类的规定性，也就失去了其整合的意义。这是对高校思想政治教育管理体系的前提性承诺。如果这个承诺的回答是假性的，那么整个高校思想政治教育管理体系也就失去了其固有的构建性意义和存在的必要性。

构成高校思想政治教育管理体系的各要素是相互联系的。这是对要素模块联系程式的规定性。也就是说，要素模块内部是可联系的，各要素模块之间也是可联系的。要素模块失去了联系的特性，那么整体的作用就会小于部分的作用，思想政治教育管理体系也就失去了建构的意义。

高校思想政治教育管理体系的各要素是按照一定的秩序而构建的。这是对要素模块排列方式的规定性。简言之，就是思想政治教育管理体系的组成模块必须按照一定的秩序进行排列组合。无序的、紊乱的排列方式会从不同程度上限制高校思想政治教育管理体系整体效能的发挥。

构成高校思想政治教育管理体系的组成单元是有限制的。这个限定条件就是一定的范围、一定的条件和一定的时间。一定的范围是关于空间上的规定性，指的是这个要素在限定空间内存在；一定的条件是关于无限的限定性，指的是这个要素在一定条件下存在；一定的时间是关于时点上的规定性，指的是要素在一定时点上所具有的价值。这三个限定条件相互联系、相互制约、共同作用，规定思想政治教育管理系统的各组成要素。

高校思想政治教育管理系统是开放的。这里所述及的开放性指的是，高校思想政治教育管理系统内部是运动的、相互联系的。高校思想政治教育管理系统和它之外的系统以及环境也是相互输入输出的，使得高校思想政治教育管理系统始终处在相对的静止和永恒的运动之中。

二、新时代高校思想政治教育管理体系构建的效能分析

高校思想政治教育管理体系构建的价值诉求是效能实现，换言之，效能实现是高校思想政治教育管理体系构建的价值承载和目的预期。正是在这样的意义上，效能和高校思想政治教育及管理才能建立本质的、客观的联系，才能构建价值互诉体。构建高校思想政治教育管理体系的初衷是改变传统的思想政治教育管理经验化、脱本化和割裂化的现状，从根本上改变维持型管理的格局。

应该清醒地认识到，进入新时代以来，面对西方社会思想和价值观的不断输入和渗透，国内青年学生群体的思想和价值观状况变得更加复杂，学生思想政治教育面临的形势将更加严峻。当前，互联网和大数据等信息技术的飞速发展推动人类社会向新的形态转变，这些技术的推广和应用对传统的思想政治教育管理范式和模型产生了解构作用，思想政治教育管理势必发生转型才能适应时代发展的需要。

研究和讨论高校思想政治教育管理体系构建的意义，应该以管理对象和目标实现为"对话元点"，从"特殊需求"[1] 时代角度、系统的高度和创新的维度等层面上，全面思考理念创新、范式转换、资源整合和区块协同的问题。分析高校思想政治教育管理体系的效能一方面是为科学总结管理的实践"经验"；另一方面，是为高校思想政治教育管理体系的构建、优化和发展提供学理探索。高校思想政治教育管理体系构建的效能在理论和实践向度的现实"诱因"主要包括以下四个层面：

（一）构建高校思想政治教育管理体系体现了时代发展要求

时代是人类社会发展的坐标刻度，推动了社会历史的"可视化"和"可读

---

①宋元林. 网络文化与人的发展 [M]. 北京：人民出版社，2009.

化"。发生过的事物也只有在时空的"标注"中才能显示自己的方位，换言之，事件如果被"碎片化的时代"所记忆，必定会迷失在人类历史的长河里。思想政治教育管理作为人的实践活动有清晰的历史渊源和时代脉络。时代要求对思想政治教育和思想政治教育管理有特定的价值诉求，思想政治教育和思想政治教育管理对时代有本体呼应，在这样的逻辑方程里思想政治教育、思想政治教育管理和时代形成了唯物主义的辩证关系。这种关系的存在不仅体现了时代作为一个时空跨度对思想政治教育和思想政治教育管理所形成的形体设定，而且体现了思想政治教育和思想政治教育管理在时空的位移中设定了本体的"行为边界"。

时代对思想政治教育管理的互构在不同的社会发展阶段里有不同的呈现。在我国社会发展的不同时代里，思想政治教育管理的功能、形态和范式有着不同的形体表达。在新民主主义革命时代里，思想政治教育管理的主要功能是通过直观的、具体的和形象化的手段把革命的形式、任务和目标向对象主体解读清楚、阐释明白，实现思想动员和凝心聚力的目标；在探索和建设社会主义时代里，思想政治教育管理的功能主要是通过定型化的和理论化的手段把社会主义建设的愿景目标、现阶段的任务、当前的工作要点和具体的方式方法向对象主体表达清楚，起到汇集力量的作用；在改革开放时代里，思想政治教育管理的功能主要是把为什么、怎么看、如何干的问题向对象主体解读清楚，引导对象主体与国家、民族和社会同心同德、同向同行。

党的十八大以来，我国经济社会发展所面临的内外形势发生了深刻的变化。我国日渐走向国际社会舞台的中心，大国地位不断巩固，在国际社会中的话语权、主导权和影响力逐步扩大，对世界发展做出了突出贡献。同时，我国的发展也面临新的机遇和挑战。因而，习近平总书记在党的十九大报告中深刻指出："经过长期努力，中国特色社会主义进入了新时代，这是我国发展新的历史定位。"这是对我国特色社会主义发展所处的历史方位做出的重大战略判断。

新时代的思想政治教育任务也发生了深刻的变化。思想政治教育的根本任务就是要把中国特色社会主义进入新时代的内涵、我国社会主要矛盾的变化、社会发展的远景目标和阶段任务等阐释清楚，引导青年学生思想转变和认识转变，形成更加科学的人生观、世界观、价值观、政治观和奋斗观，引导青年学生为实现中华民族伟大复兴的奋斗目标和全面建设社会主义现代化国家而努力持续奋斗。

面对时代和思想政治教育任务的变化，思想政治教育管理也需要转型。当今社会互联网、大数据等信息技术飞速发展，新兴科学技术在深刻改变社会生活的同时也在改变着人们的思维方式和行为方式，特别是对青年学生群体的影响尤为明显。社会发展和学生群体的变化，在给思想政治教育管理带来机遇的同时也面临严峻的挑战。传统的思想政治教育管理思维、模式和方法在一定程度上已经不符合新时代的要求，传统的管理体系已经不能适应新时代的变化，将面临新的型构、表达和智慧化、体系化的构建。

思想政治教育管理体系在本质上是"客体与主体之间特定的主客体关系"。对这种关系的厘定应该包含两个层面：一个层面是学校主体范围内的成致关系；另外一个层面是社会主体层面的互构关系。学校"在向个人传授政治制度的准则和信念方面起到了重要的作用"。社会主体通过其要素对思想政治教育管理体系产生影响和渗透。新时代对思想政治教育管理体系的要求在理念层面上指向协同化、集成化和体系化，在载体层面上指向媒体化、数字化和信息化，在方法层面上指向智能化、智慧化和人本化等。需要说明的是，时代要素和要求会渗透，并表征于思想政治教育管理体系的构建、创新和运用等不同层面上，思想政治教育管理的理念、方式、方法、途径和载体也会体现时代的要求，在这样的层面上，时代和思想政治教育管理体系之间构成辩证关系。在这样的逻辑轨迹中我们可以归结，思想政治教育管理的体系化构建主动顺应时代发展，具有合理的应然性和必然性。

（二）构建高校思想政治教育管理体系服务于本体效能的发挥

思想政治教育管理体系的价值表达主要体现在效能层面。思想政治教育管理体系的效能是一个功能要素向心性集合的互构体，"如果我们不把不间断的东西割断，不使活生生的东西简单化、粗陋化，不加划分，不使之僵化，那么就不能想象、表达、测量、描述运动，而思想对运动的描述，就总是显得粗陋化、僵化"①。因而，科学把握思想政治教育管理体系的效能需要把思想政治教育管理做区段性和条块性的划分，运用"切片"式的分析进而实现系统性把握。按照这

---

① 中共中央马克思恩格斯列宁斯大林著作编译局. 列宁全集 ［M］. 北京：人民出版社，1988.

样的逻辑，思想政治教育管理体系的实效应该至少包括决策实效、执行实效、控制实效、内容实效、过程实效和评价实效等要素。这些要素是思想政治教育管理体系的关键构件，而这些构件的效能又辩证地统一于思想政治教育管理体系的实效整体之中。

"必须先研究事物，然后才能研究过程"①，也就是说，我们要研究思想政治教育管理体系的影响因素，首先要廓清思想政治教育管理体系效能的本体内涵。在理论层面上，效能是指"组织目标实现的程度"。思想政治教育管理体系的效能是指思想政治教育管理体系的目标的实现度、功能、作用等。从系统学科的视角看，思想政治教育管理体系的效能不是孤立存在的个体，而是作为一个系统整体而存在的，深受主体内外、主体关系等各类要素的影响。这些主体及主体关系等要素对思想政治教育管理体系效能的发挥产生重要的驱动作用或者抑制作用。

在实践中，思想政治教育管理体系的效能受到多种要素的规制：从思想政治教育管理体系本身来看，影响要素主要包括形势研判、对象把握、顶层设计、工作部署、执行效率、过程管理、结果控制、硬件设施、文化氛围、体制环境、主体实际等；从思想政治教育管理体系的外部要素看，影响要素主要包括政治、经济和文化要素，家庭、社会和学校要素等；从关联关系看，影响要素主要包括工作人员的综合素质、业务水平和能力基础，学生的思想品质、政治能力和群体属性等；从管理体系内部看，影响要素主要包括体制的科学性、机制的合理性和要素的协同性等。

思想政治教育管理体系化构建的根本目的是，规避传统的思想政治教育管理中存在的各为主体、条块分离的问题和各种不利因素的影响，实现思想政治教育管理效能的优化和催生。置于新时代大背景下进行考量，思想政治教育管理体系要实现主体效能的高效发挥，不仅需要在思维、理念和方法上与时代充分融合，而且需要在途经、载体、路径和方法层面上与新兴技术、学科、媒介等要素适度结合。只有这样，思想政治教育管理体系才能体现时代性、发展性和创新性；也只有这样，思想政治教育管理体系的实效才能更好地体现针对性和精准性，进而

---

① 中共中央马克思恩格斯列宁斯大林著作编译局. 马克思恩格斯选集 1 [M]. 北京：人民出版社，2012.

为思想政治教育管理体系本体效能的发挥产生塑成作用、成致作用和催化作用。

（三）构建高校思想政治教育管理体系服务于学科发展

学科是专业发展成熟的重要标志。一个学科不仅包括学科的历史、基本理论、"研究方法和问题领域"，还包括分支学科和研究方向等共同构成的学科共同体。思想政治教育学科也符合这样的规定性。我国的思想政治教育学科有着浓郁的国情特色和历史特色。在党领导全国各族人民实现人民解放、国家独立和民族复兴的伟大征程中，特别是在近代以来的革命战争中，思想政治教育发挥了重要的作用，从一定程度上也可以认为思想政治教育"是党的事业的一部分"。从历史的视角考辨，思想政治教育在我国有着悠久的历史，但思想政治教育作为一个学科来建设和发展仅有几十年的历史。在短暂的学科发展历史中，思想政治教育建立了包括历史、理论、方法、途径、载体等范畴在内的完备的学科体系。

思想政治教育学科建设和发展取得的成绩值得肯定，但学科在发展过程中存在的问题也应当重视。比如思想政治教育发生学的问题，思想政治教育和思想政治工作、德育、品德教育等概念相鉴别的问题，基础理论研究不足的问题，学科历史研究缺位的问题，学科分支非谱系的问题和学科群体量偏小的问题等。这些问题有的涉及思想政治教育学科的根本，如果有些元问题阐释不清楚，必然会导致思想政治教育效能弱化乃至消解的局面。因而，这些问题应当引起思想政治教育学界的高度重视。

思想政治教育学科群的建立和发展是思想政治教育健康发展的重要标志。在过去几十年的发展中，思想政治教育建立了包括基本理论、方法载体和实践运用在内的学科体系，对思想政治教育学科的发展发挥了非常重要的助推作用。"中国特色社会主义进入新时代"，思想政治教育不仅要"以我国实际为研究起点，提出具有主体性、原创性的理论观点，构建具有自身特质的学科体系、学术体系、话语体系"①，而且要围绕新时代的要求，把发展目标、任务和要求阐释清楚，在新时代思想政治教育的重要任务是把"中国共产党为什么'能'""马克思主义为什么'行'"和"中国特色社会主义为什么'好'"等重大理论问题

---

① 习近平. 习近平谈治国理政［M］. 北京：线装书局，2022.

讲清楚。在新时代，思想政治教育面临学科和学科群发展的新问题和新任务。①

高校思想政治教育管理体系作为思想政治教育学科的重要组成部分，在整个思想政治教育学科体系中占有重要的地位和作用。思想政治教育管理体系侧重于研究思想政治教育管理的理论基础、方法体系、过程管理、预警控制和本体创新，从这个角度来看，基本具备了建立学科分支的构成要件。因而，思想政治教育管理体系的研究成为思想政治教育研究的重要方向，为学科体系的建立和完善提供了重要的因素支撑，为思想政治教育学科的发展发挥了促进作用和推动作用。

（四）构建高校思想政治教育管理体系服务于管理科学化发展

理论层面的科学化是指人的实践活动通过对方式和策略的调整无限接近客观规律本身的过程和程度，是对实践活动的轨迹和样态方面的规定。科学化通常存在于管理、建设等话语体系中。管理层面的科学化是指在管理实践活动中，通过管理理念、方式、途径和载体的调整，使得管理活动更加趋近于事物发展的本质规律，实现新型样态发展的过程。

思想政治教育和思想政治教育管理在本质上是一项人的实践活动，因而也存在科学化的问题和命题。思想政治教育管理的科学化是指思想政治教育管理实施者通过管理理念、方式、途径和载体的调整，使得思想政治教育管理活动更加符合管理的规律和思想政治教育发展的规律。

有学者认为管理就是"程序化决策""决策也就是择优"，这是管理的本质规定。思想政治教育管理同样遵从这样的规定。思想政治教育管理科学化的实现有两个层面的规定性：本体层面和环体层面。本体方面的规定是思想政治教育管理本身的要素要实现科学化的整合和构建；环体层面的规定是环境要素对思想政治教育管理科学化目标的实现产生促进和助推作用。所以，思想政治教育管理科学化的实现是内外因素互构、互塑的过程。

思想政治教育管理不是一个杂乱无章的过程，需要程序性、规范性的决策和管理，最终实现科学化的目标。在思想政治教育管理实践中存在主观主义和经验

---

① 邵泽义. 新时代高校思想政治教育管理体系的构建研究［M］. 镇江：江苏大学出版社，2022.

主义的问题、行政命令和个人干预的问题、程序失范和方法失当的问题、载体落后和效能低下的问题以及随性管理和外行指导的问题，这些问题的存在不仅导致思想政治教育管理的效率和效能大打折扣，而且对思想政治教育管理的范式等产生了较为不利的影响。这些问题和现象加剧了思想政治教育管理的科学化诉求。

　　思想政治教育管理体系构建的形态是不仅要实现理念思维、目标设定、方案制订、任务实施、过程管理、预警控制和结果考核等要素的科学化，而且要实现管理轨迹和体系的科学化。这种科学化的向度与新时代的要求和思想政治教育管理的根本诉求高度契合，代表着新的发展方向和趋势。从这样的角度来看，构建思想政治教育管理体系符合思想政治教育管理科学化的目标定位、任务预设和本体诉求。从唯物辩证法的角度来看，思想政治教育管理科学化是构建高校思想政治教育管理体系的根本要求，构建思想政治管理体系是思想政治教育管理科学化的现实体现，两者在本质和属性的角度上是辩证统一的。

第四章 "四史"融入思想政治理论课的路径

第一节 "四史"融入思想政治理论课程目标体系

一、"四史"融入高校思想政治理论课的教育目的

所谓"教育目的"就是培养人的质量规格，通常而言，教育目的是指教育要达到的预期目标，是把受教育者培育成为一定社会需要的人的总要求。其具有反映教育在人的培养标准、努力方向、社会倾向性等方面具体要求的作用，处于课程目标体系的顶层，是教育工作的触发点和最终目标。为此，在"四史"有效融入高校思想政治理论课的过程中，要融入课程目标体系就要先融入课程教育目的，具体操作包括以下三部分：

（一）"四史"融入高校思想政治理论课教育目的的理论结构

基于"四史"融入高校思想政治理论课的目标要求分析，课堂主渠道是达到"学史明理"知识目标取向的必然路径。高校思想政治理论课要引导学生深刻理解百余年的光辉历程，深刻理解"红色政权来之不易、中华人民共和国来之不易、中国特色社会主义来之不易""只有社会主义才能救中国""只有中国特色社会主义才能发展中国""只有坚持和发展中国特色社会主义才能实现中华民族伟大复兴"的历史真理，深刻理解"中国共产党为什么能""中国特色社会主义为什么好"的科学真理，引导学生更加坚定政治认同，更加自觉地用党的创新理论武装头脑，这当然离不开课堂主渠道的路径作用。

同理，高校思想政治理论课是一个系统完整的教学体系，各门课程由于教学内容的差异，在整个教学体系中的地位以及发挥的作用是不同的，因而，将"四

史"融入高校思想政治理论课，以夯实理论根基时，必须结合课程的具体目标、内容，分析解决各自的基本理论问题。比如，在"中国近现代史纲要"课堂教学中，要着重讲清楚中国共产党从无到有、由弱到强的历史发展，团结带领人民实现国家富强、民族振兴、人民幸福的历史进程，并让学生在党史学习教育中进一步学习了解新中国史、改革开放史、社会主义发展史；在"思想道德与法治"课堂教学中，要着重讲清楚中国共产党百余年来确立并坚定的理想信念、孕育和铸就的精神谱系、形成和发展的社会主义道德。

高校思想政治理论课教学要注重加强学生学习中华民族 5000 多年的文明史、世界社会主义 500 多年的发展史、中国人民近代以来 180 余年的斗争史、中国共产党 100 余年的奋斗史、中华人民共和国 70 余年的发展史和改革开放 40 余年的实践史，使师生在纵览历史事件过程中，不断深化对于中国共产党执政规律、中国特色社会主义建设规律和人类社会发展规律的认识，进而深刻认识"红色政权来之不易、中华人民共和国来之不易、中国特色社会主义来之不易"，坚定"四个自信"；引导师生树立正确的历史观念，正确看待相关理论与实践问题，学会运用马克思主义立场观点方法去审视历史和观照现实，透过纷繁复杂的历史表象把握历史必然性，努力认识和把握历史发展规律，进一步弄清楚"我们从哪里来、往哪里去"这个根本问题。

历史昭示未来，熟知历史才能正视当下、面向未来。学习马克思主义理论、学习"四史"的目的，是努力为实现"两个一百年"奋斗目标、实现中华民族伟大复兴中国梦贡献智慧和力量。高校思想政治理论课教学坚持用党的创新理论武装学生头脑，要把加强"四史"教育同推动习近平新时代中国特色社会主义思想"三进"结合起来，结合中国共产党第十八次全国代表大会以来党和国家事业取得历史性成就、发生历史性变革的进程，引导学生增强中国特色社会主义道路自信、理论自信、制度自信、文化自信，看清"百年未有之大变局"，充分认识"新发展阶段、新发展理念、新发展格局"，充分领悟"百年大党致力于千秋伟业"的光辉历程、伟大成就和宝贵经验，积极思考"如何实现中华民族伟大复兴的中国梦"等重大现实问题，把爱国情、强国志、报国行自觉融入实现中华民族伟大复兴的奋斗之中。

（二）"四史"融入高校思想政治理论课教育目的的内容结构

1. "四史"帮助高校思想政治理论课更好地解决"为谁培养人"的问题

在 2021 年 12 月 7 日举行的全国高校思想政治工作会议中，明确指出"立德树人"理念作为高校思想政治理论课各项工作全面开展的重要理念，并且深入解答了高校思想政治教育"为谁培养人""培养怎样的人""怎样培养人"三个重要问题，这也揭开高校思想政治课建设与发展的时代新篇章。在此期间，"为谁培养人"显然是新时代高校思想政治理论课的一项重要教育目的，该问题的明确直接关乎人才培养能否与国家建设发展的需求相一致。为此，"四史"的有效融入必须具备启发高校学生明确中国特色社会主义现代化强国建设的人才需求形势的作用。

2. "四史"帮助高校思想政治理论课更好地回答"培养怎样的人"的问题

教育目的是指根据时代发展需要，把学生培养成社会需要的人。就当前我国发展所处的新时代形势而言，高校思想政治理论课必须以培养"符合新时代中国特色社会主义现代化强国建设的高质量人才"为教育目的，"四史"的有效融入必须助力该教育目的更好地实现。其间，通过重大历史事件的说明、启发、指向作用，让高校学生深刻认识中国近现代社会发展的过往，助力高校学生以历史唯物主义的视角判断中国特色社会主义发展的未来，确保新时代大学生成为始终坚持正确理想信念、高度秉承社会责任、肩负大局观念、满怀家国热情的高质量人才。

（三）"四史"融入高校思想政治理论课教育目的的层次结构

1. 国家层次

高校思想政治理论课的建设与发展，其最终目的就是要为国家建设和发展提供充足的人才资源，并且人才本身要呈现出"高质量"特征。对此，国家层次上的教育目的必须体现出"为谁培养人""培养怎样的人""怎样培养人"三个方面。对此，在"四史"有效融入的过程中，首先，应强调有利于为新时代中国特色社会主义现代化强国建设培养合格人才；其次，则强调培养能够肩负民族复兴重任的高质量人才；最后，要强调培养理论与历史实践相结合的人才。

2. 学校层次

从学校层面出发，教育目的就是明确人才培养目标和制订人才培养方案，在国家层次和课程层次教育目的之间发挥着承上启下的作用，学校层次的教育目的强调"需要完成怎样的人才培养目标"和"需要怎样的人才培养方法"，因而学校层次的高校思想政治理论课教育目的就是有效制定人才培养的目标和方案。对此，"四史"的有效融入必须做到能够促进人才培养目标和方案的有效制订。

3. 课程层次

针对当今时代高校思想政治理论课的建设与发展所面临的新要求，培养担当民族复兴大任的高质量人才是必须完成的人才培养目标，所以这也为课程内容、教学目标和教学方法的有效确定指明了方向。对此，"四史"的有效融入应围绕引导学生树立大局意识，就成为课程建设的总体目标和意图。

4. 教学层次

教学层次教育目的通常是指教学目标，其目标的来源在于课程建设与发展的总体目标，立足培养担当民族复兴大任的高质量人才，在知识与技能、内容与方法、情感态度与价值观念、立德树人四个方面建立课程教学层次的教育目的，以此为契机明确课程教学的内容与方法，最终达到课程教育目的。对此，在"四史"有效融入的过程中，必须考虑所选择的"四史"内容是否与教学目标、教学内容、教学方法与手段高度适应。

二、"四史"融入高校思想政治理论课的培养目标

培养目标作为课程目标体系的重要组成部分，主要是指将学生培养成为怎样的人，是学生知识与技能、能力与素养全面发展的总体方向所在。针对高校思想政治理论课程建设与发展而言，培养目标极为系统，关乎高校学生能否成为祖国社会主义事业建设与发展的合格建设者与接班人。

在高校思想政治理论课建设与发展中，培养目标的高度明确意味着明确"培养怎样的人"这一问题，而这也正是新时代高校思想政治理论课程体系建设、优化、发展道路中至关重要的一环，"四史"的有效融入必须将其与课程培养目标

的相融合视为重中之重。

（一）适应新时代社会发展需要，具备建设中国特色社会主义的共同理想

新时代中国特色社会主义事业翻开了崭新的篇章，中国特色社会主义现代化强国建设成为党和国家乃至全国人民的共同目标，也是全面实现中华民族伟大复兴的重要标志，更是新时代全党、全民族、全社会在中国特色社会主义发展道路中的共同理想信念。

高校思想政治理论课以坚定高校学生理想信念为基本初衷，以引领高校学生思想、价值、道德观念正确发展为基本任务，所以适应新时代社会发展需要，并且具备建设中国特色社会主义的共同理想就成为新时代高校思想政治理论课的首要培养目标。"四史"作为记录党和国家带领全国人民谋求社会主义发展道路的重要载体，将其融入高校思想政治理论课的培养目标，不仅可以通过历史说明作用启发学生认识中国特色社会主义建设的长远规划具有高度的科学性与合理性，还能用历史导向作用使其明确中国特色社会主义的未来发展方向，从而让广大高校学生更加坚信党的领导，并树立为新时代中国特色社会主义发展努力奋斗的远大抱负。

（二）系统掌握课程相关理论知识，并具有治学态度和创新精神

高校思想政治理论课的基本任务是，让学生全面理解、接受、掌握、内化所学习的相关理论，并且有兴趣对其进行深入了解，并在实践中用所学的相关理论去解释实际状况。

随着时间的推移，新时代赋予高校思想政治理论课新的历史使命，在新的历史使命之下也蕴藏着新的历史任务和责任。随着新时代的到来，中国特色社会主义理论向人们揭示着中国未来发展道路将去向何方，并且中国特色社会主义先进文化起到重要的支撑作用，高校思想政治理论课作为向学生全面传递中国特色社会主义理论的重要载体，同时也是向学生输入中国特色社会主义先进文化的重要平台，所以新时代背景下的高校思想政治理论课教学的基本任务更具有时代意义。新时代中国特色社会主义先进文化中，包含了党和国家在社会主义各个发展

阶段所总结的成功经验和具有启示性的教训，这些显然都需要鲜活的历史事件作为支撑，由此才能激发出学生的治学态度和创新精神。故而"四史"有效融入高校思想政治课程目标体系，必须做到与高校思想政治理论课的培养目标保持高度契合。

（三）具备运用科学历史观和方法论分析历史问题、辨别历史是非的能力

所谓的"科学历史观"，是指通过历史唯物主义思想看待人类社会发展的一般规律，从中客观地总结出历史发展进程中存在的问题，做出正确的历史评价。高校思想政治理论课作为全面引领高校学生思想、价值、道德观念的正确树立，促进高校学生树立正确的世界观、人生观、价值观，并坚定学生正确理想信念、社会责任意识、家国情怀的重要教育载体，带领学生以历史唯物主义的视角看待社会的发展规律就成为关键的一环。

在此期间，回首中国近代发展的过往，让学生能够根据真实的历史事件做出客观、准确地判断，从中明确积累的经验与教训在各个发展阶段所产生的影响与作用。这就意味"四史"有效融入高校思想政治理论课必须与培养学生运用科学历史观和方法论分析历史问题，并且确保学生能够准确辨别历史是非这一课程培养目标相一致。

（四）掌握中国近代历史发展的基本内容和基本线索

中国近代历史是成就中华民族全面崛起的基础，正所谓只有真正触到谷底之后才能全力反弹，最终成就中华民族当代的发展，同时也会为未来发展起到至关重要的影响和警示作用。

前事不忘后事之师，中国近代社会不仅遭受了前所未有的屈辱，同时也拥有着前所未有的崛起之势，在这期间经历的艰难困苦、所积累的经验与教训都值得后人去深思。自中国共产党的诞生、中华人民共和国的成立、改革开放政策全面提出、全面建成小康社会战略实施之日起，标志着中华民族开始迎接一个又一个的历史重要时期，所取得的成功与吸取的经验教训更是指引着习近平新时代中国特色社会主义事业的发展方向，让学生掌握这一历史发展的路径也是高校思想政

治理论课课程学生培养的总体目标，所以"四史"的有效融入必须与该培养目标相统一，由此确保"四史"融入新时代高校思想政治理论课的实际表现达到最佳。

三、"四史"融入高校思想政治理论课程教学目的

课程的"教学目的"是在教学领域里实现教育目的而提出的要求，反映的是教学主体的需要。把将学生培养为社会需要的人作为总体目标，根据时代经济、文化、科学技术等领域发展的切实需要，有效地选择教学内容、教育方法、教育评价，切实制订出教学计划，确保教学的全过程与学生学习需要之间保持高度的合理性，贯穿课程教学全局，是课程教学活动预期成果的集中体现。故此，在"四史"有效融入课程目标体系的过程中，有效融入课程教学目的是一项基本要求。

（一）教学活动要与社会本位论相适应

"社会本位论"强调要根据社会发展的实际需要来确定教学目的，从而确保教育的发展始终能与社会发展相适应，最终教学成果能够推动社会的全面发展。针对于此，在当今时代教育发展道路上，应大力倡导"社会本位论"作为教学活动实施的重要理论基础，力求教学目的始终围绕社会发展的动态来确定。使学生纵览中国近代社会发展的历程，以客观的视角判断其发展规律，并根据经验教训启发学生准确认知现代化强国建设与发展的总体方向，从而确保高校学生面对新时代的发展始终迸发出动力。对此，这也意味"四史"在有效融入高校思想政治理论课程目标体系中，必须做到与社会本位论的实践运用相适应。

（二）强调学生思想、价值、道德、历史观念的同步发展

从高校思想政治理论课固有的教学目的来看，正确引领学生思想观念、价值观念、道德观念是基本任务，也是基本的课程教育目的所在，就是要让学生始终能够坚持正确的理想信念和价值观念，能够以客观准确的视角对事物进行评判，从中获得极为可行的行动方案和行动措施，这一教育目的也具备教育人、引导人、启发人的作用。

对新时代的到来，中国特色社会主义事业的发展已经开启了全面建设现代化强国的时代新篇章，时代的更迭就意味着必须保持"以史为鉴"的态度，通过历史发展的客观规律总结其经验和教训，从而找到中国特色社会主义现代化强国建设的总体方向。对此，全面引领学生历史观念的形成自然成为新时代高校思想政治理论课程教学目的之一，带领广大高校学生回顾中国共产党、中华人民共和国建设与发展、改革开放、社会主义发展的过往，找出其发展规律并做出有效的分析与判断是课程教学的重要任务所在。对此，"四史"有效融入高校思想政治理论课的过程中，必须强调与学生思想、价值、道德、历史观念的同步发展相适应，由此方可保证"四史"的历史引导作用、历史启发作用、历史导向作用充分发挥出来，促进学生以饱满的热情投身于中国特色社会主义现代化强国建设之中，进一步推动祖国未来各项事业发展。

（三）将高校学生培养为新时代中国特色社会主义事业合格建设者和接班人

自中华人民共和国成立以来，中国各个发展阶段对高校思想政治理论课提出了不同的总体要求，但课程建设与发展的总体初衷始终未发生改变，都是以培养社会主义合格的建设者和接班人为总体目标，广大高校思想政治理论课教师也在不断地为之付出努力，在高校学生思想观念、价值观念、道德观念的引领中发挥至关重要的作用。

对新时代的到来，中国特色社会主义建设在新时代发展道路上扬帆起航，将把我国建设成为一个富强民主文明和谐美丽的社会主义现代化强国作为新的目标，高校思想政治理论课程建设与发展在这一目标的指引下，明确新时代课程教学的新目的，即将高校学生培养为新时代中国特色社会主义事业合格建设者和接班人。其中，学生不仅要有正确的思想、价值、道德观念，还要具备正确的历史观念，用历史唯物主义的视角去看待历史发展的规律，明确新时代的发展进程和方向，进而判断出自己在未来发展中的努力方向和奋斗目标。这就要求"四史"在融入高校思想政治理论课的过程中需要明确两点：一是要充分发挥出历史说明作用，为高校学生提供具有历史性的启发；二是要充分发挥出历史导向作用，帮助高校学生能够深刻认知中国特色社会主义新时代的发展具体方向和必然结果。

这样才能有效地保证新时代高校思想政治课教育目的的全面实现，人才培养的目标始终能够满足新时代中国特色社会主义现代化强国建设的切实需要。

四、"四史" 融入高校思想政治理论课程教学目标

"教学目标" 是指教学活动实施的方向，通常划分为知识与技能、过程与方法、情感态度与价值观三个维度，是教学活动期待学生得到的学习成果。课程教学目标作为课程目标体系最基础的部分，一切新内容核心资源的有效融入都必须与课程教学目标相适应，才能确保融入后的课程教学各项活动顺利进行，并达到学生培养的目的，"四史" 融入高校思想政治理论课自是如此。

在以往高校思想政治理论课教学活动中，课程教学目标通常只包括知识与技能、过程与方法、情感态度与价值观三个维度，随着高校思想政治理论课程改革的不断深化，"立德树人" 已经成为高校基本的育人理念，所以 "立德树人" 也成为高校思想政治理论课程教学目标的新维度。

（一）"四史" 融入课程教学的知识与技能目标

"知识与技能" 目标作为课程教学活动的基本目标，指的就是学生在课程教学活动中应掌握的新知识和新技能，是课程教学基本目标中的基础，高校思想政治理论课教学活动的开展也不例外，"四史" 融入的过程也必须满足高校思想政治理论课教学的基本知识和技能目标。

"四史" 的融入应该助力学生更好地掌握课堂所学习的相关理论观点，通过真实的历史事件启发学生深刻感知理论在实践中的应用过程，并且能够客观地审视应用的效果，从中积累更多的成功经验，收集并整理相关教训的资料，在头脑中逐步建立起历史发展的客观规律。这为学生思想和价值观念的正确树立提供强有力的指导作用，更为学生知识与技能结构的全面优化提供有力保证，让新时代高校思想政治理论课教育人、引导人、启发人的作用得到最大限度的展现。

（二）"四史" 融入课程教学的过程与方法目标

"过程与方法" 目标作为日常课程教学活动的基本目标之一，指的就是学生在学习新知识和掌握新技能，以及能力与素养的培养过程中形成的一套过程与方

法，这是学生学会学习的重要表征之一，所以在高校思想政治理论课教学活动中，实现该教学目标也是一项基本任务。

针对于此，在新时代背景之下的高校思想政治理论课教学活动中，"四史"的有效融入必须确保与该课程教学目标紧密融合。具体而言，"四史"中的真实历史事件要以案例的形式出现，充分发挥出其历史说明和史料证实的作用。确保学生在观看真实的历史案例之后能够引发深度思考，形成思考问题、分析问题、提出假设、解决问题的固有路径。这有利于学生将所学习的理论知识进行内化，最终成为大学生高效学习思想政治理论课的一种方法。

(三)"四史"融入课程教学的情感态度与价值观目标

"人才强国"一直都是新时代中国特色社会主义建设与发展所遵循的基本原则，高等院校作为我国新时代高质量人才培养的基地，要始终坚持"人才强国"战略，为我国高等教育发展打下基础。

在新时代背景下，所谓的"高质量人才"就是既具备过硬的专业知识和专业技能，又具备高尚的道德情操，同时还具有正确的思想观念、价值观念、道德观念、历史观念，能够通过历史唯物主义的视角看待中国发展的过去与未来，从而坚定中国特色社会主义事业发展的信心。高校思想政治理论课作为全面强化高校学生高尚道德情操、引领学生思想观念、价值观念、道德观念、历史观念的重要载体，要注重课程教学中情感态度与价值观的教学目标。基于此，这就要求"四史"的融入必须能与该教学目标相兼容，以此保证"四史"的真实历史事件能够激发出学生知史爱党、知史爱国的情怀，与党和国家一道为新时代中国特色社会主义现代化强国建设而努力奋斗。

(四)"四史"融入课程教学的立德树人目标

"立德树人"作为我国高等教育的基本育人理念，强调人才培养的过程要以德为先，正所谓"十年树木，百年树人"，不仅高校学生实现知识、技能、能力的顺利理解、接受、掌握、内化需要一个完整的过程，其思想道德素质的全面发展更需要一个完整的过程，后者不仅比前者的周期更长，更是前者目标实现的重要基础，由此方可确保将当今时代高校学生切实培养成高质量人才。

为此，在新时代高校思想政治理论课教学活动中，"立德树人"显然同教学目标紧密融合在一起。其间，要结合中国共产党在探索与实践社会主义理论过程中坚持的"全心全意为人民服务"这一根本宗旨，进而帮助学生更好地树立社会责任意识，有效培养高校学生"为全面建设新时代中国特色社会主义现代化强国奋斗终生"的家国情怀。

综合本节所阐述的观点，可以看出在新时代背景下的高校思想政治理论课建设与发展中，"四史"有效融入课程目标体系需要经历完整的过程，做到与教育目的、培养目标、教学目的、教学目标高度融合，由此方可保证其作用最大限度地发挥出来，而这也正是系统化构建实践路径的基础所在，确保"四史"有效融入高校思想政治理论课内容体系。

第二节 "四史"融入思想政治理论课程内容体系

一、课程内容体系的重构

课程内容体系作为课程体系重要组成部分，集中囊括了向学生传递的一切课程信息，是学生知识、技能、能力、素质培养的一切信息来源。所以在构建"四史"融入高校思想政治理论课的路径过程中，不仅要将内容体系的构建放在重要位置，更要将"重构"二字放在首位，下文从四个方面入手，将其着眼点加以高度明确。

（一）引导学生领会"四个选择"作为内容体系的重要支撑

当今时代的中国发展之所以能够从辉煌走向新的辉煌，关键在于伟大的中国人民正确选择了中国共产党，伟大的中国共产党正确地选择了坚持马克思主义思想，并且结合中国的国情进行了马克思主义中国化探索与实践，一步步地将中国的发展推向高潮。

这一系列伟大的选择都记录在"四史"之中，高校思想政治理论课作为引导广大高校学生深刻认识党、国家、人民重大历史选择的重要载体，在"四史"有效融入课程内容体系过程之中，要注重将引导学生领会"四个选择"作为内容体系的重要支撑，由此让党、国家、人民的历史实践之路更好地印证思想政治理论课内容的理论性与实践性。

（二）促进学生提升"四个认识"作为内容体系的重要组成

中国共产党领导下的中国人民，在国家富强、民族发展、社会进步道路中经历风风雨雨，经过不懈的努力最终成就各个历史时期伟大的发展，广泛形成了四个正确认识：正确认识世界和中国发展大势、正确认识中国特色和国际比较、正确认识时代责任和历史使命、正确认识远大抱负和脚踏实地，并且在"四史"中完完整整地记录下来。

随着新时代的到来，我国已经踏上中国特色社会主义现代化强国建设之路，高校学生作为新时代中国特色社会主义现代化强国建设的栋梁之材，必须具备能够充分审视世界和中国发展大势、中国特色和国际比较、时代责任和历史使命、远大抱负和脚踏实地之间的关系的思想素质和价值观念。因此，在高校思想政治理论课建设与发展之路中，"四史"融入其内容体系必须做到能够促进高校学生"四个认识"的深入认知，并将其作为课程内容体系的重要组成。

纵观中国共产党带领全国人民共同探索社会主义道路，以及在建设中国特色社会主义道路中所经历的心路历程，可以直观感受到取得的成功和汲取的经验，而经验恰恰为铸就新的成功积累了宝贵财富，最终得到全世界的广泛认可。面对中国特色社会主义新时代的到来，全面建设中国特色社会主义现代化强国无疑是当前中国共产党和中国人民所肩负的历史新使命，全体中国人民都有责任不忘使命、砥砺前行，脚踏实地地为之默默付出，而这也正是中华民族实现伟大复兴的动力源泉。高校学生作为全面加快新时代中国特色社会主义现代化强国建设步伐的中坚力量，在高校思想政治理论课教学活动中，将这些内容与课程教学内容深度融合必然会推动学生思想素质和价值观念的全面提升。将"四史"中的真实历史人物和事件作为思想政治理论课教学内容的重要组成部分，必然会促进学生正确形成"四个认识"，以辩证唯物主义的视角看待中国与国际的发展，体会中国特色社会主义建设与发展的优势，并树立为中国特色社会主义事业和实践中华民族伟大复兴奋斗终生的远大理想与责任意识。

（三）帮助学生坚定"四个自信"作为内容体系不可缺少的部分

2016 年，习近平总书记在庆祝中国共产党成立 95 周年大会上明确提出：中国共产党人"坚持不忘初心、继续前进"，就要坚定"四个自信"，即"中国特色社会主义道路自信、理论自信、制度自信、文化自信"。"文化自信"是一个民族、一个国家及一个政党对自身文化价值的充分肯定和积极践行，并对其文化的生命力持有的坚定信心。因此，帮助高校学生坚定"四个自信"是内容体系不可缺少的部分，以求高校学生在思想政治理论课的学习过程中，能够更加深刻地体会到制度的优越感、理论的生命力、道路的永续性、文化的自豪感。

（四）推动学生深刻认识"三大规律"作为内卷体系的新构成

从马克思主义哲学角度出发，对立统一、质量互变、否定之否定三个规律向人们揭示了唯物辩证主义的核心论点，阐明事物之间都会存在某种联系，并且在宏观或微观层面存在相互作用，最终成就社会发展，而这也是社会主义发展必然性所在。

在"四史"中，中国共产党带领下的全国人民在不同历史时期经历的伟大变革，显然对社会产生了决定性影响，也是党和国家带领全国人民深入践行辩证唯物主义理论观点的最终成果，所以在高校思想政治理论课程教育教学活动中具有极强的启示作用。故此，推动学生深刻认识"三大规律"的内容，应作为新时代高校思想政治理论课内容体系的重要组成部分。

二、课程内容结构的优化

随着新时代中国特色社会主义现代化强国建设之路的全面开启，高校人才培养不仅要注重人才的学科专业水平不断提升，更要注重思想、观念、意识的全面增强，让新时代的高校成为培养更高质量人才的摇篮。高校思想政治理论课作为全面引领高校学生思想观念、价值观念、道德观念的"主阵地"，切实达到新时代为高校人才培养所提出的新要求就必须将"四史"有效融入课程体系之中。为此，接下来在上文明确内容体系重构的基础上，针对课程内容结构的有效优化做出明确的论述。

（一） 四个选择作为内容结构之一

马克思主义理论体系作为全世界无产阶级革命政党治国理政的理论基础，更是中国特色社会主义实践道路中的重要理论基础，是我党从辉煌走向新辉煌的理论基础所在。

另外，"没有共产党就没有中华人民共和国""只有共产党才能救中国""只有共产党才能发展中国"已经在党的发展道路中得到了充分的论证，并且带领中国人民在社会主义发展道路中取得了巨大的成功，所以党的成长和发展之路就是近现代中华民族的发展史，在四个历史重要阶段取得的伟大胜利更是中华民族走向伟大复兴的缩影，更是中国特色社会主义道路探寻、建设、发展中经验与教训积累的过程。对此，这就意味着在引领学生领会"四个选择"过程中，必须围绕的"四史"关于马克思主义理论体系、中国共产党、社会主义道路、改革开放历史实践，打造出具体的内容结构，以此确保广大高校学生在思想政治理论课能够深刻意识到党的伟大、民族的昌盛、国家的富强、社会的安定和谐、人民的高度幸福原因之所在。

（二） 工作方法和实践经验教训作为重要内容结构

众所周知，中华人民共和国的成立与发展道路中，始终坚持以马克思主义思想为重要指导，将方法论作为党治国理政的方法选择，并结合中国国情探索出了一条中国特色社会主义发展道路，同时做出了一切重大的战略性改革与调整，故而让当今时代的中国比任何时期都要接近中华民族的伟大复兴。

对此，在高校思想政治理论课内容体系的构建中，确保学生全面提升"四个认识"，就必须将"四史"中党和国家在探索中国特色社会主义发展道路中所遵循的理论、所采用的工作方法，以及实践经验教训作为重要的内容结构，由此确保学生在国家治理和宏观发展层面有深刻的认知，不断提升正确认识世界和中国发展、客观认识中国特色社会主义道路的优越性、客观认识自己所肩负的是带着何种历史使命、正确认识远大理想与抱负的能力，唤起学生更深层次的家国情怀和民族自信心。

（三）党在发展道路中极不平凡的成绩和翻天覆地的新面貌作为重要内容结构

中国共产党作为百余年的大党，自诞生之日起就经历着各种不平凡，在战火硝烟中诞生、在各种压力之下做出一系列战略选择、在发展中做出诸多战略性决策与调整，最终成就了中国特色社会主义发展之路，也必将会成就中华民族的伟大复兴梦，让中国以翻天覆地的新面貌呈现在世人面前。

"四史"之中无疑将这些准确地记录了下来，历史事件无疑将党在发展中所取得的成就和吸取的经验、教训加以诠释，不仅具有启发和警示后人的作用，更让后人能够深刻认知党、国家、人民所取得的成果都是在理论与实践相结合背景下实现，在无形中坚定了人民的道路自信、理论自信、制度自信、文化自信。对此，高校思想政治理论课有效融入"四史"的过程中，以及呈现出的翻天覆地的新面貌作为重要内容结构，让新时代高校学生能够以史为鉴深刻认知理论与实践相结合的时代意义，在无形中促进学生"四个自信"的整体认知水平，并树立起高度的制度自信、道路自信、理论自信、文化自信。

（四）世界社会主义500余年的发展历程作为不可或缺的内容结构

中国特色社会主义之所以具有代表性，其根本原因就是将世界社会主义500余年的发展历程进行了归纳与总结，并结合中国实际的国情进行了合理的优化与调整，进而形成高度适合中国当代乃至未来发展的中国特色社会主义道路。

与世界社会主义总体发展进行对比，中国在社会主义道路的探索与发展形成了特色化，同时也呈现出极为明显的优势。在新时代背景之下，高校思想政治理论课作为引导高校学生深度认知社会主义从无到有、从弱小到强大、从强大到可持续发展历程的核心课程，所以将"四史"有效融入的过程中，确保学生能够深度认知"三大规律"就必须将世界社会主义500余年的发展历程作为基本的内容结构之一。由此确保学生能够客观而又深入地理解中国社会主义道路从何而来、发展过程中为何体现出中国特色、未来的发展之路究竟在何方，最终燃起全面致力于祖国未来发展和投身新时代中国特色社会主义现代化强国建设的热情，长此以往，必将会让学生将该热情永远保持下去。

三、课程内容要素的丰富

前文已经针对"四史"有效融入过程中的高校思想政治理论课内容体系构建侧重方向，以及内容结构的重要组成予以明确阐述，确保内容体系中的课程内容具有明确的指向性，让课程教学进一步提升理论联系实际水平拥有强大支撑条件，然而还要确保课程内容体系中的内容结构始终处于不断丰富的状态。

"四史"在高校思想政治理论课中有效融入无疑为课程教学活动增加更多鲜活的素材，并且课程教学内容本身的启发性和说明性更为突出，知识点更容易被学生理解，促进学生思想、意识、价值、观念的有效转变。通过"四史"有效丰富高校思想政治理论课内容要素需要正确把握立足点，确保所融入的"四史"内容充分发挥出教育、启发、说明作用，更好地服务于学生思想、意识、价值、观念的形成。

（一）将"在改进中不断加强，在创新中不断提高"的方法作为重要内容

中国共产党带领下的中国人民不仅创造出了令世界瞩目的中华人民共和国，同时还在时代发展的道路中不断让其强大，以令人敬仰的姿态屹立在世界的东方，"改进"和"创新"是两个必不可少的条件。

"四史"更是将党和国家带领全国人民为祖国发展和社会进步的经历全面记录下来，将社会主义发展道路中的决策如何改进、如何创新、改进的成果、创新的实现逐一呈现在人们面前，这些都可以作为引导和启发世人未来如何发展的历史资源。针对于此，高校思想政治理论课建设与发展道路中，"四史"的有效融入必须将党和国家在改进中不断加强，以及在创新中不断提高的方法加以提取，并且用真实的案例作为支撑，进而形成固定的课程的新资源，以此来推动新时代高校学生在思想观念方面的不断创新，同时助力其价值观念、道德观念、历史观念的全面形成并不断深化。

（二）加入利于学生建立正确历史观念，认清历史虚无主义本质的内容

所谓的"历史虚无主义"，其实质就是对历史的否定，同时也对历史发展进程盲目的否定，该思想显然与历史唯物史观相违背，是一种极不科学和极不客观的思想。

明确新时代背景下高校思想政治理论课建设与发展的新任务与新使命，学生历史观念的正确培养是一项不可缺少的内容，其目的就是要让学生能够全面回顾历史、正确看待历史，客观地评价历史发展规律和准确地做出前瞻性判断，让历史唯物主义思想能够深深地印刻在学生内心之中，确保新时代高校学生真正成为中国特色社会主义强国建设之路的栋梁之材。为此，在新时代背景之下的高校思想政治理论课建设与发展中，"四史"的有效融入必须将具有重大转折意义的历史事件，以及实践发展的过程和影响进行深入挖掘，并将其作为课程内容体系中的新要素，以此帮助新时代高校学生正确建立历史观念，明确"历史虚无主义"的本质和危害，达到更好地启迪和净化新时代高校学生思想和心灵的目的。

（三）充分融入促进学生坚定中国特色社会主义自信的内容

中国特色社会主义建设与发展道路中，取得的成功和积累的宝贵经验都是新时代中国发展的宝贵财富，其中各项重大历史决策深深影响着当今时代中国的发展，更能够为未来中国特色社会主义现代化强国建设指明方向，充分彰显出中国特色社会主义道路本身所具有的道路优越性。

"四史"无疑将这些重大历史决策详细地记录下来，并且通过诸多专家与学者全面而又深入的解读，充分印证了未来中国特色社会主义发展道路拥有极为光明的发展前景。高校思想政治理论课建设与发展正是坚定高校学生道路自信、理论自信、制度自信、文化自信的重要载体，将"四史"中关于重大历史决策的事件进行一一整理，作为新资源要素将其纳入课程内容体系之中，势必会促进新时代高校学生坚定中国特色社会主义自信，并确保新时代高校思想政治理论课品质的升华。

（四）将红色资源作为内容要素的新组成

所谓的"红色资源"，其实质就是中国共产党成立之后，中华人民共和国建立之前所留下的具有革命性、教育意义、时代主题特征明显的资源。中国共产党带领中国人民经历了100余年的革命与发展历程，建党初期和革命战争时期所经历的巨大波折，正如《英雄赞歌》中唱道："为什么战旗美如画，英雄的鲜血染红了它……"无数先烈用生命谱写出了数不胜数的壮丽篇章、成就了党和国家在新时期的壮大与发展之路。

"四史"中更是将这些可歌可泣的历史事件记录下来，并且有迹可寻。对此，在新时代高校思想政治理论课建设与发展中，"四史"在课程内容体系的有效融入过程中，广大教育工作者要始终保持追溯历史的心态，不断深入发掘与整理红色资源，将其作为高校思想政治理论课程内容的新要素，让"四史"的资源引导作用充分展现出来，确保新时代大学生在深刻感知当今时代之美好的同时，能够体会革命历史的波澜壮阔和未来发展的无限光明。

四、课程资源的整合与开发

课程资源通常作为课程内容整合与开发必不可少的部分，是促进课程内容进一步丰富的有力途径，因此在课程建设与发展道路中，课程内容成为一项重要工作。因此，在新时代背景之下，高校思想政治理论课有效融入"四史"的过程中，课程内容体系的构建也要将课程资源整合与开发作为重要的组成部分，具体操作通过以下四方面加以阐述：

（一）将"四史"内容作为课程资源的"纲"

"四史"作为党和国家，乃至中国人民在近现代社会实现国家统一、民族团结、社会和谐稳定发展的奋斗史，还是探索与实践的发展史，更是全面践行马克思主义思想和方法论的实践史，而高校思想政治理论课作为全面强化学生思想道德观念、法治意识、价值观念、责任意识的核心课程，作为课程资源极为重要。

其重要性体现在"四史"内容要作为课程资源建设与发展的"纲"，也就是通常人们所说的最主要部分，要使"四史"所记录的事件与思想政治理论课程教学大纲所规定的内容相吻合，确保"四史"内容始终能够为学生掌握理论基础起到史料证实作用，让学生真正在理论联系历史事件的过程中，将所学的内容加以内化，从中深刻体会党和全国人民在不同历史时期的国家建设、民族复兴、社会发展道路中的家国情怀和社会责任，由此推动高校学生思想观念、价值观念、道德观念、历史观念的全面升华。

（二）将高校思想政治理论课固有课程资源作为"目"

从生物学分类的角度讲，"目"是对"纲"中的物种进行详细的划分；反之，"纲"是对"目"的集合。上文已经针对新时代高校思想政治理论课资源的"纲"进行了具体的概述，表明课程资源要将"四史"的内容作为"纲"，那么下分出的"目"自然要体现在高校思想政治理论课的固有内容上，由此确保高校思想政治理论课能够拥有较为丰富的资源作为支撑，实现课程教学资源的最大化和教学效果的理想化。

在此期间，"目"主要包括"马克思主义基本原理""毛泽东思想和中国特色社会主义理论体系""中国近代史纲要""思想道德修养与法律基础"等课程固有的资源，每门课程在内容上又可以细分出多个"科"的课程资源，这样不仅可以更好地理解高校思想政治理论课固有资源的结构划分，从而为"四史"内容的合理配置打下坚实基础，确保"四史"内容与高校思想政治理论课程资源之间实现高度融合，为进一步优化课程内容体系提供强有力的推动作用。

（三）找寻"四史"内容与高校思想政治理论课程资源的契合点

"四史"内容作为高校思想政治理论课的重要资源补充，想要在应用过程中做到价值的最大化，必须确保两者之间的契合点高度明确，由此才能确保在课程活动的每一个环节都能有真实的史料记载加以证明。

例如，在"中国近代史纲要"课程的"中国革命的新道路"教学活动中，"四史"故事关于"中国共产党在革命时期的学习"作为有力的课程资源，在教学活动中，不仅能够让学生总结出中国共产党在革命新道路探索中经历了哪些艰难，总结出了怎样的经验与教训，还让学生认识在实践中如何进行优化与改进。"党史故事"将实践中优化与改进过程加以证明的同时，还能够将所取得的成果和历史影响充分展现，让课程固有的教学内容真正与"四史"记录的真实历史事件紧密融合起来，从而为广大高校学生客观解读中国近代史的发展历史和规律提供更为真实的史料，同时让历史启发作用得到充分的展现，并最终确保学生树立知史爱党、知史爱国的情怀。

（四）"四史"内容与高校思想政治理论课程资源相互联想、层次分明

上文中针对"四史"内容在高校思想理论课程资源中的位置，以及将其与高校思想政治理论课固有的教学资源有效融合的原则和方法做出相应的阐述，最终的目的就是要让高校思想政治理论课的固有课程内容中，始终能做到通过"四史"所记录的真实历史事件，更好地丰富课程内容，确保学生通过教学内容和"四史"所呈现出的教学资源，更好地启发学生牢固"四个自信"和强化"四个意识"，进而让高校思想政治理论课成为促进学生正确形成思想、价值、道德、历史观念的理想载体，成为新时代中国特色社会主义现代化强国的合格建设者。

因此，这就需要广大教师在结合"四史"内容提炼教学资源的过程中，必须做到与高校思想政治理论课固有的教学内容资源保持紧密的联系，同时做到二者之间始终彰显出分明的层次和结构，进而确保高校思想政治理论课资源的丰富高度科学化、合理化、系统化。

综合本节所阐述的观点，在高校思想政治理论课建设与发展中，要求广大教育工作者要针对课程体系构建的基本侧重点高度明确，同时要确立起与之相适应的课程内容结构，之后还要针对其内容要素进行具体的补充，最后还要将课程资源进行有针对性的深度开发，由此方可确保通过"四史"让广大高校学生在思想政治理论课学习活动中获得更多的教育信息，确保思想政治理论课所能够发挥出的引领作用达到最大化，让提升新时代高校思想政治理论课的课程品质拥有更为理想的内容载体。

第三节 "四史"融入思想政治理论课程教学方法

一、课堂导入：要通过"四史"真实事件充分激发学生的学习兴趣

课堂导入部分是课程教学活动顺利进行的基础，更是关乎课程每一次教学活动的"成"与"败"的关键。对此，在高校思想政治理论课的每一次课堂教学活动中，都必须将课堂导入部分的有效开展作为最基础，也是极为重要的一部分。"四史"有效融入高校思想政治理论课程教学方法要从课堂导入部分开始，通过"四史"真实事件最大限度地激发学生的学习兴趣。

（一）做到立足教学内容和"四史"真实案例精选导入话题

良好的开端是成功的一半，所以在任何教学活动中，想要确保教学资源切实做到将其作用和价值最大限度发挥，必须有一个良好的开端。针对于此，在高校思想政治理论课教学活动中，"四史"真实案例在有效融入教学方法过程中就必须做到能够助力课堂建立较为理想的课堂导入过程，为学习兴趣夯实基础，该项工作显然要在课前准备部分完成。

例如：在《思想道德与法治（2021年版）》中的"追求远大理想坚定崇高信念"教学活动中，选择的"四史"真实事件为"党史"部分关于红军长征的历史故事，用于说明无论是在任何环境条件下，都要坚定不移地去追求自己的远大理想，并且要为之付出不懈的努力。针对于此，在课堂导入话题的选择上，应该设定为"同学们设想一下如果没有理想的条件，大家还会不会追求自己的理想、坚定自己崇高的信念"，这样不仅有助于"党史"相关的材料和视频更加直观地呈现在学生面前，更有助于引发学生的深度思考，为预定的课堂教学方法得以顺利实施提供极为有利的前提条件。

（二）立足先进教育手段有效将"四史"真实案例充分导入

在课前做到根据教学内容和"四史"真实案例合理布置导入话题的基础上，

在接下来的课堂教学环节教师应考虑如何采用合理的教学手段，将课前准备好的"四史"真实案例顺利导入课堂之中，让导入话题能够真正引发学生深度思考。在这里，可以借助"交互式电子白板"的方式将这一目的加以实现。具体操作在于先向学生提出互动话题，再通过影像视觉直观的形式，将课前准备好的"四史"真实事件呈现在学生面前，由此让学生通过问题和事件的情节和结果，引发学生深度思考，让学生产生对互动话题的真实感悟。

例如：在《形势与政策》中的"欧债危机下的国际经济走向及其对中国的影响"课堂教学中，可先向学生提出："同学们有谁了解过 2010 年席卷欧洲众多国家的欧债危机？谁知道我国为何没有遭受过此类危机？"随即将课前准备好的相关短视频通过交互式电子白板呈现在学生面前。随后，在学生提出诸多自己的观点之后，将"社会主义发展史"中关于中国特色社会主义市场经济体制改革的相关历史事件呈现在学生面前，让学生能够在问题的导向下形成两者之间的对比，确保"四史"中的真实案例能够为学生带来更为直接的启发作用，使学生能够初步意识到课堂教学的主题。

（三）充分发挥教师引导和启发作用引起学生的深入思考

从成功的课堂导入基本要素角度来看，仅通过设置导入话题，并且将相关的教学资源和素材通过先进教学手段传递给学生，还不能真正达到课堂导入的最终目的，还需要教师提供正确的引导和启发，由此才能让学生就导入话题和教学资源与素材引发深度思考，最终方可让学生最大限度地理解课堂教学主题，教学素材的作用和价值也会得到充分体现，"四史"有效融入高校思想政治理论课的课堂导入教学手段也是如此。

依然以《形势与政策》中的"欧债危机下的国际经济走向及其对中国的影响"课堂导入为例，在做到向学生明确互动话题，展示相关课堂教学素材和"四史"真实事件的基础上，倡导学生通过国家政策的角度去进行思考，进而让学生回顾我国在市场经济发展中进行了哪些调整与优化，最终才成就当前的社会经济发展崭新局面的形成。此后，教师还要根据学生所提出的观点和看法加以回应，向学生明确这些政策的作用与意义究竟体现在哪儿，引导学生进一步增加思考的深度，由此确保学生能够真正了解中国特色社会主义市场经济体制改革的经历，以及在实践过程中所取得的成就价值所在，让学生初步意识到课堂教学的主题成为现实。

（四）结合学生的观点顺势引入课堂学习的主题

在理想的课堂导入环节中，肯定学生的想法并提出不同的观点是至关重要的元素所在，因为只有先肯定学生的想法才能引出自己不同的观点，这无疑是有效进行课堂主题导入的重要切口。在高校思想政治理论课教学活动中，课堂导入部分有效通过"四史"真实事件进行课堂教学主题的导入自是如此。

其中一种十分有效的方法就是由教师引导："下面就结合同学们所提出的观点，通过学习内容验证一下究竟是否可行。"由此将课堂教学的主题顺利导入进来。例如：在《思想道德与法治（2021年版）》中的"领悟人生真谛创造人生价值"教学活动中，给出史关于大庆精神、北大荒精神、红旗渠精神相关资料并倡导学生深度思考和说出自己的观点之后，对学生的观点加以肯定，并指明在本课的学习过程中，我们可以验证大家的观点是否可行，进而引出本课的主题。这一过程可以充分激发出学生课堂学习的兴趣，调动学生正课部分的学习积极性，以"四史"为素材的导入话题发挥出了至关重要的促进作用，这显然让"四史"与课程教学导入环节的固有教学方法形成了有效融合。

二、新知初探：要立足"四史"真实历史事件与学生形成双向互动

在日常课堂教学活动中，"新知初探"部分往往被认定为向学生明确课堂学习重点，并带领学生充分掌握课堂教学的过程，其目的就是要让学生能够明确课堂中的相关概念，以及概念产生的具体原理，这也充分证明课堂进入"新知初探"部分就意味新课教学活动正式拉开帷幕。所以，在日常教学活动中，"新知初探"部分必须作为课堂教学的重要组成，教学方法应用是否有效也会关乎课堂教学能否走向成功。对此，在高校思想政治理论课教学活动的全面开展过程中，必须考虑"四史"能否有效融入课堂该阶段教学方法之中，较为理想的操作应包括四个步骤，最终方可确保课堂教学该阶段能够立足"四史"真实历史事件与学生形成双向互动。

（一）根据教学内容和"四史"真实历史事件设置师生互动话题

师生活动是高校思想政治理论课"新知初探"阶段较为理想的教学手段，原因在于其能够与课堂导入话题之间形成良好的衔接，进而让课堂导入环节形成一个良好的延续，帮助学生顺利进入新课教学阶段，从中启发学生明确课堂学习的重点所在。针对于此，在"四史"有效融入该阶段教学手段过程中，教师必须做到在课前准备阶段根据教学内容和"四史"真实历史事件甄选和设置师生互动话题。

例如：在《形势与政策》"国际形势：特点与看点"教学准备工作中，甄选的"四史"真实历史事件是"改革开放史"关于中国特色社会主义经济制度的构建与发展的相关案例，并且以此为中心可以设定"立足美国次贷危机看中国特色社会主义经济制度的优越性"。在进入新课部分后，教师可将互动话题以课堂导入进一步延续的方式传递给学生，并且让学生观看有关"美国次贷危机"相关的短视频，以及我国在该阶段社会主义经济制度的宏观调控措施，从而引发学生与教师关于中国特色社会主义经济制度的优越性的互动，确保学生更加顺利地了解课堂学习重点，同时为新课部分教学活动营造一个良好的互动氛围。

（二）注重对学生内心真实想法的倾听

在向学生明确互动话题并引起学生深入思考的基础上，学生总结出的结论或看法必须得到教师高度尊重，这样学生才能深刻感知自己的想法或看法在教师心中已经提起高度重视，并且在一定程度上得到了教师的认同，从而进一步确保学生课堂学习的兴趣能够在新课部分得到延续。在这一过程中，教师要做的就是认真倾听学生内心最真实的想法，由此才能保证互动话题中所涉及的教学内容和"四史"真实案例可以具备更强的启发和引导作用。

依然以《形势与政策》中的"国际形势：特点与看点"教学为例，在做到向学生设置互动话题，并且将相关的教学资料和素材通过先进教学手段呈现在学生面前引发学生深度思考基础上，随即教师要鼓励学生积极踊跃地说出自己的观点和看法，同时用"倾听的耳朵"去了解学生问题思考和现状分析的主要视角，深刻体会学生的所思和所想。这样为师生之间就某一现状和问题形成"来言去语"提供了较为理想的前提，更是新知初探阶段形成良好师生互动局面的基础所在。

（三）善于围绕学生所提出的观点和看法进行深入引导

从课堂教学"师生互动"的条件构成来看，尊重学生内心最真实的想法关键在于用心去倾听，但还有另外一个关键条件必须加以高度重视，即根据学生所提出的观点和看法，采用问题引导和启发的方式，让学生进入更深层次的思考，在无形中触及本课所要学习的重点。高校思想政治理论课教学更是如此，"四史"真实案例的融入显然也要具备伴随该关键条件有效运用这一特征。

在此期间，最为有效的操作就是将学生所提出的观点和看法进行总结，根据学生思考和分析的角度，用辩证唯物主义的思想向学生提出自己的观点和看法，由此引发学生深度思考的欲望。这一过程显然让师生间的互动变得更有内容，同时"四史"真实案例所具有的说明作用、启发作用、导向作用也得到彰显，为学生能够顺利理解、接受、掌握课堂学习的重点提供了强大的动力条件。

（四）使学生明确并理解、接受、掌握课堂学习的重点

结合"新知初探"阶段教学的最终目的，不难发现通过师生互动的手段引发学生关于互动话题的深度思考就是为了在教师明确课堂学习重点的一刻，学生可以突然产生"这就是本课所要学习的重点"的心理，从而实现师生活动的过程就是学生攻克学习重点的过程。

针对于此，在高校思想政治理论课教学的"新知初探"阶段进入尾声之时，教师要围绕学生深度思考所获得的最终结论，向学生点明结论中的哪些观点印证了"四史"真实历史事件，并且向其明确所提供的"四史"真实历史事件向后人说明了怎样的道理，而这正是本课所要学习的重点所在。在这一过程之中，通过与教师的互动，学生显然已经对课堂学习的主题有了更深层次的了解，"四史"真实历史事件所具有的引导、启发、说明作用得到了充分体现，所以在教师明确课堂学习重点之后，学生必然会出现"原来这就是学习重点"的感觉，顺利理解、接受、掌握学习重点也在无形中成为必然。

三、核心精讲：要围绕"四史"真实历史事件组织学生开展探究学习

在课堂教学中，"核心精讲"部分就是主要针对课堂学习的难点进行攻破，其目的就是要让学生既能知其然，还能知其所以然，进而形成有效的知识内化与实际运用，高校思想政治理论课教学自然更是如此，这样不仅能确保学生真正理解并掌握相关理论思想，同时还能做到用其分析实际问题。

"核心精讲"环节作为高校思想政治理论课教育教学活动的全面开展中较为关键的一环，是学生知识与技能、能力与素养、社会情感与价值观念全面形成的阶段。为此，"四史"有效融入高校思想政治理论课教育教学活动必须将这一环节放在重要位置，以下四个条件自然缺一不可，由此方可确保高校思想政治理论课有效通过"四史"内容组织学生开展高质量探究学习活动。接下来将围绕"四史"有效融入高校思想政治理论课教育教学活动的四个基本条件，将其在教学过程中的具体实施过程进行说明。

（一）选定合作探究项目并制订实施计划

"核心精讲"环节作为课堂教学必不可少的组成部分，其作用就是要让学生将课堂所学的新知识充分"吃透"，并且形成知识的内化，力保学生真正做到学以致用。面对该教学环节所具备的上述作用，高校思想政治理论课教学活动自然也要将其视为重要组成部分，具体操作中必然要选定合作探究项目，并且制订出完整的实施计划放在首位。

在合作探究项目的选定和实施计划的制订过程中，都要围绕"四史"相关历史事件来进行，确保学生所探究的学习项目能够拥有充分的史料证实，同时还要充分彰显"四史"在学生合作探究过程中的引导、启发、说明作用。以此为契机，在实施计划中应包括向学生阐明合作探究项目，以及合作探究活动的具体要求、寻找合作探究活动的开展方法、教师引导与启发、小组辩论赛、教师集中指导等多个部分。

（二）向学生明确合作探究实施流程

在课堂教学正式进入"核心精讲"环节后，随即教师要向学生明确合作探究

的基本实施流程，让学生能够根据实际的探究项目将课堂所学的理论知识加以深层内化，最终达到攻克学习难点的目的。

在此期间，教师先要向学生明确具体的合作探究项目，并且给定"四史"相关的历史事件，明确要求学生结合本课所学习的理论知识去思考、去分析、去讨论、去归纳、去总结所要探究的项目，并且提出最佳的策略和建议。另外，倡导学生自由分组，自行控制合作探究各个环节的进度，并将探究的过程与结果进行全面记录和整理，确保学生在课堂"核心精讲"部分拥有极大的学习自主权，同时在"四史"真实案例的分析与运用上也能够实现高度自由化，以此来为高校思想政治理论课教学营造出较为理想的合作探究学习氛围，让学生课堂学习的积极性和主动性始终得到强有力的调动。

（三）深入合作探究学习小组并提供适当的引导与启发

在合作探究活动正式开始后，教师要深入到每一个合作探究学习小组之中，认真观察并倾听学生合作完成探究过程的具体思路，并且询问学生关于"四史"相关的历史事件究竟为其带来了哪些引导和启发，另外，还要详细了解学生在进行问题思考、分析、讨论的视角主要集中在哪一方面。

除此之外，还要做到根据学生在合作探究学习过程中遇到的具体困难，给予相应的提示，让学生能够尽快跨越其阻碍，顺利完成合作探究学习的全过程。这样做的目的并不单纯在于提高课堂教学的效率，更重要的是让学生能够更加直观地体会到怎样通过"四史"相关历史事件去证明所学习的理论，进而加深学生的印象，促进学生新知识有效内化的同时，还能让学生掌握如何运用"四史"去检验所学理论的实用性，与此同时，还能针对"四史"相关历史事件做出较为客观、公正、准确的评价。

（四）归纳总结学生小组探究学习成果并开展集中性指导

合作探究学习进入最后阶段并不意味着该环节即将结束，而是意味着该环节下一项任务即将开始，即围绕合作探究的结果组织小组辩论赛。该环节的目的就是要让学生能够充分证明所提出的研究观点具有较强的可行性和现实意义，能够博采众长、相互交流自身的研究观点并不断加以完善，从而使学生更加客观地认识中国发展的历程和未来发展的方向，确保所学的理论能够为自身今后的实践提供指导力，正确树立起思想、价值、道德、历史观念。

在这一过程中，教师要做的工作就是要将每个合作探究学习小组所获得的研究成果进行全面归纳与总结，向学生明确两种具有代表性的观点，分别设定为辩论的正方与反方，在辩论赛正式开始后则以"主持人"的身份维护辩论过程的公平与公正，最后再根据辩论结果对全体学生进行集中性指导，全面攻克课堂学习难点，同时让"四史"相关历史事件在课堂教学中的应用价值实现最大化。

四、随堂总结与互评：要围绕"四史"真实历史事件进行课堂总结与师生互评

总结与评价环节是任何教学活动实现质量层面的全面提升不可或缺的环节，高校思想政治理论课教学活动显然也不例外，所以在"四史"有效融入其教学方法的过程中，必须考虑是否能够有效融入随堂总结与评价的固有教学手段之中。在这里，较为可行的路径就是围绕"四史"真实历史事件进行课堂总结与师生互评，具体操作主要体现在以下三个步骤：

（一）立足"四史"相关历史事件的应用效果进行课堂教学总结

从课程教学活动的基本结构角度出发，"总结与评价"是课堂教学活动必不可少的一部分，而"课堂总结"往往是摆在第一位，之后才是"随堂评价"活动，其原因在于只有让学生深刻意识到课上学了什么内容和学习的方法，学生才能充分建立起一个完整的知识结构和技能结构，从而帮助学生形成自己对自己的肯定过程，这样更有利于在"随堂评价"环节充分接受来自教师的评价过程与结果。

对此，在高校思想政治理论课教学活动中，"总结与评价"也是必不可政治理论课教学方法时，则必须先立足"四史"相关历史事件的应用效果，有效开展课堂教学总结。在此之中，既要针对课堂学习的重点与难点进行总结，还要针对"四史"相关历史事件的应用过程进行系统的总结，由此确保学生既能了解到课堂学了什么和学习的方法，还能了解到"四史"的引导、启发、说明作用具体的体现，从而建立起完整的课堂知识与技能结构。

（二）围绕"四史"真实历史事件的应用开展"评学"活动

"评学"活动开展的目的就是要让学生真正了解到课堂中究竟学会了什么，以及对学习方法的掌握情况究竟如何，进而确保学生能够形成一套属于自己的学习方法。

基于此，在"四史"有效融入高校思想政治理论课教学方法过程中，必须围绕"四史"真实历史事件的应用开展"评学"活动。在此期间，教师既要围绕学生理论知识基础的掌握情况，向学生高度明确哪些知识点掌握较为理想，其原因在于能够有效运用教师所提供的"四史"相关历史事件，并从中受到了充足的启发；哪些知识点普遍掌握不够理想，其原因正与之相反，并将有效运用"四史"相关历史事件的方法传递给学生。最后再将个别学生在课堂学习活动中，运用"四史"相关历史事件应注意的事项加以高度明确，由此来充分保证学生既能了解"学"的成果，同时还能了解如何有效改进"学"的方法，为全面增强"四史"在高校思想政治理论课的应用效果提供有力保证。

（三）根据"四史"真实历史事件的应用组织"评教"活动

"评教"活动的开展目的主要包括两方面：一是及时了解学生在课堂中未能满足的学习需要；二是让学生说出课堂教学活动最理想的改进方案。

就前者而言，应该立足"四史"相关历史事件的应用效果，让学生说出历史事件难以理解之处，该现象产生的原因究竟在于教师引导和启发不到位，还是在于"四史"相关历史事件本身就具有一定的难度；就后者而言，要根据学生关于"四史"的了解，将更具针对性的相关历史事件与教师和同学分享，教师根据学生所提供的相关历史事件的可用性，将其应用方案进行合理调整，以此确保今后高校思想政治理论课教学活动中，"四史"始终能够有效融入课程教学方法之中，由此实现新时代高校思想政治理论课教学质量不断提升，力求课程教学对学生思想、价值、道德、历史观念的引领作用始终保持最大化。

综合本节所阐述的观点，不难发现在高校思想政治理论课建设与发展中，"四史"有效融入高校思想政治理论课教学方法并非易事。其中，既要注重课堂导入部分导入话题能够与"四史"相关历史事件形成紧密联系，进而打造出较为理想的历史情境。同时，还要在新知初探、核心精讲部分做到"四史"相关历史事件能够发挥强大的引导、启发、说明作用，确保形成良好的师生活动氛围和合作探究氛围，加快学生对新知识的理解、接受、掌握、内化速度。最后还要做到在课堂收尾阶段进行课堂教学总结与评价活动的全面开展，力求让学生了解通过"四史"相关历史事件真正学了什么、学会了什么、学的方法又是什么，由此方可将新时代高校思想政治理论课教学的高品质加以充分体现。

第四节 "四史"融入思想政治理论课程评价体系

一、评价目标与原则的制定

历史是一个国家和民族最持久、最深层的精神力量，是民族的集体记忆，是最好的教科书。习近平总书记在"不忘初心、牢记使命"主题教育总结大会上指出："一个忘记来路的民族必定是没有出路的民族，一个忘记初心的政党必定是没有未来的政党。"全党同志要跟上时代的步伐，"把学习贯彻党的创新理论作为思想武装的重中之重，同学习马克思主义基本原理贯通起来，同学习党史、新中国史、改革开放史、社会主义发展史结合起来，同新时代我们进行伟大斗争、建设伟大工程、推进伟大事业、实现伟大梦想的丰富实践联系起来，在学懂弄通做实上下功夫，在解放思想中统一思想，在深化认识中提高认识，切实增强贯彻落实的思想自觉和行动自觉"①。思想政治理论课是立德树人的关键课程。党史、新中国史、改革开放史、社会主义发展史是中国共产党人的励志史、创业史、奋斗史和精神塑造史，蕴含着丰富的精神内涵和文化教育资源。将"四史"融入思想政治理论课，有助于在信仰、精神、动能和道义方面强化思想政治教育的硬核力量，对于培养大学生正确的历史观、国家观、民族观具有重要的现实意义。

评价目标和评价原则的确立应置于评价体系构建的首要位置，其原因在于评

---

① 习近平. 在"不忘初心、牢记使命"主题教育总结大会上的讲话 [J]. 当代党员，2020（13）：1-5.

价目标指的就是为什么要进行评价，而评价原则是以怎样的视角进行评价，所以在构建评价体系的过程中，普遍将这两方面作为基础环节。

对此，在进行"四史"融入高校思想政治理论课程评价体系的构建中，依然将评价目标与原则的制定作为首要环节，以此让评价过程能够拥有明确的目标和方向。

（一）评价目标的制定

"评价目标"就是进行评价的原因是什么、要达到怎样的效果，这也充分体现出在评价体系构建中，评价目标的重要性和基础性所在，评价"四史"融入高校思想政治理论课过程与效果自然也是如此。

1. 客观判断"四史"融入高校思想政治理论课程的价值

随着高校思想政治理论课改革的步伐不断加快，特别是面对中国特色社会主义现代化强国建设之路的全面开启，高校思想政治理论课建设与发展之路面临着更高的标准和要求，2021 年 12 月 28 日召开的全国高校思想政治工作会议，明确指出了将思想政治课程作为高校建设成为"双一流"大学的关键。另外，随着"立德树人"理念在高校人才培养道路中的不断深化，高校思想政治理论课更要发挥出主力军的作用，"四史"作为记录党和国家带领全国人民建设与发展社会主义事业的重要载体，将其有效融入高校思想政治理论课具有极为明显的意义和价值，具体则是体现在"以史为鉴"让学生思想、价值、道德、历史观念能够得到全面树立，并且能够更加坚定"四个自信"和进一步提高"四个意识"。对此，这显然也是评价高校思想政治理论课"四史"融入过程与成果的重要目标所在。

2. 评价对象"最大化"

从评价工作的最终目的出发，就是要充分体现出当前的现状和可提升空间，故此全方位评价显然成为评价工作的一项根本要求，也是评价体系构建的一项最基本原则所在。针对于此，在进行"四史"融入高校思想政治理论课的过程与效果的评价中，评价体系构建必须将评价对象的最大化作为重要目标之一。其中，不仅包括"四史"融入高校思想政治理论课的方案，还包括融入的实施过程和实施结果，由此反映出在融入过程中目标是否合理、具体操作流程是否得当、操作方法是否具有实用性、融入的结果是否趋于理想化等问题，从中找出可提升空间的同时，改进与优化融入路径也由此拥有最为可靠的依据。

（二）明确遵循的评价原则

明确评价原则就意味着评价活动有了最基本的初衷，评价过程和结果都有了明确的方向。对此，在评价"四史"融入高校思想政治理论课的过程与效果时，必须有明确的评价原则作为支撑。具体要遵循以下五个基本原则：

1. 客观性原则

所谓的"客观性原则"，是指在评价活动的开展过程中，在测量标准与测量方法上，都要与客观实际保持高度的统一，由此确保最终的评价结果可以作为评价方案与措施是否有效的客观依据。针对评价"四史"融入高校思想政治理论课的过程与效果而言，必须确保评价的标准和方法高度适用，不能根据评价主体的主观意愿擅自进行调整，由此方可保证最终的评价结果有利于其融入路径的不断优化。

2. 整体性原则

所谓的"整体性原则"，是指评价的过程要从多个角度、全方位进行，不能片面和偏激，要确保其评价过程与结果的公正与客观。针对"四史"融入高校思想政治理论课过程与效果而言，评价的角度显然要体现在融入的过程和结果得到全方位评价，评价的结果也能够具有指向和说明作用。

3. 发展性原则

所谓的"发展性原则"，是指要将评价的注意力放在课程与学生的发展层面，以及课程建设与发展所存在的动力方面。针对"四史"融入对高校思想政治理论课过程与效果而言，评价的角度必须从融入的可行性、合理性、科学性入手，评价过程和评价结果能够反映出"四史"融入的必要性和可提升空间，从而助力高校思想政治理论课在品质层面的全面提升。

4. 科学性原则

所谓的"科学性原则"，指的就是评价过程不能仅以评价主体的直觉进行主观评价，必须有充足的科学依据作为支撑。具体而言，在评价"四史"融入高校思想政治理论课的过程中，评价标准与评价指标的构建中，要通过专家打分的方式确立起评价内容，同时根据评价内容在进行各级评价指标的确立。在评价标准方面，要以新时代高校思想政治理论课所面临的新要求，以及党和国家关于高校思想政治理论课开展"四史"教育的相关规定为中心，从中确立评价标准，确保评价过程和结果都能具有高度的客观性，由此充分彰显出评价过程和结果的科学性。

5. 指导性原则

所谓的"指导性原则"，其实质就是评价的过程与结果对今后的发展具有一定的指导意义，确保实施方案和措施能够得到不断的优化。评价"四史"融入高校思想政治理论课的过程中，既要做到评价的视角具有高度的客观性，还要做到评价的视角能够在未来发展道路中具有一定的指导作用，从而确保评价过程与评价结果所反馈出的信息具有一定的指导意义，成为不断深化其融入路径的重要依据。

二、评价标准与评价主体的明确

评价标准和评价主体是评价体系结构中两个不可缺少的部分，直接关乎评价过程以怎样的尺度去鉴定是否达到要求，以及由谁鉴定是否达到要求，如果评价标准与评价主体不能做到科学、明确，显然会直接影响最终的评价结果。对此，在评价"四史"融入高校思想政治理论课程时，评价体系的构建依然要将明确评价标准与评价主体放在重要位置。

（一）明确评价"四史"融入高校思想政治理论课的标准

评价标准指的就是评价活动中应用于评价对象的标尺，评价标准具有高度的客观性能够确保评价结果的客观性和准确性。对此，在评价"四史"融入高校思想政治理论课的过程与效果时，立足"四史"融入高校思想政治理论课的目标，以客观的视角确立评价标准。

1. 课程内容方面

要做到根据新时代背景下党和国家关于高校人才培养所提出的具体要求，围绕课程教学活动开展的切实需求，有针对性地围绕"四史"相关内容进行课程内容的全面深化，将充分发挥"四史"的启发性、导向性、说明性作用作为课堂评价标准，让课程所传递的信息可以全面引领新时代高校学生正确树立思想观念、价值观念、道德观念、历史观念。

2. 课程教学手段与方法方面

要做到能够根据课程建设与发展的切实需要，促进教学手段和方法的不断深化，从中实现课程教学开展形式迈向多样化发展的同时，实现理论与实践高度结合，颠覆传统高校思想政治理论课教学的固有特征。最终达到师生之间能够形成紧密的互动，生生之间能够形成合作学习，打造出较为理想的课程教学氛围。

3. 教师队伍方面

要具备能够根据课程内容有针对性地选择"四史"相关资料的能力，并且具备根据教学内容与相关素材组织教学活动有序开展的能力，以及根据教学活动合理选择并及时做出教学手段调整的能力，确保"能够与高校思想政治理论课内容紧密融合，还能实现与高校思想政治课程建设与发展的总体目标相融合"。

4. 科研水平方面

"四史"有效地融入高校思想政治课是一项极为系统的工程，不仅要针对其可行性与必要性进行深入的研究与探索，还要将融入的路径和方法通过实践对比的方式进行分析，由此方可确保融合的效果达到最佳。对此，高校思想政治理论课程所具备的科研水平显然至关重要，有效地促进科研水平的不断提升成为评价"四史"融入高校思想政治理论课的一项重要标准。

（二）确立评价"四史"融入高校思想政治理论课程的主体

评价主体是指针对评价对象开展评价工作的机构或人，评价主体课程评价的过程是否合理、融入的效果是否理想需要从多个方面去分析，这也意味着评价"四史"融入高校思想政治理论课程时，必须做到评价主体的多样化，以下就将其加以具体明确。

1. 社会

由于"社会评价"是指评价某一活动或行为对实现社会目标方面所做出的贡

献，所以在评价"四史"融入高校思想政治理论课程时，应该将社会作为重要的评价主体。具体而言，高校思想政治课建设与发展道路中，将"四史"有效融入高校思想政治理论课的目的非常明确，就是要为新时代中国特色社会主义现代化强国建设培养更多高质量人才，确保学生以坚定的理想信念、正确的思想观念和价值观念、良好的道德观念和历史观念投身于新时代中国特色社会主义现代化强国建设中去，所以有效地开展社会评价必须作为课程评价的重要主体。

2. 高校

高校作为高质量人才培养的重要平台，课程建设与发展的整体质量和水平都要有学校评价作为支撑，所以在评价"四史"融入高校思想政治理论课程时，应该将高校作为评价的主体。具体而言，高校思想政治理论课程建设与发展道路中，高校要始终围绕党和国家根据时代发展所提出的具体要求，不断在课程目标、内容、教育教学方法上进行调整，并且制定出相关的目标，在实践中根据其过程和结果进行有针对性的优化与调整，确保课程建设与发展始终与新时代所提出的新要求同向同行，故而高校评价应作为课程评价不可缺少的部分。

3. 思想政治理论课教师

教师无疑是施教主体，课程建设与发展道路中，各项措施的全面落实往往需要广大教师深入执行，由此才能确保课程建设与发展的效果更好地呈现。其间，具体实施过程所呈现出的状况需要由教师反馈，同时教师也会根据实施过程产生自己的看法与观点，这些显然都有利于从根本上改进课程建设与发展的现状。所以，在评价"四史"融入高校思想政治理论课程时，高校思想政治理论课教师应该作为重要的评价主体，有效地进行教师评价自然也是进行该课程评价的重要组成。

4. 高校学生

在新时代发展背景之下，高校课程建设与发展始终围绕高质量人才培养来进行，其目的就是要让广大高校学生不仅在知识与技能层面得到全面提升，更要在能力与素养方面得到全面的提高。其间，素养不仅体现在道德素养与职业素养方面，更体现在学生政治素养、思想观念、价值观念等多方面。高校思想政治理论课作为全面增强新时代高校学生政治素养、思想观念、价值观念的重要载体，能够将其转化为现实往往不能单纯地依靠社会、学校、教师而定，更要通过学生自身充分反映出来。对此，在评价"四史"融入高校思想政治理论课程时，高校学生必须作为重要的评价主体，开展学生评价活动自然要放在重要位置。

三、评价方法的科学选择

通过评价体系构建的基本流程来看，在明确评价目标和评价原则，以及评价标准和评价主体的基础上，随之而来的就是要选择评价方法。评价方法是指在评价活动中以怎样的视角开展评价工作，以及以怎样的方式计算评价结果，所以评价方法必须作为评价体系构建与运行过程的重要组成部分。对此，在进行"四史"有效融入高校思想政治理论课的过程与效果评价中，应结合具体的需要对评价方法科学选择。

（一）评价方法选择的根本立足点

在评价体系的构建中，评价方法的选择是否合理直接关乎评价结果生成的过程是否具有高度的准确性，最终也会直接影响评价结果是否具有高度的可靠性。所以在评价某一行动或行为的过程中，必须找准立足点确定评价方法，就评价"四史"有效融入高校思想政治理论课的过程与效果而言，显然也是如此，本书认为立足点应该包括下述三方面：

1. 必须坚持过程性评价

所谓的"过程性评价"是与"结果性评价"相对应的一种评价方式，不仅强调评价某一活动或行为的实施过程，还注重针对其结果进行评价，由此确保某一活动或行为在实施过程与结果方面呈现出的价值更加直观，这也正是诸多评价活动普遍选择过程性评价的主要原因所在。针对评价"四史"有效融入高校思想政治理论课的过程与效果而言，在评价方法的选择上也要将过程性评价视为根本立足点，由此确保融入过程中的现实状况得到及时呈现，并客观反映出最终效果。

2. 保持定性与定量相结合

众所周知，在评价活动开展过程中，并非所有评价指标都能实现量化，往往有很多评价指标需要通过语言描述的方式来呈现出评价结果，所以定性评价就成为一种重要的选择，同时也要将定量评价作为评价活动方法的重要选择对象。针对于此，在评价"四史"有效融入高校思想政治理论课的过程与效果时，评价方法的选择必须高度坚持定性与定量相结合，由此方可确保各项评价指标都能反映出现实状况和特点。

3. 多元化评价应视为重中之重

在评价活动中，所谓的多元化评价指的就是评价的指标和评价的对象应保持多样性，要通过多个评价指标对多个评价对象做出综合性评价，确保评价结果更加具有指向性的同时，可以为有效改进行动方案和措施提供具有客观性和针对性的依据。为此，在评价"四史"有效融入高校思想政治理论课的过程与效果时，评价方法的选择必须将多元化评价视为重中之重。

（二）评价方法的确定

结合上文中阐述的评价方法选择的根本立足点，不难发现在选择的评价方法中，必须确保能够满足评价指标数量较大、对多个评价对象进行评价的要求，同时还要具备定性与定量评价相兼容的特征，另外还必须高度支持过程性评价活动的全面开展。对此，本书认为"模糊综合评价法"为较理想的选择。所谓的"模糊综合评价法"，就是一种基于模糊数学的综合评价方法，该综合评价法根据模糊数学的隶属度理论把定性评价转化为定量评价，即用模糊数学对受到多种因素制约的事物或对象进行总体的评价。它具有结果清晰、系统性强的特点，能较好地解决模糊的、难以量化的问题，适合各种非确定性问题的解决。

四、评价指标体系的构建

评价指标体系作为评价体系中的重要组成部分，不仅要在评价内容选定范围上做到高度明确，还要在评价指标选择上做到高度科学、合理，由此才能保证评价结果客观反映出现实状况和最终取得的成效。

评价指标体系的构建作为评价"四史"融入高校思想政治理论课过程中较为关键的一环，其不仅要有明确的构建原则，还要有明确的评价内容和系统性的评价指标作为重要支撑，由此才能确保评价结果客观反映融入过程和结果的真实情况。为此，接下来就以此为立足点做出明确的论述。

（一）明确评价指标体系构建的原则

在明确评价指标体系构建的全过程中普遍将明确构建原则放在第一位，原因在于评价原则的明确就意味评价指标构建的出发点已经确定，原则的科学、合理则说明评价指标体系构建能够确保评价结果高度客观、准确。对此，在评价"四史"融入高校思想政治理论课的过程与效果过程中，必须先明确其构建原则，具体包括以下六项原则：

1. 系统性原则

所谓的"系统性原则"，指的就是评价指标之间必须存在明显的逻辑关系，这样既能体现出各个评价要素之间的具体特征，同时还能充分表达出彼此之间的内在联系。针对"四史"融入高校思想政治理论课过程与效果而言，对其进行有效的评价也要充分遵循这一原则，既要做到能够反映出内在逻辑关系，还要可以充分反映出评价指标所存在的具体特征和内在联系，进而确保评价结果能够具有高度的客观性。

2. 典型性原则

所谓的"典型性原则"，就是评价指标要具有一定的代表性，最大限度地反映出特定领域内的综合性特点，做到即便是在评价指标相对不足的情况下也能将评价结果更加准确地计算出来，由此提升评价结果的可靠性。对此，在评价"四史"有效融入高校思想政治理论课的过程与效果中，评价指标体系的构建也要充分坚持这一原则，最大限度地保证评价结果能够具有高度的准确性和可靠性。

3. 简明科学性原则

在评价体系的构建与完善过程中，始终是以确保其科学性为根本初衷，强调评价指标不仅能够反映出评价对象的特征和现实情况，还要客观地呈现出评价指标本身所具有的真实关系，这显然是评价指标保持高度合理的重要前提。对此，在评价"四史"融入高校思想政治理论课的过程与效果时，评价指标体系依然要遵循简明科学性原则，确保评价指标体系能够反映出评价对象的现实情况和总体特征，并且每一级评价指标和每一级评价指标的内部构成要素之间都能呈现出真实的联系，由此确保评价指标体系具备高度的合理性。

4. 可比、可操作、可量化原则

该原则主要体现在评价指标的选取方面，既要做到选取范围高度一致，同时还要做到能够为国家所出台的相关政策，以及有效开展各项管理工作所服务，除此之外还要做到所选指标必须与计算量度和计算方法高度一致，确保评价指标显而易见，同时能够呈现出极为明显的微观性和易获得性两个基本特征。①"四史"有效融入高校思想政治理论课的过程中，其目的就是全面落实国家关于全面提升新时代高校人才培养质量这一新要求，更好地为引领高校学生思想、价值、道德、历史观念所服务，所以在融入过程上必须做到科学、有效的管理。对此，在评价高校思想政治理论课融入的过程与效果之时，评价指标体系的构建必须将可比、可操作、可量化作为一项基本原则。

5. 动态性原则

所谓的"动态性原则"，其实质就是各个环节的协同发展需要通过具有时间尺度的指标充分反映出来，这些指标所呈现出的特征就是动态化特征。因此，在进行评价指标体系的构建过程中，必须遵循这一原则。"四史"融入高校思想政治理论课的过程也是如此，实现过程各个环节的协同发展需要经过一定的时间才能得到充分体现，所以在将其效果进行有效的评价就必须伴随具有动态化特征的指标存在，故而"动态性"原则应作为评价指标体系构建必须遵循的原则。

6. 综合性原则

该原则是指评价指标体系的构建必须体现出"共赢"的目标，从而让评价指标呈现出极为强烈的综合性。对此，在评价"四史"融入高校思想政治理论课的过程中，评价指标体系的构建必须围绕"共赢"二字来进行，确保课程质量全面提升的同时，为新时代中国特色社会主义现代化强国提供强有力的高质量人才支撑。

---

①关明，魏强. 高校思想政治理论课学习评价体系探析［J］. 中学政治教学参考，2021（20）：53-55.

（二）确定评价指标体系的构成

在明确评价指标体系构建原则基础上，随之而来的就是要确定评价内容的选择范围，并在其范围内明确具体的评价指标，其中既要包括一级评价指标，又要包括二级评价指标，确保评价结果既能充分反映出"四史"在高校思想政治理论课程融入过程中的现实情况，还能展现出所取得的成果，这显然也为有效优化和调整融入方法指明了方向。①

1. 主要的评价内容

面对新时代为高校思想政治理论课建设与发展提出的新要求，不难发现将"四史"有效融入课程体系之中具有高度的可行性和必要性，只有在课程目标、课程内容、课程教学方法方面做到有效融合，方可确保"四史"在高校思想政治理论课教育教学活动中的作用与价值最大化呈现。对此，就评价内容而言，依然要将"四史"在高校思想政治理论课程目标中的融入、"四史"在高校思想政治理论课程内容中的融入、"四史"在高校思想政治理论课程教学方法中的融入三方面作为评价内容，最终让评价结果客观地说明融入的效果。

2. 一级评价指标

结合上述提到的三项内容，本书认为每项评价内容应包括三个一级评价指标，即"四史"在高校思想政治理论课程目标中的融入评价内容中，要包括是否对课程目标形成了质的改变、是否能让课程目标得到进一步深化、是否能够促进课程建设与发展的可持续性；"四史"在高校思想政治理论课程内容中的融入评价内容中，要包括是否对课程内容进行了丰富、是否促进课程内容深度增强、是否确保内容具有较为理想的引领作用；"四史"在高校思想政治理论课程教学方法中的融入评价内容中，要包括能否适应固有的课程教学方法的使用过程、能否促进固有教学方法的深化、能否推动教学方法的创新。

3. 二级评价指标

上文中已经明确指出根据具体评价内容所应包括的一级评价指标，在这里二

---

①佘双好，张琪如. 高校思想政治理论课课程评价的特点及改革路径［J］. 思想理论教育，2021（3）：18-24.

级评价指标的构建完全是一级评价指标的全面细化，并且做到每个二级评价指标之间都要保持紧密的联系，充分呈现出对一级评价指标的影响，由此让评价指标能够客观反映"四史"在高校思想政治理论课程融入的现实情况和效果，为高校有效调整其融入路径和措施提供可靠性极高的依据。

综上所述，可以看出有效开展"四史"融入高校思想政治理论课的过程与效果是一项极为系统的工程。其中，既要有明确的评价目标和评价原则作为前提，还要有科学的评价方法和评价主体作为支撑，最后还要有完整的评价指标体系作为重要保证，由此方可确保评价过程与评价结果具有高度的客观性和准确性，为有效调整融入过程提供重要保证。

第五章 融媒时代的思想政治教育载体升级

第一节 融媒时代的大思政观

一、坚持用正确的新媒体观引导大学生

新媒体发展是时代的产物，更是历史发展的必然。人们不能左右其进程，却可以寻求思维方式的改变。每一种新技术的推广、普及和运用都会给社会带来新的思维方式和行为方式。新媒体带来的媒介生态的巨大变革，已经并将极大地改变人类的表达、传播、分享、对话、交往等方式。李秀林教授指出，"人们的思维方式是同一定的历史时代、实践发展水平和科学文化背景联系在一起的，是社会发展各种思想文化要素的综合反映和综合体"①。不改变思维，不开阔眼界，不解放思想，就会被这个历史时代所淘汰。大学生作为新媒体的重要受众群体之一、身处时代前沿的弄潮儿，如何才能更好地栖息和生存？关键就在于如何形成正确的新媒体思维方式，用正确的新媒体观指导实践和行动，将新媒体为我所用，创新表达、担当作为，用新知识、新技能占领融媒时代的新高地。

融媒时代的到来，尤其是新媒体的迅猛发展，冲击着高校思想政治教育的育人环境，使其越来越由简单变得复杂，由单一走向多元，由封闭走向开放，在迎接时代机遇的同时，也面临着严峻的挑战。

（一）新媒体载体对环境育人的冲击

1. 全媒覆盖改变了融媒时代的新格局

融媒时代改变了以往人类靠物质能量拓展活动半径的模式，突破了地缘、政

---

① 庞培. 浅谈网络新媒体对人们思维方式的影响 [J]. 新闻研究导刊，2017（17）：93.

治、文化之间有形和无形的疆界①，为人类社会提供了足不出户沟通世界的桥梁和纽带，构成了人们学习、生活、工作的新空间，获取信息的新平台，缩短了个人与社会、个人与世界之间的距离，推动了全球数据流动和信息资源共享。全程媒体、全息媒体、全员媒体、全效媒体开创了融媒时代发展的新局面。"四家媒体"正突破时空维度，媒体的跨界融合成为趋势，"人人都有麦克风"这个事实已经变得不再陌生。

2. 异质文化削弱了核心价值的主导权

新媒体正以强大的渗透力重塑大学生的思想观念，深刻影响着他们的行为方式。一方面，传统的社交方式逐渐被虚拟空间的人际交往所占据，分离、淡化与现实世界及真实人际关系的情感；另一方面，过度依赖虚拟空间的人际交往，可能导致现实人际交往能力退化②、扭曲甚至断裂。新媒体的及时性、互动性、共享性、开放性，使高校处于异质文化交织的高频运转状态，海量信息的传递、多元主义的碰撞、异质文化的侵蚀，丰富着教育内容的同时，也削弱了教育者的主导权，校园文化核心价值不断遭受冲击，从"核心"的把握到"价值"的整合，整体难度不断增加。

3. 载体竞争加快了环境育人的新步伐

新媒体成为环境育人的重要载体，挑战丰富多样的育人生态环境。新情况新特点越来越多，迫使思政教育载体系统推陈出新，要求更加丰富、主体多元、时间长远、空间广阔。新媒体载体与传统思政教育载体互相竞争，对新时期思政教育载体要求更高，迫切需要优化环境育人的策略，紧紧抓住意识形态工作的本质内涵，把握思想政治教育的主导权。大学生是接触新媒体最大的群体，作为对新媒体最为追捧的人群之一，大学生受新媒体影响相当巨大。如何正确地对其进行引导和规范，提高大学生对媒介信息的甄别识别能力、思辨质疑能力、深度解读能力和独立思考能力，树立正确的世界观、人生观和价值观，形成健康的新媒体

---

① 蒋朝莉，姜莹莹. 新时代大学生媒介素质提升的路径探索——以习近平新媒体观为视角 [J]. 绵阳师范学院学报，2019（1）：60-65.

② 张怡微. 新媒体时代下高校校园文化建设的机遇、挑战与对策 [J]. 新闻研究导刊，2020（8）：10-12.

观，就显得尤为重要。

（二）新媒体环境下的思维方式

新媒体新技术的快速发展要求新时代高校思想政治教育工作要有新思维、新途径、新方法。正确地认识新媒体，认识人在新媒体发展过程中的作用，在实践基础上不断丰富和发展新媒体观，有必要重新审视和理解新媒体，与时俱进，深刻认识思考维度和出发点。要以新媒体思维，重新审视高校思想政治教育工作的新环境，以全球思维、信息思维、融合思维和人本思维推动新时代高校思政教育环境育人载体的新变革。

1. 全球思维

全球思维是面向全世界的站位和视野。新媒体打破了传统媒体的话语权威和垄断，每个人都可以是信息的发布者和接收者，突破了时间、空间和地域的限制，可以与全球任何人在任何地方交流，影响着人们的文化意识、社会主张和行为规范。因此，我们不仅要讲好中国故事，也要讲好世界故事，促进不同文明间的对话与互鉴。与此同时，作为意识形态的主要组成部分，西方国家极力想要霸占和控制媒介传播的主导力，企图赢得意识形态斗争的主动权，这意味着意识形态领域的斗争将在媒介领域长期存在。牢牢把握意识形态话语的主导权，占领核心价值的高地，势在必行。

2. 信息思维

"在意识对信息的消化作用大于意识对信息的抑制作用的条件下，思维的过程状态完全取决于可触信息的信息量和起作用的方向。"① 可触信息量越大，思维的活跃程度越强，方向相反的信息还可以对思维过程起遏制与中止作用。因此，拥有海量可触信息的新兴媒体，比传统媒体具有更大的吸引力，覆盖范围更广、发散路径更多、传播能力更高效。人们不仅是信息的生产者与传播者，还随时进行信息之间的选择与博弈。如何选择、选择和占有什么样的载体和信息，对于思维的养成就显得十分重要。

---

① 方非. 我国思维科学发展状况简介 [J]. 文艺研究，1989（6）：162-163.

3. 融合思维

融合思维是紧扣数字化媒介特征谋划融合发展的理念，时刻拥抱和占有最新的、即时的、最具影响力的传播渠道和方式，可以增强内容的互动性、体验性和分享性，以更多样更丰富的形式触及更多人，达到理想的传播实效。随着数字传媒技术的快速迭代和各种媒介平台的不断涌现，人们可以利用多种方式自由方便地阅读、检索或浏览网络海量数字信息：一是文字、图像、视频、声音信息等，传播形式多样化；二是手机、计算机、数字电视等，通信终端多样化；三是互联网、光纤通信网络等，传播渠道多样化。把握及融合数字新技术对优质融媒内容的传播起着关键作用。

4. 人本思维

新媒体新平台发展能够催生更多的教育资源，能够通过推荐算法更好地做到个性化内容的推送，让学习资源更加精准、学习效率更高。但是，一味的个性化服务、相对精准的内容推送、过于"美好"的沉浸体验，有可能使得用户的知识结构窄化和思维方式固化，容易让学生在某个领域过于投入，忽略除个性学习之外的通识学习、常识学习、生活学习。因此，新媒体工作必须服务于人的自由而全面的发展，实现一个个自然的、有活力的、有着无限发展可能的生命。新媒体工作要从人出发、以人为本，最终也要回归到人，这既是技术的方向，也是教育的根本。

当代大学生受新媒体影响深重，作为新媒体使用的主体，大学生已经把新媒体作为一种生活方式，用于资讯浏览、人际交往、学习娱乐的一种新工具。如何用全球思维、信息思维、融合思维和人本思维武装头脑，正确地对其进行培养和引导，提高大学生对媒介信息的甄别识别能力、思辨质疑能力、深度解读能力和独立思考能力，树立正确的人生观和价值观，形成健康的媒体观，就显得尤为重要。

（三）以习近平新媒体观为指导

党的十八大以来，以习近平同志为核心的党中央对新媒体工作高度重视，先后做出一系列重要论述，反复强调"新媒体思想舆论工作的正道，在于化解负效应，激发正能量，成为治国理政、凝聚共识的助手"，"加快媒体融合发展，占领信息传播制高点"①。习近平新媒体观体现出鲜明的时代特色，强调新媒体在治国理政中的重要作用，把媒体融合发展提升为国家战略；强调传统媒体和新兴媒体的融合发展、理念与体制机制的变革，强调网络强国战略的构建与国际话语权的掌控等。

新媒体观是对新媒体的战略定位、理论架构、价值取向、实践路径等方面的全新认知。习近平新媒体观是马克思主义新闻观与新时代我国思想文化实践相结合的产物，为新媒体环境下意识形态工作和全媒体融合发展指明了方向。我们要深刻把握习近平新媒体观的理论性、实践性、科学性和整体性，精准把握其内涵、理论体系和特点。②

1. 始终坚持正确的舆论导向

2014 年 2 月 27 日，习近平总书记在中央网络安全和信息化委员会第一次会议上指出："运用网络传播规律，弘扬主旋律，激发正能量，大力培育和践行社会主义核心价值观。"2016 年 2 月 19 日，习近平总书记在党的新闻舆论工作座谈会上发表重要讲话，再次强调"新闻舆论工作各个方面、各个环节都要坚持正确舆论导向。各级党报党刊、电台电视台要讲导向，都市类报刊、新媒体也要讲导向；新闻报道要讲导向，副刊、专题节目、广告宣传也要讲导向；时政新闻要讲导向，娱乐类、社会类新闻也要讲导向；国内新闻报道要讲导向，国际新闻报道也要讲导向"③。习近平总书记特别强调加强党的领导对媒体工作的重要性，强调"加强和改善党对新闻舆论工作的领导，是新闻舆论工作顺利健康发展的根本保证。各级党委要自觉承担起政治责任和领导责任。领导干部要增强同媒体打交道的能力，善于运用媒体宣讲政策主张、了解社情民意、发现矛盾问题、引导社会情绪、动员人民群众、推动实际工作"④。这要求高校党委高度重视融媒体

---

①蒋朝莉，姜莹莹. 新时代大学生媒介素质提升的路径探索——以习近平新媒体观为视角 [J]. 绵阳师范学院学报，2019（1）：60-65.

②张平. 习近平新媒体观论析 [J]. 深圳社会科学，2020（4）：13-19，43.

③杜尚泽. 习近平：坚持正确方向创新方法手段提高新闻舆论传播力引导力 [J]. 党政干部参考，2016（6）：4.

④杜尚泽. 习近平：坚持正确方向创新方法手段提高新闻舆论传播力引导力 [J]. 党政干部参考，2016（6）：4.

建设的重要作用，把高校融媒工作作为高校思想政治教育工作的重中之重。

2. 牢牢掌握舆论阵地主动权

2013年8月19日，习近平总书记在全国宣传思想工作会议上发表重要讲话，"很多人特别是年轻人基本不看主流媒体，大部分信息都从网上获取。必须正视这个事实，加大力量投入，尽快掌握这个舆论战场上的主动权，不能被边缘化了"①。新媒体作为意识形态领域斗争的一个新手段，是意识形态领域斗争的一把"双刃剑"，既可以传播正确的思想，也可以传播各种错误的思潮。面对新媒体带来的媒体格局和舆论生态的深刻变化，针对主流媒体存在的问题，习近平总书记指出，坚持党管媒体原则，管好用好互联网，提高国家文化软实力，向世界讲好中国故事，传播好中国声音。紧紧抓住年轻人的传播习惯，激发年轻人的兴趣，形成媒体与年轻人互动的局面，在互动中传播主流价值观，传播党的政策和方针。创新媒体的传播方式，利用先进技术作为网络内容的支撑和引领，不断巩固宣传思想文化的主阵地，才能成功地抢占舆论信息制高点，为新媒体建设注入强劲动力。

3. 传统媒体与新兴媒体深度融合

网络的本质在于互联，信息的价值体现在互通。2013年全国宣传思想工作会议上习近平总书记指出："要积极探索有利于破解工作难题的新举措新办法，特别是要适应社会信息化持续推进的新情况，加快传统媒体和新兴媒体融合发展，充分运用新技术新应用创新媒体传播方式，占领信息传播制高点。"② 2014年8月18日，习近平总书记在中央全面深化改革委员会第四次会议上指出："推动传统媒体和新兴媒体融合发展，要遵循新闻传播规律和新兴媒体发展规律，强化互联网思维，坚持传统媒体和新兴媒体优势互补、一体发展，坚持先进技术为支撑、内容建设为根本，推动传统媒体和新兴媒体在内容、渠道、平台、经营、管理等方面的深度融合。"③ 习近平总书记还特别强调党的领导对于思想舆论工

---

①高峰. 新时期构建新闻舆论引导格局初探 [J]. 新闻研究导刊，2020（4）：148-149.

②钱玉娟. 习近平谈媒体融合发展——党的十八大以来关于媒体论述摘编 [J]. 中国经济信息，2014（17）：10.

③刘奇葆. 推进媒体深度融合 打造新型主流媒体 [J]. 青年记者，2017（7）：9-11.

作的重要性，"加强和改善党对新闻舆论工作的领导，是新闻舆论工作顺利健康发展的根本保证。各级党委要自觉承担起政治责任和领导责任。领导干部要增强同媒体打交道的能力，善于运用媒体宣讲政策主张、了解社情民意、发现矛盾问题、引导社会情绪、动员人民群众、推动实际工作"①。这就要求高校党委要高度认识新媒体工作在高校思想政治教育工作中的重要地位和作用，把融媒时代高校思想政治教育工作作为立德树人、教书育人工作的重中之重。

4. 积极营造风清气正的网络空间

新媒体的诞生突破了传统媒体传播的时空壁垒，它的传播时效性更强、空间度更广、活跃度更高。与此同时，也滋生了故意歪曲事实、捏造谣言、散布虚假信息等违反事实、常识、真理的现象，给新闻传播的健康秩序带来了挑战，一定程度上干扰了新闻的公信力。2014 年 2 月 27 日，习近平总书记主持召开中央网络安全和信息化委员会第一次会议并发表重要讲话，他指出："做好网上舆论工作是一项长期任务，要创新改进网上宣传，运用网络传播规律，弘扬主旋律，激发正能量，大力培育和践行社会主义核心价值观，把握好网上舆论引导的时、度、效，使网络空间清朗起来。"②

习近平新媒体观是马克思主义新闻观的继承和弘扬，对我们今天高校思想政治教育工作起到了非常重要的方向引领、原则规范、策略指导作用。用习近平新媒体观引导大学生统一思想、凝聚共识、汇聚力量，有助于帮助他们掌握正确的观点、方法，建立正确甄别信息价值的知识结构体系，树立正确的媒介价值观、马克思主义新闻观，提升新时期新媒体素养。

媒介素养是一种能力，是人们对各种媒介信息的解读和批判能力，以及使媒介信息为个人生活、社会发展所用的能力。新媒体素养是人们认识、把握、利用新媒体新技术的基本能力和素养。当代大学生处于媒介融合的大环境中，如何提高自身的素养和利用新媒体的能力，无疑显得非常重要。提升大学生的新媒体素养，以习近平新媒体观为指导，增强使用新媒体的能力，要注意以下三点：

---

①杜尚泽. 习近平：坚持正确方向创新方法手段提高新闻舆论传播力引导力 ［J］. 党政干部参考，2016（6）：4.

②吕翼. 试论网络舆论引导中的时度效 ［J］. 中国地市报人，2021（8）：67-68.

首先，提高大学生对媒介信息的解读能力。媒介信息尤其是新媒体信息，深刻改变着人们的生存方式、交往方式乃至思维方式。不同意识形态的媒介信息以不同的方式改变着大学生的思维方式与价值判断，影响着大学生精神文化生活和思想道德的建设与养成。引导大学生用马克思主义的立场、观点、方法加以分析和判断，挖掘信息背后的深层意义，运用自己的认知能力、反思意识对信息展开深度解读，能够透过媒介信息的表象看到隐藏在背后的本质，独立思考、理性辩证地理解信息的内涵，提高大学生的政治鉴别力。

其次，提高大学生对媒介信息的甄别能力。自媒体具有良莠不齐、可信度低、法律不规范等弊端，因此如何让大学生正确地鉴别自媒体的信息真伪、价值高低是高校图书馆在信息素养培养工作中的一个重要环节。帮助学生建立正确判断信息价值的知识结构体系，掌握正确的甄别方法，让学生认识到虚假信息的特点及产生的原因，了解"利益的驱使"是虚假信息产生的根源。增强媒介传播责任意识，本着对社会负责、对国家负责的态度，对存在疑点的信息要进行论证、核实，不盲从、不传谣、不信谣，主动抵制不良信息。

最后，提高大学生对媒介传播的应对能力。应对能力，是指调节、适应、解决问题和面对挑战的能力。大学生对媒介信息不能一味地"被动接受"，而要变"被动接受"为"主动迎战"。引导学生掌握应对的策略和方法，通过"理解""质疑""评估""核验""决策"等一系列路径，理性地选择符合个体和社会需求的媒介，主动选择并与之进行良性互动，提高自身解决媒介事务的能力，积极利用媒介促进自身的全面发展，已然成为当代大学生的必然选择。

二、融媒时代的校园文化建设

文化作为人类社会实践中创造的物质财富和精神财富的总和，具有不同的表现形式。校园文化是以校园为空间，以师生员工为主体，以优良校风、教风、学风为核心，以提高思想品德素质为目标，校园物质文化、精神文化和制度文化的总和。校园文化是社会主义先进文化的重要组成部分，是高校思想政治教育重要的环境育人载体，在高校人才培养中发挥着重要作用。校园文化建设是高校内涵式发展和社会时代发展的必然要求，是实现高校环境育人功能的需要，有利于建设和谐文化校园，促进学生的全面发展。融媒时代为高校校园文化建设发展提供了肥沃的土壤，提供了丰富多样的新的传播媒介，增强了高校校园文化的影响力和感染力，提高了高校校园文化的渗透力，校园文化的内涵得到了前所未有的丰富和发展。新媒体以其独特优势逐渐成为校园文化建设的网络新环境，极大地丰富了校园文化建设的内容，为校园文化建设带来了机遇和挑战。

（一）校园文化建设面临的机遇

1. 新媒体丰富了校园文化的内容

数字化网络通信技术的普及，古今中外的巨量知识与信息被发掘、汇聚和散播，为校园文化建设提供了取之不尽的素材，极大地丰富了高校校园文化的传播内容。利用新媒体载体的传播，大学校园文化的传播方式更加灵活多样，大学学习生活变得更加丰富多彩，校园文化获得了更强的表现力和感染力，对大学生的吸引力更强。总之，新媒体为大学校园文化提供了丰厚的养分，极大地丰富了校园文化的内涵，增强了学生对校园文化的价值认同。

2. 新媒体拓展了校园文化的"生存空间"

新媒体延伸了高校校园文化的视野，营造了一个向全世界平等开放的信息传播空间，突破了时空的限制，彻底打破了大学校园的地理空间概念。不同高校、不同地区、不同国家的学生，都可以通过网络实现资源共享。即使身处校园之中，也可以十分便捷地与外界沟通、交流，进行思想的交锋与文化的碰撞。[1] 与旧媒体时代相比，新媒体更能够实现大学文化的丰富性和多样性发展，校园文化的价值选择更为多元，思想活动的空间更加广阔，为高校校园文化建设提供了蓬勃的朝气。

3. 新媒体促进了大学亚文化的繁荣

在新媒体环境下，由于信息传播的广泛性，校园内各种亚文化都能在广阔的网络空间中找到一席之地，论坛、校园、微博等更成为大学亚文化发表主张、反映诉求的虚拟平台。借助虚拟信息交流平台，大学生自由表达着自己的个人主

---

①贾小爽. 新媒体时代下校园文化建设的机遇、挑战和对策 [J]. 山西煤炭管理干部学院学报，2013（3）：9-10，19.

张、意愿和观点，各种亚文化彼此交融、求同存异。校园文化变得更加活跃，大学生公共事件参与意识更强，学生的个性化需求更容易得到满足，学生们更加愿意和善于在各种文化活动中展示自我、表达自我。

（二）校园文化建设遇到的挑战

1. 多元主义带来的文化冲击

文化能彰显学生的活力，给大学生带来新鲜的资讯、丰富的娱乐生活、便捷的人际交往，但是互联网是把双刃剑，在新媒体新技术的双重掩护下，一些别有用心的人和敌对势力开始渗透青年大学生的媒介生活。有人曾经在网上以"奶头乐"计划为案例来警示我们每一个教育工作者要对西方的文化渗透、文化殖民保持足够的警惕。因为互联网上的很多信息是被别有用心的人精心制造出来的，这些人使用卑鄙的伎俩，精心包装西方的人权、民主观念，同时对我国取得的成就视而不见，刻意放大我国存在的诸多问题，尤其是发展阶段中不可避免的一些现实困难，把西方世界的"美好"和我国的种种"乱象"对比，混淆视听，误导青年大学生对我国整体发展形势和未来走向产生错误预判，让我们的大学生人心涣散、意志消磨、虚度人生，不少大学生在多元文化中随波逐流，开始享受眼前的快乐，放弃对美好生活的努力奋斗。

2014年，习近平总书记主持召开中央网络安全和信息化委员会第一次会议并发表重要讲话，他强调"没有网络安全就没有国家安全"，指出"做好网络安全和信息化工作，要处理好安全和发展的关系，做到协调一致、齐头并进，以安全保发展、以发展促安全，努力建久安之势、成长治之业"[①]。当前，要使大学生在多元文化主义浪潮中不随波逐流、不迷失自我，一定要清楚地认识到新媒体时代校园文化引导和建设的重要价值和意义，做到兼收并蓄，继承和传播中华优秀文化，促进高校校园文化繁荣发展。

2. 虚拟世界引发的交往危机

网络世界的虚拟性，使现实世界的身份、脸谱、场所模糊化、符号化、平等

---

①吕翼. 试论网络舆论引导中的时度效 [J]. 中国地市报人，2021（8）：67-68.

化，大学生可以在网络的虚拟世界中"遨游"，找到与自己有共同语言的人，符合当代大学生对信息需求的要求，享受着网络时代带来的便利。与此同时，网络空间的虚拟性、网络行为主体身份的虚拟性、网络行为的虚拟性，对人的全面发展也起到了一定的阻挡作用。虚拟世界的交际泛滥与现实世界的人际疏离，使一些自制力比较差的大学生更容易沉溺于网络的虚拟世界中，导致他们渐渐逃离现实世界的人际交往，加剧了对社会的隔离，在现实生活中更加孤独，身心和学业均受到影响。

3. 监管不力造成的功能弱化

文化是一种无形、潜在的力量，它无时无刻不在对人产生润物无声的作用。高校校园文化的教育引导功能就是靠高校校园文化的巨大影响力来完成的。新媒体携带的多样且大量的信息良莠不齐，有的未经审核就随意发布，有的为了流量故意添油加醋，这些信息很多都是垃圾，甚至是有毒有害信息，对大学生的认知行为产生了极大的负面影响，给大学核心价值、人际交往、引导功能以及教育方式带来了冲击，削弱了大学校园文化功能，必须加强监督、引导和管理。

(三) 校园文化建设提升的策略

1. 树立适应新媒体环境的校园文化观

适应新媒体环境带来的新变化和新挑战，校园文化观也在实践中不断得到丰富和发展。具体说来，融媒时代的校园文化更加开放、更加包容、更加亲切，也更强调互动。树立适应新媒体环境的校园文化观应做到以下四点：一是面向社会、面向未来，立足长远、扩展视野，积极迎接挑战；二是不断创新、与时俱进，主动把握时代脉搏，增强积极应变的能力；三是尊重多元主体，尊重大学生的主体地位，发挥大学生的主体性、创造性和创新性，提升对话交流的质量和水平；四是加强互动、注重研究，关注大学生的兴趣和注意力，避免简单说教与灌输，促进高校校园文化的繁荣发展。

2. 弘扬大学精神文化的核心价值

大学精神是一股强大的精神力量，具有较大的影响力和号召力，并且可以转化为学生发展的强大动力。① 高校要在科学发展和理性思考的基础上，重塑新媒体时代的大学精神，将大学精神文化渗透到校园文化建设的方方面面，以使其更符合新时代的科学发展观。一方面，充分运用广播、电视、报纸等传统媒体，发挥传统教育模式和核心价值的作用；另一方面，结合大学生的思想状况和对新媒体的偏好，为大学生社会主义核心价值观教育开辟新的空间。注重社会实践的塑造和校园文化的教化，丰富创新大学生社会主义核心价值观教育的方式、手段和途径。

3. 发挥校园文化活动载体的育人作用

通过开展不同形式的校园文化活动，转移大学生对虚拟世界的兴趣，重新理解人际关系，修复现实世界中的人际网络，引导大学生展示才华，服务学生的全面发展。借助新媒体载体的优势，建立新的文化交流与互动平台，与大学生自身发展的现实情况紧密联系，抓住大学生的兴趣和特点，将社会主义核心价值观、中华优秀传统文化、流行文化、百科知识等各种文化有机地融合起来，满足大学生对不同文化知识的需求。选择丰富多彩的内容和各种各样的形式，以流行的形式和丰富的内容吸引大学生，使校园文化理念入心、入脑、入耳，建设融校园文化于一体的大学生思想教育体系。

4. 健全校园新媒体的舆论监管机制

新媒体信息的便利性和开放性非常强，各种校园文化信息层出不穷，相关监管部门无法对信息进行全程审核，导致很多广为传播的信息在校园内难以得到有效的监督管理，大量不良信息不断传播，影响了大学生的价值选择和判断，造成了很大的负面影响。提高新媒体宣传的有效性，及时掌控新媒体信息，要加强对新媒体信息的大数据筛查和引导，对信息进行甄别和过滤，从源头上把控信息质量。大学生是校园文化建设的主体，全面了解大学生的思想动态，有效避免各种错误观念的侵蚀，让大学生在核心价值观等问题上始终保持坚定立场，打造健康向上的校园精神文化。

总之，高校必须积极转变观念，适应融媒时代的环境变化，强化文化自觉，

---

① 邢丹，张维佳. 以活动为载体的高校文化育人平台建设探究 [J]. 文化创新比较研究，2020 (9)：172-173.

利用好新兴的新媒体新技术，促进高校媒体融合发展，促进高校校园文化建设载体不断提档升级。掌握校园文化建设的主导权，把握机遇、迎接挑战，传统文化和流行文化相融合，线下教育和线上教育相结合，显性教育和隐性教育相联系，探索时间、空间等多维路径，积极构建和谐美好的高校校园文化，发挥文化育人的功能。

第二节　融媒时代的思政课程建设

一、融媒促进思政课协同育人成效

融媒时代颠覆了人们的生产方式、生活方式和认知方式，推动着高校思想政治工作思维方式、载体形式、实践模式的转变，为高校思想政治工作协同育人的创新创造了契机。习近平总书记在全国高校思想政治工作会议上指出，"要用好课堂教学这个主渠道，思想政治理论课要坚持在改进中加强，提升思想政治教育亲和力和针对性，满足学生成长发展需求和期待，其他各门课都要守好一段渠、种好责任田，使各类课程与思想政治理论课同向同行，形成协同效应"。探索思想政治理论课教师与其他课程教师全程、全方位的协同育人主体，发掘各类课程孕育的思想政治教育资源，构建思想政治理论课与各类课程同向同行的协同育人工作机制，提高思想政治教育工作的科学性与有效性，实现教育教学全程、全员、全方位育人，对于培养社会主义事业的建设者和接班人具有重要的理论意义和实践价值。①

（一）协同育人的原则

1. 系统性：坚持协同育人的工作理念

协同育人是一个系统工程和整体机制，思想政治工作的主体、对象、原则、

----

① 高锡文. 基于协同育人的高校课程思政工作模式研究——以上海高校改革实践为例 [J]. 学校党建与思想教育，2017（24）：16-18.

环境、途径、制度、策略、平台、载体等各个要素是系统有机统一、相辅相成的组成部分。各门课程要基于本门课程的性质和任务，每个要素和环节都是构成系统的关键部分。抓牢课堂教学主渠道，上好思想政治理论课，其他各门课程要"守好渠""种好田"，形成协同效应，促进立德树人、教书育人相得益彰，做好知识、技能传授与态度、情感、价值观引领，道德品质、人格素质的统一。推动"思政课教育、通识教育、专业教育"深度融合，把思政课堂显性教育载体与其他课堂隐性教育载体结合起来，构建"大思政"的协同育人格局，提升思想政治工作的价值感召力和育人载体合力。

2. 方向性：坚持社会主义的根本方向

习近平总书记指出："我国高等教育肩负着培养德智体美全面发展的社会主义事业建设者和接班人的重大任务，必须坚持正确政治方向。"[1] 高校要把"立德树人"作为安身之本、办学的初心使命，坚持社会主义办学方向，高举中国特色社会主义的伟大旗帜。牢记加强党对高校的领导，加强和改进高校党的建设，是办好中国特色社会主义大学的根本保证。围绕社会主义现代化的伟大建设目标，坚持不懈弘扬社会主义核心价值观，坚持不懈促进高校和谐繁荣稳定，坚持不懈培育优良校风学风，坚持不懈引领大学生的思想认知和价值认同，坚持不懈规范大学生的行为实践，不断引导和加强青年大学生对中国特色社会主义的道路自信、理论自信、制度自信、文化自信。

3. 人本性：坚持"以生为本"的立足点

高等教育的价值旨归在"人"，在于调动每个人的积极性，开发每个人的潜能，促进人的全面和自由发展。"每个人的自由发展是一切人自由发展的条件。"[2] "以生为本"是一切教育行动的出发点和落脚点。高校推进思政课程改革创新，要尊重大学生的主体地位，"为了一切学生，一切为了学生，为了学生一切"。从学生个性差异出发，使思想政治工作始终贴近实际、贴近学生、贴近人心。着眼于大学生的实际需求，解决学生的实际困难，为学生的各项成长助力，

①张剑. 高校立身之本在于立德树人 [J]. 党课参考，2020（19）：63-65.

②高锡文. 基于协同育人的高校课程思政工作模式研究——以上海高校改革实践为例 [J]. 学校党建与思想教育，2017（24）：16-18.

为学生的全面发展赋能。彰显有情感温度的思政教育，情感育人、情感化人、情感成人，不断提高学生思想水平、政治觉悟、道德品质和文化素养。

4. 科学性：坚持人才培养的科学规律

遵循思想政治工作规律，遵循教书育人规律，遵循学生成长规律，用科学性、真理性的理论为思想政治工作提供指导。把握好"师""生"这两个教育主体，把握好"课堂"这个载体。让大学生在改革开放的伟大实践中接受德育思想，不断提高德育科学化水平。遵循教书育人规律，把提高教师思想政治素质和职业道德水平摆在首要位置。遵循学生成长规律，提升思想政治工作的亲和力和针对性。善于从课程的实际情况出发，因事而化、因时而进、因势而新，运用新媒体新技术提升工作实效，推动思想政治工作传统优势同信息技术高度融合，增强时代感和吸引力。

（二）协同育人的建设

1. 发挥思政理论课主渠道作用

习近平总书记在学校思想政治理论课教师座谈会上的讲话指出，"思想政治理论课是落实立德树人根本任务的关键课程。思政课作用不可替代，思政课教师队伍责任重大"①，明确了思政课堂教学对思想政治教育的重要性。作为高校思想政治教育的主渠道，要在"课程思政"中发挥主导作用。一是加强高校思想政治理论课教学的理论与实践研究，及时深化推进习近平总书记重要讲话精神进教材、进课堂、进学生头脑，提高学生对中国特色社会主义事业的理论认同、政治认同、情感认同，引导学生真学、真信、真懂、真用；二是解决好"谁来教""教什么""如何教""如何考"等问题，让思政理论课"有意思""有韵味""有温度"，做到入眼、入耳、入脑、入心，让学生听得懂、喜欢听，不断增强"主渠道"课堂的理论魅力；三是提升思政教师的积极性、主动性和创造性，不断改进教学方式方法，推进科研创新，为高校思政课堂注入新的生命力与活力。

2. 建立协同育人工作理念

整合多方育人资源，发挥各方育人力量。在高校思政课教学中，显性教育与

---

① 习近平. 思政课是落实立德树人根本任务的关键课程 [J]. 新长征（党建版），2021（3）：4-13.

隐性教育应该相互依存、相互补充，共同构成思政课教学的完整体系。思政课堂显性教育在思政课中发挥着主导作用，承担着对大学生进行系统的马克思主义理论教育的主要任务，与其他课堂隐性教育相得益彰、互为补充。建立思政课堂显性教育与其他课堂隐性教育协同育人机制：一是坚持"立德树人"，把培育和践行社会主义核心价值观融入教书育人全过程，将学科资源、学术资源转化为育人资源，实现知识传授、价值引领和能力培养的有机统一，推进核心价值观进教材、进课堂、进头脑；二是充分发挥思想政治理论课在价值引领中的核心地位，理直气壮地讲好中国故事、讲中国好故事，激励学生自觉把个人的理想追求融入国家和民族的事业中，勇做走在时代前列的奋进者、开拓者；三是充分挖掘专业课育人功能，发掘专业课与思政课的切合点和闪光点，通过专业课有效"嫁接"思政教育发挥育人功能，强化对学生的品格教育和人格的历练提升；四是使各类通识课程与思想政治理论课同向同行，注重对学生传统文化精神与人文素质的培养，在通识课程中融入思政元素，挖掘和充实通识课程的思政教育资源。

3. 打造协同育人工作主体

思政课程与其他课程融合，达到协同育人的目标，关键在教师。多元主体共同参与，改变了思政理论课、通识课程和专业课程之间"各自为政"的情况。促进高校课程体系"同向同行、协同育人"：一是强化高校教师的政治意识，使每位教师"守好一段渠、种好责任田"，所有高校、所有教师、所有课程都承担好德育责任；二是强化高校教师的协同意识，思政课教师与其他课教师联动融合，挖掘通识课程与专业课程中的思政元素，不断拓展思想政治教育的新空间、新载体；三是强化高校教师的大局意识，把思想价值引领贯穿教育教学全过程和各环节，形成教书育人、科研育人、实践育人、管理育人、服务育人、环境育人、媒体育人等长效机制，实现全员育人、全程育人、全方位育人，提升高校思想政治工作的合力。

总之，坚持协同育人的工作理念，发挥思政理论课主渠道作用，整合多方育人资源，发挥各方育人力量，促进多元主体共同参与，打造协同育人工作主体，推动各类课程与思政理论课同向同行，形成协同效应。

二、从"思政课程"到"课程思政"的融媒作为

从"思政课程"到"课程思政",从谋篇布局到下棋落子,预示着高校思想政治教育正从"小思政"走向"大思政"的全新格局。融媒时代,如何实现从"思政课程"到"课程思政"的转化,如何使"思政课程"和"课程思政"有机融合,如何体现从"思政课程"到"课程思政"的融媒作为,成为高校思想政治教育工作的一项重要课题。

(一)从"思政课程"到"课程思政"的理念转化

1. 发挥课堂主阵地的协同育人功能

课堂是学生成长的主渠道、教师育人的主阵地。高校要充分发挥课堂育人的主渠道作用,努力实现从"思政课程"到"课程思政"的转化。无论是思想政治理论课,还是包括专业课、通识课在内的各类课程,同属于高校教育教学过程的课程体系,都是课程体系的重要组成部分,既相互区别又相互联系、互为补充。前者是关于思想政治教育、道德素质教育方面的教育,落实立德树人根本任务的关键课程;后者是专业技术知识方面的教学与实践,课程的内容和重点不同,但是最终目标都是相同的,即培养具有较高政治素质和较强专业能力的社会主义建设人才。思想政治工作不仅是思想政治理论课的任务,其他各类课程也身兼这一重任。思想政治理论课与各类课程同向同行、相互兼顾,才能真正实现培养德才兼备的社会主义建设人才这一目标。

2. 实现显性教育与隐性教育相融通

"思政课程"与"课程思政"的核心内涵都是立德树人,两者都是高校思想政治工作的重要内容,其目标是相通的,都是有目的、有计划地使受教育者形成符合一定社会要求的思想品德的社会实践活动,但侧重点又有所不同。"思政课程"是思想政治教育的显性灌输,而"课程思政"则是思想政治教育的隐性渗透,两者呈现的方式不同。"课程思政"强调将思想政治教育通过渗透等方式进行开展,把做人做事的道理、社会主义核心价值观的要求、实现民族复兴的理想和责任融入"课程思政"中的课程,以实现立德树人的根本任务,突破了以前只

教书不育人的藩篱。如何将大学思想政治课程转变为大学课程的思想政治教育，实现思政课堂显性教育与其他课堂隐性教育的协同育人，打造思政课教师与其他任课教师全员、全程、全方位的协同育人共同体，是一种任重而道远的转化。

3. 充分挖掘各类课程的育人资源

"课程思政是以课程为载体，充分挖掘各类课程自身的德育因素和资源，遵循课程教育教学规律对其加以开发运用的社会实践活动。"[1] 挖掘课程中的思想政治教育资源是回归课程内在价值诉求的题中之义，是实现人的全面发展的内在要求，也是实现立德树人根本任务的客观必然。[2] 高校各类课程中都包含着丰富的德育资源，专业课中的很多概念和理论都蕴含着深刻的人生哲理，这些人生哲理能让学生加深对抽象理论知识的理解，同时也能让学生对自己的人生多一些思考。在课程思政的改革中，要善于发掘高校各类课程的育人资源，立足学科优势深入挖掘各类课程蕴含的思政资源，以及与之相关的思政教育元素。但挖掘什么资源、如何挖掘资源、如何激发资源的思想政治教育效力，以及如何更好地发挥各类课程的育人功能，还需要在实践中不断丰富和发展。

从"思政课程"到"课程思政"的转化，是高校"立德树人"的根本要求，是思想政治工作实践发展的历史必然，实现各门课程都有育人责任、各门课程都承担德育的功能，实现"思政课程"与"课程思政"同向同行、协同育人，推进全员育人、全程育人、全方位育人的"大思政"格局。

（二）从"思政课程"到"课程思政"的融媒困境

1. 融媒的工具理性与思政价值理性之间的矛盾

从融媒的工具理性方面来看，无论是传统媒体，还是以微博、微信为代表的新兴媒体，都遵循工具理性的逻辑，价值取向是多元的，唯一的目标就是提升用户体验，增加用户黏性，实现利润的最大化。而无论是"思政课程"还是"课

---

①卢黎歌. 课程思政中思想政治教育资源挖掘的三重逻辑 [J]. 国内高等教育教学研究动态，2020（15）：11.

②李春根，仇泽国. 高校课程思政元素的挖掘与育人功能 ——以《社会保障学》为例 [J]. 中共南昌市委党校学报，2021（1）：52-55.

程思政"，都应遵循价值理性的逻辑，强调的是价值引领而不是迎合学生，这个鸿沟需要从工具理性到价值理性的架构。

2. 人对融媒的依赖与人和人之间依赖的矛盾

从融媒时代的交往理性方面来看，人对媒体的依赖取代了人与人之间的依赖。虽然教学媒体在物理空间上拉近了人与人之间的距离，但缺乏情感的人机沟通与交流，使人与人之间的心理距离越来越远。线上教育的弊端，还需要线下教育加以弥补。不能用线上课堂取代传统第一课堂，也不能把课程所授的内容简单"迁移"至融媒。

3. 学生对价值引导的向往与媒介素养供给侧之间的矛盾

从融媒时代供给侧方面来看，从"思政课程"到"课程思政"的教学形式、教学内容，媒介信息的数量、质量，教学主体的媒介素养，以及对新媒体的认知和运用熟练程度，都远低于学生的需求，滞后于学生对网络思政价值引领的期待，需要加强教师的媒介素养、媒体使用能力培训等。

(三) 从"思政课程"至"课程思政"的路径探讨

1. 寻求思政育人与融媒技术的平衡点

教育技术的价值并不存在于"教育"与"技术"之中，而在于"教育"与"技术"的深度融合。融媒技术的工具价值，仅仅是人实现自我的阶梯或途径，对外在束缚的超越以及个体精神自由的实现，才是人运用融媒技术的终极诉求。"以人为本"是由思政育人的本质所决定的，是"教育"与"技术"融合的必然追求。遵循教育发展的规律性，正确处理好"教育"与"技术"之间的关系，既要充分运用好"融媒技术"的工具价值，又要走出工具理性的偏执束缚，做到"是"与"应当"的统一，"怎样做"与"应当做"的统一，"真"的法则、"利"的法则与"善"的法则的统一，使教育与技术达到深度融合，注重由浅入深，由知到行，由知识掌握到情感、态度、价值观的培育，实现教育技术工具理性与价值理性的平衡。

2. 寻求课程育人与媒体融合的契合点

媒体融合为"思政课程"与"课程思政"提供了生成的肥沃土壤。媒体融合在本质上是对传统媒体和新兴媒体的"扬弃"，而非替代关系。在媒体融合环境下，传统媒体在保留其权威性与准确性的同时，也具有了新媒体非线性的特点，从单向"通知式"的信息传播转变为更加注重与受教育者之间的互动式传播，有利于传统媒体在"接地气"的方向上不断优化升级。要利用好课堂育人这个主渠道，寻求将媒体融合应用于高校思想政治教育工作的契合点。融媒时代，单纯采用线下教学的育人模式已经远远不能满足时代要求和学生发展的需求。从"思政课程"到"课程思政"，都要紧紧抓住融媒思维，借助传统媒体和新兴媒体的优势互补，提高传统媒体和新兴媒体的育人功效。利用新媒体载体平台充分融合教育资源，将思想价值通过融媒思维传播与展现，合理搭建线上线下互动平台，促进传统媒体与新兴媒体融合，促进线上教育与线下教育融合。

3. 寻求教学内容与教学方法的生长点

融媒时代对思政育人提出了更高的要求，只有不断丰富教学内容，改进和创新教学方法，用喜闻乐见的方法和手段牢牢抓住学生，才能不断提升思政育人的成效，展现"思政课程"与"课程思政"的魅力。一是加强思政课程的改革创新，使之符合新时期思政课"配方"先进、"工艺"精湛、"包装"时尚的基本要求，提高学生的到课率、抬头率和点头率，使思政课成为学生真心喜爱、终身受益、毕生难忘的优秀课程；二是挖掘专业知识与思政教育的结合点，将思政理论、社会热点、鲜活案例与专业教学内容有机地结合起来，把"高大上"的理论和"接地气"的现实结合起来，把社会热点、学科前沿、最新鲜的知识和案例带进课堂，牢牢抓住学生的眼球，保证课程思政常讲常新、常抓常新；三是不断探索新颖独特的教学方法，例如，项目驱动法、案例教学法、创新实践法，增加实践教学的内容与环节，为学生打造更多层次的实践平台；四是积极利用 AR（增强现实）、VR（虚拟现实）等新媒体新技术的生长点，增强学生的现场互动体验，提高教学内容的表现力，调动学生的参与积极性[1]，提升课堂教学的吸引力和感染力。

---

① 王红霞，陈圣磊."三全育人"视域下电子商务专业课程思政建设的实践与探索——以"电子商务项目策划与管理"为例 [J]. 黑龙江教育（理论与实践），2021（2）：11-12.

4. 寻求教育主客体媒介素养的交界点

融媒时代，单纯的人媒互动过渡到了人、媒介和社会的互动，教育主客体之间的关系和地位发生了深刻变化。借助新媒体，教育主客体可以进行自由平等双向的交流互动，双方处于较为平等的地位，共建共享新媒体教育资源。构建和谐的高校媒介生态系统：一是推动媒介素养教育与思想政治教育教学活动全面融合，加强教师的媒介素养培训，提高教师的媒介素养教育水平；二是科学建构媒介素养教育体系，根据不同年龄段学生的特点，设置合理的媒介素养教育目标，丰富媒介素养教育形式，借助新媒体正确引导学生的思想观念、政治观点、心理意识及价值选择；三是提升教师使用新媒体的能力，熟练掌握校园网、手机新媒体、微媒体等相关技术，能够结合学生思维特点、性格特征及思想政治教育内容等因素，机动灵活地选取新媒体工具及平台开展思想政治教育；四是充分利用新媒体技术优势，将媒介素养教育向"第二课堂"渗透，积极策划和开展趣味性、参与性较高的校园文化活动，通过"线上"与"线下"的配合，增强活动载体的"温度"和"黏性"，努力营造良好的校园新媒体教育环境。

三、融媒时代的课堂教学变革

融媒时代，高校思想政治教育面临的环境发生了前所未有的变化。知识灌输和社会舆论的制约力量逐渐失去了原有的优势，教育主体的权威地位日益弱化，思政教育的手段变得日益多元，微课、慕课、翻转课堂、雨课堂、混合式教学等课堂教学模式应运而生，在对传统教学模式造成冲击和挑战的同时，也给大学教育改革带来了新的发展契机。如何将课堂教学的内容结合起来，调动学生的学习积极性，如何将课堂教学从以教为重点转向以学为重点，提升高校思政育人的课堂教学效果，已成为高校思政改革创新实践必须面对和解决的问题。

（一）融媒时代催生新的课堂教学

1. 微课

微课是以教学视频作为载体和依托而实现教学目标的一种教学方法，是综合运用摄录、信息、软件、图像编辑等技术，将教学内容碎片化、微型化、结构化、体系化的视频课堂。教学视频是微课的核心内容。微课是对内容的提炼，是对某一知识点或教学中某一环节的集中体现和反映，在有限的时间内针对一个知识点进行详细讲解，具有短小、精湛的特点，从而有效提高学生的学习效率。微课是教与学的有机结合，也是对多种教学资源的有机结合利用。微课视频的播放模式有单播和互动两种。在互动模式下，教师要增强与学生的互动，随时解答学生的疑问，在互动与交流的过程中引导学生积极进行思考。目前，微课教学中大多应用互动模式。

2. 慕课

慕课，即"大规模在线开放课程"，体现了现代信息技术与教育的深度融合，是新时代教育教学改革的有效途径之一。微视频平台是保证慕课教学得以实施的必要条件，是开展慕课教学的必要硬件基础。借助融媒平台，慕课通过高质量的短视频教学，将传统的课堂教学转移到虚拟的网络空间，适应不同思想层次学生成长的需求，具有传统课堂教学所不具备的"开放""大规模""在线"等优势，极大地拓宽了传统教学内容的疆域。适应高校教学改革创新的时代要求，慕课越来越多地被引入"思政课程"和"课程思政"改革的阵地，既发挥教师在教育教学中的主导作用，又满足学生对个性化、自主性学习的渴求。然而，视频制作内容的更新和制作效果是否精良，学生上课是否用心、专注，慕课是否流于同质化和形式化等，都影响着教学改革创新的效果。基于慕课的线上线下混合式教学是建设"金课"的重要手段。

3. 翻转课堂

翻转课堂，又叫颠倒课堂，是将学习的决定权从教师转移到学生，课堂教学的主客体借助新的媒体形态进行翻转。课前，学生利用微课或慕课进行初步的学习，对教学过程中的知识重点和难点形成初步认识及理解。学生可以通过观看视频、听播客、阅读电子书、查阅资料等方式完成自主学习，学习方式更加灵活、主动，学生的参与度更高。教师可以鼓励学生从教育的客体转化为主体，独立思考，自己提出对策。翻转课堂与慕课、微课并不是割裂的，三者之间有着密不可分的联系。教师应结合教学要求以及教学的实际情况，合理应用微课、慕课和翻转课堂，激发学生的思维逻辑，引导学生独立思考，使其在思考过程中探索更深层次的知识领域，这对拓宽学生的思维视野，提高其思维逻辑能力，优化教学效果，具有积极的推动作用。

4. 雨课堂

"雨课堂"是一款智慧教学工具，由学堂在线与清华大学在线教育办公室共同研发。雨课堂借助 PowerPoint 和微信，将智能手机应用于传统的课堂教学中，使线上网络学习和线下课堂教学紧密融合。雨课堂涵盖了课前、课上、课后每一个环节，课前课后的"线上"与课上的"线下"贯穿全程，为师生提供了全新的交互体验。教师可以通过"雨课堂"，将学习资源或习题推送到学生的手机终端，可以开启弹幕、投稿、随机点名、发放课堂红包，支持附件作答、拍照上传、语音回复等功能，具有操作便捷、功能多样、互动即时、评价多样等优势和特点。课程学习的主体是学生，教师是课程学习的设计者及学习过程的引导者。因此，雨课堂对教师的教学设计提出了更高的要求，只有充分了解学生的喜好和特点，以学生更容易接受的方式来传授知识，才能不断提升雨课堂的教学效果。

5. 混合式教学

在线教育资源与信息技术革命促进了课堂教学的改革创新。"混合式教学"是将在线教学和传统教学的优势结合起来的一种"线上+线下"的教学方式，不是单纯的各种学习要素的叠加，而是要充分发挥"线上"和"线下"两种教学的优势。混合式教学通过选择适当的时间、采用适当的媒体技术、提供与适当的学习环境相契合的资源和活动，让适当的学生形成适当的能力，从而取得最优化教学效果的教学方式。混合式教学是对传统教学模式的一种扬弃，避免了传统教学中教师灌输为主，学生学习参与度不高、互动性不强，学习效果较低等问题，弥补了慕课教学存在的零散化、缺乏系统性和表面化的不足。通过教学优势的有机结合，实现线上线下教学内容和流程的无缝对接和融合，做到"真正以学生为中心"。在现代信息技术与教育教学创新求变的今天，混合式教学越来越受到高校的青睐，推动高等教育的内涵式发展。

(二) 探索智慧课堂混合式教学

随着融媒时代的发展，智慧校园环境得以建设、智慧教学平台得以开发、智慧教学工具得以应用，为智慧课堂混合式教学的开展带来了契机。现代信息技术与教育教学深度融合，推进教育理念、教学内容和教育教学模式与方法的深刻变革，推进高校思想政治教育的课堂革命。在慕课、雨课堂、混合式教学等教学模式的基础上，不断创新适应融媒时代需求的新的教学模式，积极探索智慧课堂混合式教学模式。善于运用现代信息技术提升智慧课堂，促进高校思政课的教学改革，提升课堂教学的灵活性、科学性、有效性。科学地理解课堂、灵活地组织课堂、生动地激活课堂、熟练地运用课堂，让课堂真正活起来。

1. 大力建设线上课程资源

加大投入努力建设线上课程资源，为智慧课堂混合式教学提供资源保障。线上课程资源主要包括微课群、课件库、学习任务库、拓展资源库、习题库、案例库等。为学生课前线上学习新知识提供学习资源，汇总课上驱动知识内化的学习活动，明确课上知识内化的任务要求，为课后知识巩固、拓展和迁移提供资源支持。一是梳理内容模块、重点难点，建立各门课程的微课群；二是制作各教学内容模块的教学课件，整合形成课件资源库；三是以学习情境设计为基础，制定学案，形成学生学习任务库；四是收集整理各教学内容板块的练习库；五是依据课程内容模块最新案例建成教学案例库；六是课程资源建设完毕，将其上传至智慧教学平台及移动手机端，达到优质资源全覆盖，为混合式教学的开展做好充分的准备。

2. 及时升级智慧教学环境

建立与混合式教学相匹配的智慧教学环境，为智慧课堂混合式教学提供环境保障。一是提供"全时段、全覆盖、全类型"的校园互联网，以满足学生随时随地、个性化的学习需求；二是打造集即时反馈系统、实时录播系统等于一体的智慧教室，以适应互动式、智能化、开放型、多样性的课堂需求；三是充分利用传感技术、人工智能技术、网络技术、富媒技术，创设网络化、数字化、智能化、个性化学习环境，实现线上线下一体化、课内课外一体化、虚拟现实一体化的全场景教学智能应用；四是创设学生自主使用智能设备的智慧课堂环境，加强引导和疏通，真正实现"干预式"教学。

3. 加快培养智慧教学师资

加快智慧教学师资能力和素养提升，为智慧课堂混合式教学提供师资保障。

一是培养教师除了具备扎实的学科知识和教学法知识外，还要具备一定的信息技术能力，整合技术、内容和教学法应用于混合式教学的能力，线上与线下教学之间自由切换的能力；二是组织一周一优课、优质课、公开课、互联网名师课、青年教师基本功比赛等评选活动，组织实施常态化教学教研活动；三是加强教师智慧课堂基础应用培训、智慧教育创新应用培训、骨干教师教研培训等，培养教研团队信息化指导能力、教师信息技术应用能力，促进课堂学习模式创新和效能提升。

4. 合理重构智慧教学环节

加快全程育人步伐，完善课前、课上和课后三个阶段的教学设计，为智慧课堂混合式教学提供教学保障。一是课前，教师利用智慧教学平台布置学习任务，让学生可以有目的、带任务地进行体验式学习，通过知识点的检测，了解学生对基本概念的掌握情况，通过大数据分析技术，快速、实时地了解学生的预习情况并做出适当调整[①]；二是课上，学生进行小组"自主—探究—合作"学习，教师对学习进行点拨提升、情境分析、答疑解惑，提升"翻转课堂"实效；三是课后，学生通过智慧课堂平台交流，在线完成团队项目作业，教师也可以通过平台导出的大数据精准分析教学效果，为下一步的优化教学设计提供参考，根据学生的反馈信息对教学内容进行灵活调整并保持整体平衡，释放教师更高的教学能量、激发学生更强的学习热情。

5. 不断改进考核评价机制

建立更加科学、高效、多元的教学评价系统，为智慧课堂混合式教学提供制度保障：一是采取开放式多元考核方式，增加过程性考核、实践性考核的比例和次数，根据学生课上课下参与情况、任务完成度、作业完成情况、平台活跃度等进行综合评价；二是增加"项目体验式"学生学习小组互打分数，丰富考核的内容，调动学生的课堂积极性；三是专家评教、教师评教、学生评教相结合，评教数据多维度呈现，学生也可以对教师的授课全过程进行评价，这种双向进行的教学互动能有效地加强师生沟通，督促教师进行及时改进，反馈教师的成败得失，

[①] 刘颖，蒋拓，王兆丹. 基于移动端的智慧课堂混合式教学模式的研究与实践 [J]. 课程教育研究，2019（16）：36.

提高高校教育教学水平；四是利用辅助教学工具来实时采集、分析新的教学场景，重构教学环节，调整教学进度，整合教学内容，及时完善教学评价。

总之，融媒促进思政课协同育人成效，发挥课堂的育人主渠道作用，做到"真正以学生为中心"，推动"课程思政"与"思政课程"融合、传统媒体与新兴媒体融合、线上教育与线下教育融合，催生融媒时代的课堂教学变革，积极探索智慧课堂混合式教学，发挥课程育人载体的功能。

第三节　融媒时代的思政实践

一、实践性教学改革

深入推进思想政治理论课实践性教学改革，是坚持马克思主义实践观，适应社会经济发展需求，培养造就具有高度社会责任感、创新精神和实践能力的高素质应用型人才的根本要求。加快推进实践性教学改革的步伐，搭建实践育人的平台系统，构建实践育人共同体，从而推动全员育人、全程育人、全方位育人落到实效。

（一）实践性教学改革的必然性

1. 实践性教学改革是马克思主义的本质要求

对实践教学的理解离不开马克思主义实践观的指导。马克思主义哲学科学地阐述了实践的本质和意义，指出实践是人们改造客观世界的物质活动。实践总是受到一定历史条件的制约，随历史条件的变化而变化。人作为实践活动的主体，能够有意识、有目的地从事改造世界的活动。马克思主义实践的观点是实践育人的基石。马克思主义理论的内在要求是与实践相结合、在实践中发展理论，这就要求必须加强实践性教学，坚持理论与实践相统一的原则，并在实践中不断变革和发展。

2. 实践性教学是新时期教育发展的现实需要

随着我国经济社会的快速发展，人们的生活方式、思维方式以及价值取向发生了深刻变化，在实践中丰富和发展实践性教学是时代发展的必然要求。我们党和国家历来高度重视实践育人工作。2004 年，中共中央、国务院在《关于进一步加强和改进大学生思想政治教育的意见》中指出："社会实践是大学生思想政治教育的重要环节，要建立大学生社会实践保障体系，探索实践育人的长效机制。"2012 年，教育部等部门在《关于进一步加强高校实践育人工作的若干意见》中指出："进一步加强高校实践育人工作，是全面落实党的教育方针，把社会主义核心价值体系贯穿于国民教育全过程，深入实施素质教育，大力提高高等教育质量的必然要求。"坚持理论学习、创新思维与社会实践相统一，是大学生成长成才的必由之路。

当前，高校对实践性教学理念和重要性的认识不断深入，将实践性教学作为学生直接接触社会、接触实际问题、理论联系实际的重要教学环节。通过一系列实践性教学活动的方式有意识、有目的地感受客观世界，并且学以致用、能动地改造世界的教学活动，有利于大学生深化对高校思想政治理论的理解和把握，提高当代大学生的综合素养和创新能力，形成良好的思想政治素质，在实践中不断增强服务国家、服务人民的社会责任感，运用马克思主义基本理论去发现、分析、解决社会问题。

但与此同时，高校思政教育的实践性教学改革并未取得实质性进展，依然是高校思想政治教育的薄弱环节，还存在实践育人片面化、功利化，组织过程简单化、形式化，各部门彼此割裂，实践育人机制不健全，第一课堂与第二课堂衔接不畅的情况，缺乏整体的思考和布局，缺乏相互融通，形不成育人合力，迫切需要加快改革创新的步伐。

（二）实践性教学改革的途径

1. 构建实践性教学的新体系

以立德树人为根本，积极推进思想政治教育实践性教学改革，积极构建实践性教学新体系，奠定坚实可靠的依据和基础。解决课堂教学"重知识、轻能力""重理论、轻实践"的问题，多维度地开展实践性教学改革，打造有一定特色的高校实践育人体系。

注重观念革新，加强顶层设计。立足于服务社会、为区域经济发展培养高素质应用人才的目标，加强实践性教学的顶层设计，推动"党委统筹部署、政府扎实推动、社会广泛参与、高校着力实施"，形成实践育人统筹推进的工作格局。正确认识实践性教学的重要地位，规范实践性教学的基本流程，优化实践性教学的课程标准和教学大纲，提供促进实践性教学长远发展的统一实践体系。从培养方案上落实实践性教学的具体要求，结合专业发展需要和人才培养标准，科学制订实践性教学课程方案和标准，提高实践性教学实效。

丰富实践内容，创新实践形式。保证实践性教学的规范化以及合理化运作，提升实践性教学的质量及水平。在教学内容和体系方面分多个层次来设计，理论教学与实践性教学相互补充、相互渗透，实践性教学相关课程相互渗透，发挥课程体系的整体功能优势。分类制定实践性教学标准，加大实践性教学比重。注重第二课堂活动的整合，推进学生社会实践项目的科学、合理的设置。做好前期实践项目引导，强化前期引导、线下执行及后期评价，不断完善社会实践类型和形式。① 加强对实践性教学及管理的研究，研究学生实践性学习的规律，根据教学内容选择不同的教学方法。

注重实践元素的导入，整合实践资源。以多样化的实践活动丰富课堂教学内容，促进相关课程实践资源的整合。充分考虑学生的水平差异和个性需求，有针对性地设计组织实践性活动方案，突出不同实践对象的特点。教师在设计实践活动时可以采用不同的教学媒介，充分利用以网络为代表的教学媒体实施更为全面科学的授课。根据学生喜好选择实践资源，分类开展社会实践活动。进一步夯实学生、教师与实践基地、教育基地的联系，增强实践性教学的实效性。

2. 培育实践性教学新模式

高校思想政治理论课实践性教学模式所涉及的内容以及环节相对复杂，鼓励学生主动参与，突破简单的调查及观察，吸引学生的注意力和兴趣，更好地实现教学资源的优化配置及利用。以平台拓展为契机，以整合资源为抓手，打破"单兵作战"传统，探索需求多向化、服务综合化的实践育人模式。② 坚持课上探究

---

① 刘波，毛浩生，陈涛. 高校实践育人体系构建路径研究 [J]. 长江技术经济，2020（A1）：132-133，220.

② 张琛. 实践育人共同体建设视域下的"多位一体"人才培养创新模式构建 [J]. 才智，2019（35）：42-43.

与课下实践相结合、集中实践与自主实践相结合、学习实践与生活实践相结合、探索实践与理论相结合的一体化教学模式，建立实践性教学的长效机制，促进实践性教学全面、深入、可持续发展。

探索丰富多元的实践性教学方式。突出自主实践，提倡自主学习、探索学习和协同学习方式，强调学生在实践性教学中的主体地位。突出情境实践，在教学实施环境中突出直观性、体验性和实践性。实践性教学中讲理论，理论结合实践，以实践性教学为主线，穿插理论教学内容，同时完成基本概念知识的讲解。改变教师单向灌输的教学方式，让学生由被动地接受知识转变为主动地探究知识，变学生"被动参与"为"主动体验"，打开学生的视野。对教学模式进行创新，将感悟式实践性教学模式、体验式实践性教学模式以及问题研讨式实践性教学模式相结合。尤其要注意设计体验式活动，通过直接体验和间接体验，激发学生的参与兴趣，发挥主观能动性，增强求知欲望、创新意识和实践能力。

推进实践育人项目化建设。充分考虑地方经济文化发展和高校学生专业特点，设置可以充分发挥各自优势和可持续发展的项目。明确实践育人主体的责任分工、协调机制、保障机制和激励机制。加强课外实践的组织管理，积极探索校外合作模式，构建全方位的实践性教学评价管理体系，加强校外实践活动的管理。结合学校实际，通过专业课实践教学、第二课堂社会实践活动、创新创业教育、志愿服务、军事训练等载体，构建协同机制。采取多样化的组织模式开展思想政治教育实践活动，包括志愿者服务工作、社会考察活动、博览参观活动等，以适应多种教学理论实践的需要。分类组建一批实践性教学合作团队，在理论上引导学生，在形式上吸引学生，在效果上解决问题，进一步贴近实际、贴近生活、贴近学生，提高实践性教学的针对性和实效性。

推进实践性教学信息化建设。积极探索融媒时代的实践性教学模式，推广和延伸实践育人的空间和时间维度。尝试开发实践育人共同体 App 或专题网站，组织项目申报、成果展示、经验推广，推进第二课堂成绩单网络平台系统建设工作等，不断凝练实践育人共同体的活动特色。突出网络虚拟实践，通过信息技术和各种学习资源主动构建知识。"传统课堂教学"与"MOOC 教学"优势互补，融合"线上+线下"混合式教学实践，构建移动式学习环境，大力推行智慧教学，为实践性教学的变革发挥重要的支撑作用。

3. 打造实践性教学的评估体系

建立一套操作性强而又科学合理的实践性教学评估体系，既是验证实践性教学模式有效性的重要环节，也是实践性教学效果评价与监督的重要方式。通过对实践性教学进行科学评估，发现并纠正实施过程中存在的问题，不断提升和加强实践性教学的管理和实施，才能将实践性教学引入制度化和规范化的轨道，保障实践性教学模式的良好运行。

（1）注重评价方式的多样化。坚持过程评价和效果评价相统一，坚持主观评价和客观评价相统一，坚持校内评价和校外评价相统一，"以学生为中心，以课题为导向，协作学习、共同评价"，打造与之相匹配的实践性教学评估体系。

（2）注重评价主体的多元化。包括对教师实践性教学的评价、对学生实践性学习的评价、对学院部门的管理评价、对合作单位的评价等，既要对各部门、各院校和学生的工作进行评价，也要对各参与主体的工作及成效进行客观评价。

（3）注重评估指标的个性化。强调评价的民主化和人性化的发展，重视被评价者的主体性与评价对个体发展的建构作用。重视知识以外的综合素质的发展，尤其是创新、探究、合作与实践等能力的发展，以适应人才发展多样化的需求，既坚持综合全面评估，又体现评估指标个性化。评估手段主要包括问卷调查法、完全调查法、抽样调查法、座谈法、个别访问式等。

（4）注重评价标准的科学化。制定规范的考核标准，对同类的评价对象必须用同一标准，评价标准、指标、分值要合理。在短时期内，对同类评价对象的评价应该保持一致。增加开放式考核、分项考核、过程考核等考核方式，将定性分析和定量分析结合起来，将动态分析和静态分析结合起来，将终结性评价和形成性评价结合起来。

（5）注重评价手段的数字化。推进实践性教学的全过程引导评价，利用线上数据平台全程参与，有效地实现过程管控和结果评价的统一。结合学生参与实践性教学平台的数据，进行科学、合理的判断，将评教方式、比较内容以及评价程序结合起来，通过综合能力、团队精神以及品德修养等综合考察，对学生的实践态度以及实践过程进行深入分析并做出综合评估。

4. 打造实践育人共同体

本着"优势互补、资源共享、互惠双赢、共同发展"的原则，整合多方育人资源，打造实践育人共同体。积极推进校内合作、校企合作、校地合作，打造多种形式的实践育人共同体，形成各负其责、各尽其责、密切配合的实践育人新局面，发挥育人资源的集聚效应，形成实践育人的合力，推动全员育人、全程育人、全方位育人。建设不同类型、不同层面的实践育人共同体。从起主导作用的方面来分，建设一批高校主导型、政府主导型、行业主导型、社区主导型实践育人共同体，发挥不同层面实践育人共同体的特点，形成优势互补；从合作的项目类别来分，建设一批创新创业类、文化传承类、志愿服务类等实践育人共同体，发挥不同性质实践活动的育人功能，形成载体合力。

（1）打造"创新创业类实践育人共同体"。整合实践资源，拓展实践平台，建立多种形式的社会实践、创业实习基地，为不同专业类型学生参与社会实践提供岗位和机会。依托地方就业创业基地的载体优势，开展实习就业实践、创新创业教育合作，切实提高学生职业素养和就业能力。探索建立"企业制学院"、订单式培养等创新校企深度融合的实践育人模式。例如，通过校企共建"交叉学科云平台实验室""人工智能与未来媒体实验室""VR 创作实验室"等平台，充分体现实践教学的"技术导向"和"实践价值"。

（2）打造"文化传承类实践育人共同体"。依托本地各类文化资源，深化校地、校企合作。与校外红色文化育人基地合作，建设线上教育平台，打造集预约、参观、讲解、体验和互动为一体的立体化爱国主义网络教育平台。例如，通过历史场景体验和实地调研相结合，体验"行走中的读书会""实践中的理论课堂"；邀请校外专家到校进行宣讲，开展"先进典型进校园"主题活动，用先进人物和榜样典型引导学生。

（3）打造"志愿服务类实践育人共同体"。拓展公益服务平台，引导学生参与公益活动、积极服务社会。以项目合作为抓手，与政府及社会力量合作共建志愿服务基地，不断丰富基地类型，促进育人成效的进一步凸显。积极开展"三下乡"实践活动，引导学生关注社会、关心民生，加强学生对社会主义核心价值观的认知认同。

深化实践性教学改革，不断适应新时期新要求，在实践育人共同体建设基础上不断创新方式方法，完善体制机制，全员参与和全程考核，提高实践育人工作水平，全面落实全员、全过程、全方位育人的要求，形成具有时代特色、符合学生需求的实践育人新格局。

二、学生社团建设

教育部、共青团中央 2005 年出台的《关于加强和改进大学生社团工作的意见》指出："高校学生社团活动是实施素质教育的重要途径和有效方式，在加强校园文化建设、提高学生综合素质、引导学生适应社会、促进学生成才就业等方面发挥着重要作用，是新形势下有效凝聚学生、开展思想政治教育的重要组织动员方式，是以班级年级为主开展学生思想政治教育的重要补充。"

学生社团是高校校园里一支活跃的队伍，作为课外实践主阵地，在高校思想政治教育中发挥着重要的作用。学生社团活动是高校活动育人的有效载体，是一种无形的教育资源。在融媒时代"大思政"育人格局下，发挥高校学生社团在学生群体内部的创造性和影响力，通过开展丰富多彩的创业文化建设活动，能够有效补齐思想政治理论课的实践"短板"，从不同维度将理论小课堂同实践大课堂结合起来，形成互促互进的效果，推动"大思政"育人工作实效。

高校学生社团一般是指大学生基于自身的爱好、兴趣、信念和特长等，在学校指导下自愿组建、自主开展活动的学生组织，是高校中影响范围最广、参与人数最多的学生组织。学生社团的非营利性和非正式性使得学生有了更为宽广和自由的展示舞台和空间。学生能够在学生社团中更好地发挥他们的专业特长、兴趣爱好，发挥学生社团的自组织功能，提升学生的组织、交往、沟通、协调等全方位能力，帮助大学生提升综合能力和素养。

（一）学生社团的类型

按照社团活动内容和性质区分，学生社团可以分为以下四种类型：

1. 思想政治类社团。思想政治类社团一般由相同理想、信仰和志趣的大学生共同组成，具有较强的思想教育性和较高的政治导向性。通过融入与渗透科学的世界观、价值观、人生观及爱国主义、集体主义教育的内涵，成为思想政治教育的重要载体，为高校思想政治教育提供了一条有效的途径，比如青年马克思主义研习社等。

2. 学术科技类社团。学术科技类社团是与专业兴趣相关，理论和实践并存的专业学习型社团，社团的成立与专业学习和专业技能领域联系紧密，是直接服务专业成长的，比如金融协会、科学技术协会、模具协会等。

3. 文体艺术类社团。文体艺术类社团主要是开展多种多样的文化、体育和艺术等方面活动的学生社团。这种类型的社团最受广大学生的关注和喜爱，具有很强的凝聚作用，比如舞蹈协会、足球协会、美术协会等。

4. 公益服务类社团。公益服务类社团以服务社会为主要目的，鼓励大学生参与各类实践和公益服务，提升大学生的社会责任意识，比如大学生志愿者协会、爱心支教社团等。

（二）学生社团的特性

融媒时代，学生社团组织的特性更加明显，具体说来包含以下三点：

1. 传播层级较少，活动参与率高

相对于正式组织金字塔式的、具有等级关系和严格传播内容的传播模式来说，大学生社团组织传播层级较少，不受严格的制度性结构压力约束，具有广泛性、平等性、自由性等特点。大学生凭借自己的兴趣爱好和特长自发、自主、自愿地加入社团，符合自身发展需求，社团成员更容易主动获取信息、积极参加活动、主动参与互动，组织黏性和凝聚力更强，活动参与率和效果也随之提高。个别社团影响力较小、凝聚力不强。

2. 社团组织松散，传播方式灵活

学生社团组织是以兴趣爱好结合在一起的松散组织，传播主体一般代表自己的立场、观点、意志进行传播与接受。主要呈双向互动式传播，信息反馈比较流畅，传播方式更为灵活。下行传播、上行传播、平行传播、组织间传播、组织成员间传播都比较频繁，不太受时间、地点和组织结构的影响。不仅能提高大学生的兴趣，提升学生的积极性，而且能够丰富学生的精神世界，提升学生的创造热情，在实践活动中锻炼和提高各方面的能力。

3. 活动内容多样，满足多元需求

社团组织通常以大学生的兴趣爱好和其他需求为主自发结合在一起，能够激发大学生的兴趣爱好和培养其他方面的技能，还起到促进大学生全面发展的作

用，和思想政治教育的总体目标相吻合。来自不同年级、不同学科、不同专业、不同性别和不同民族的社团成员，给社团带来了新鲜血液，组织丰富多彩的社团活动。以满足大学生的多元化需求。但社团信息传递随意性强，对负面消息的抵抗和消解能力不强，一旦把关不严，在特殊情境下容易导致偏激和失控。

（三）学生社团的建设

1. 科学组织社团活动，融入育人理念

深入挖掘思想政治教育的元素，确保社团活动具有更加丰富的教育内涵，使学生在参加社团活动中得到综合素质的提升。充分利用新媒体等各种载体的优势组织社团活动，通过微信群、QQ群等，更加广泛、及时地搜集意见，做好充分的调研工作，将社会主义核心价值观教育、理想信念教育、创新精神等理念，潜移默化地渗透到社团成员的思维中，促使社团活动的形式、内容受到成员的广泛欢迎。发挥社团活动在校风、学风、校园文化建设等方面的积极作用，让学生在社团活动中感受到校园文化的魅力，积极主动参与到各类校园文化活动中，从而起到引领青年、凝聚青年、服务青年的作用。

2. 加强社团活动引导，深化育人成果

加强社团科学化、规范化的管理，制定出完善的学生社团管控机制，在社团活动主题、活动过程、管理制度等方面加以规范和引导，确保既定的活动目标能够顺利完成，取得预期的活动成果。学校要创造条件为学生社团提供经费、场地、活动时间等保障，采取一系列激励措施，深化育人成果。注重培养学生社团骨干成员，提升社团活动规范化管理水平。在创新活动内容上下功夫，突出活动内容的多样性和新颖性。结合学生的特点，以活动为抓手，通过学生喜闻乐见的方式，化教育于无形，达到育人效果。

3. 及时总结活动心得，积累育人经验

掌握社团活动中凸显育人价值的相关经验、操作方法。要将创新意识融入社团建设，既要在社团活动的形式、内容上不断创新，又要在育人方式、精神内涵上不断丰富，确保所有社团成员身体得到锻炼，品德得到提升。要结合各学科课程教学内容及办学特色，充分利用课后时间组织学生开展丰富多彩的科技、文

化、体育、志愿者等社团活动，拓宽学生课后服务途径，使学生积极参与、主动参加、享受社团活动。通过"百佳社团"评比等活动，帮助学生社团相互取经、不断完善，不断推进学生社团的发展。

4. 加强校内校外联系，增强实践价值

学生社团活动的凝聚力很强、影响力很大，并且和社会建立着良好的关系。社团活动作为学校文化建设的重要内容，成为帮助学生接触社会、适应社会生活的有效手段。在组织学生社团活动过程中，有必要面向社会、服务社会，增加社会性活动实践内容。通过生动活泼、入脑入心的社团活动，让学生在参与中体验，在体验中内化，在内化中感悟，在感悟中成长。加大学生社团活动的实践力度，充分发挥社团活动的应有教育之义，从而达到活动育人的目的。

高校学生社团是人才培育的重要渠道，是加强实践育人工作的重要载体，对推动高校思想政治教育工作发挥着重要的作用。深入挖掘其实践育人的功能，通过优化社团管理制度建设，建设有特色的品牌社团活动，引发学生产生参与活动的兴趣，实现活动育人以及全面建设社团文化，创设实践活动育人的路径，推动活动育人载体形成强大合力。

第六章　大数据时代思想政治教育联动体系

第一节　大数据与大数据时代

一、大数据的概念

大数据并非在某个时间节点横空出世的概念。现如今，人类社会、生活和学习等方面之所以会发生翻天覆地的变化，这与人类对数据的长期探索与应用密不可分。数据有着十分悠久的历史，最早可追溯到远古时期，当时数据是用来对符号进行记录的，但大数据被正式提出的时间则是在近 20 年。

关于大数据的定义至今尚未达成共识。诸多机构、专业人员和学者立足于多个视角对大数据做出了界定。从整体上来看，目前，有关大数据的定义，主要包括以下五种观点：

观点一：从字面上理解，大数据中的"大"是指数据量极其庞大，大到利用现有信息技术处理数据会有相当大的难度。一组名为"互联网上一天"的数据形象地回答了大数据到底有多大的问题，它告诉人们互联网在一天中产生的所有内容能够刻满 1.68 亿张 DVD 光盘，发出的社区帖子总数量高达 200 万个，发出的邮件总数量高达 2940 亿封……①

观点二：维基百科对大数据做出如下定义：大数据指的是巨量资料，或者是将其称为海量资料，所涉及的资料量非常大，纵使是利用目前主流软件工具，也无法在一定时间内完成对资料量的撷取、管理和处理，并整理成有助于企业经营

---

①青岛英谷教育科技股份有限公司. 云计算与大数据概论［M］. 西安：西安电子科技大学出版社，2017.

决策的资讯。[①]

观点三：作为互联网行业的技术术语，大数据被定义为数据集，是指在日常运营过程中，互联网公司所产生并累计的全部用户网络行为数据，其规模之大已经无法用 G 或 T 进行衡量，起始计量单位最小应为 P（1000 个 T）、E（100 万个T）或 Z（10 亿个 T）。[②]

观点四：麦肯锡将大数据定义为规模远远大于传统数据库软件所能获取、存储、管理以及分析能力的数据集，并非超过一个特定数据量的数据才可以被称为大数据，因为信息技术的发展日新月异，与大数据标准相符的数据集规模也会随之出现一定的增长，而且在各行各业当中也会产生不同的变化，这种增长和变化往往依赖于一个特定行业中使用频率高的软件和数据集的规模。[③]

观点五：大数据指的是与 4V 或多 V 特征相符的数据集。国际数据公司对 4V所做的定义有着较强的代表性，该公司将大数据定义为符合 4V 特征的数据集，分别为价值性、多样性、规模性以及高速性。[④] 还有研究对 4V 做出如下定义：4V 指的是海量的数据规模、多样化的数据类型、不可估量的数据价值、高效的数据流动和动态的数据体系。之后，随着研究的不断深入，4V 被赋予了易变性、易失性、真实性、黏度等新的内涵。

总的来说，大数据指的是规模巨大、具有动态性和持续性的数据，即通过合理使用新工具、新系统以及新模型的挖掘，从而有效获取具有新价值和洞察力的数据，在信息技术领域，先前已经存在"大规模数据""海量数据"等相关概念，但是这些概念仅仅是立足于数据规模本身，无法更好地反映出数据数量和规模爆发式增长背景下的数据处理、应用的迫切需求；而"大数据"作为一个全新的概念并不只是指规模巨大的数据对象，它是数据对象、技术以及应用三者的有机统一，还涉及一系列与数据对象处理与应用相关的活动。大数据对象不仅可以是实际、有限的数据集合，也可以是虚拟、无限的数据集合。例如，某企业所掌

---

① 中国互联网金融安全课题组. 中国互联网金融安全发展报告 2017 监管科技 逻辑 应用与路径 ［M］. 北京：中国金融出版社，2018.

② 郑贵华，颜泳红. 统计学 ［M］. 湘潭：湘潭大学出版社，2019.

③ 陈红波，刘顺祥. 数据分析从入门到进阶 ［M］. 北京：机械工业出版社，2019.

④ 高聪，王忠民，陈彦萍. 工业大数据融合体系结构与关键技术 ［M］. 北京：机械工业出版社，2020.

据的数据库属于实际的、有限的数据集合，QQ、微信、微博上的所有信息属于虚拟、无限的数据集合，它们都是大数据对象。大数据技术则指的是从不同类型的大数据中，高效、准确地获取有价值信息的技术，如数据采集、存储、分析挖掘、管理、可视化等技术及其集成。

二、大数据的特征

目前，关于大数据的特征，学术界存在着多种解释，普遍认可的是将大数据的特征归纳为"5V"模型，即规模性、多样性、价值性、高速性和可变性。

（一）规模性

"大"是大数据特征中最为突出的体现。近些年来，随着各种设备与技术的不断涌现与应用，人们日复一日的生活和学习轨迹都能够得以有效记录，尤其是大量社交平台和购物平台的投入使用，随之生成了规模巨大的数据信息，促使数据呈现爆发性增长。大数据不仅有庞大的数据规模，还体现为非同寻常的巨大容量。虽然一个数据的大小只有几 MB，甚至更小，但是积小致巨，无数个大大小小的数据汇集到一起就有可能达到 ZB（1ZB = 1024EB，1EB = 1024PB，1PB = 1024TB，1TB = 1024GB，1GB = 1024MB）级别。数据统计公司 Statista 对数据信息量增长趋势做出了分析，预测全世界所有的数据信息量到 2035 年将达到 2142ZB。

（二）多样性

大数据的多样性主要体现在三个方面，分别为数据来源丰富、数据类型丰富以及数据与数据之间有着较强的关联性。

第一，数据来源丰富，因果关系有着不同的强度。相比于传统交易数据，大数据时代企业拥有更加丰富的数据来源渠道，以物联网、互联网为基础，生成了各种各样的数据，如生产数据、社交数据以及管理数据。由于这些数据来源于不一样的设备或系统，所以这些数据类型具有多样性，总的来说可以分为三大类：①因果关系强的结构化数据，指的是可以通过固定数据结构进行表达，并具有一定数据规范的数据，这类数据大多来源于完整的系统，比较常见的有一卡通系统、财务系统等；②因果关系较弱半结构化数据，这类数据虽然可以通过数据结构进行表达，但是不便于进行结构化，比较常见的有日志文件、网页信息、电子邮件等；③没有因果关系的非结构化数据，指的是不具备固定数据结构的不完整或不规则的数据，比较常见的有链接信息、音视频、图片等。

第二，数据类型丰富，以非结构化或半结构化数据居多。在大数据时代来临之前，企业在运营和发展过程中，也会产生各种各样的数据，但是主要是以表格、文本等简单的形式存在。据 IDC（互联网内容提供商）的调查报告显示，步入大数据时代之后，在企业所面对的海量数据中，有80%的数据属于非结构化数据，这些数据主要是不存在因果关系的链接信息、图像、图片、影视、超媒体等。

第三，数据之间有着较强的黏性与交互性。例如，学生在线上学习过程中产生的学习时长、互动次数等数据，与学生线上学习所处的地点、环境等有着紧密的联系。

（三）价值性

大数据最主要的特征是蕴藏着巨大的价值，而有效运用相关关系是充分利用大数据价值的主要表现。孤立的单个数据很难展现出其自身所蕴藏的巨大价值，而通过有效运用大数据的相关性分析技术，对数据进行深入的分析，能够发现其中所隐藏的相关关系，并对事物未来发展的方向与主流趋势进行科学的预测，以此创造更加丰富的财富和更大的价值。例如，网络购物平台上所设置的推荐系统，可以根据人们的喜好向其推荐心仪的物品。从整体上来看，虽然大数据具有不可估量的价值，但是它的价值密度不高，有价值的数据信息往往所占比例较低，如在几十甚至几百个小时的监控视频中，有价值的画面可能只有不到十秒钟，甚至是一两秒。随着时代的发展，尽最大努力获取足够多的数据信息，已成为社会各行各业竞争的目标之一，数据信息也变成了一项全新的竞争资源。

（四）高速性

大数据输入和处理速度之快，号称遵循"一秒定律"，能够从海量的数据中快速获取有价值的数据信息。过去受到技术和工具的限制，人们在数据收集方面采取的方式具有一定的机械化特点，对数据的处理效率也有待提升。而随着大数据技术的出现与运用，人们能够利用短暂的时间将信息关键字输入进去，虽然这背后经过了高难度的大量数据运算，但是只需要大概一秒的时间就能将查询到的成千上万条结果呈现出来，这充分体现了数据收集和处理方式的高速性，这是过去可能需要花费数天甚至数周时间才可能达到的效果。除此之外，数据信息的产生和更新频率也十分迅速，由于社会生产和人类生活在不间断地进行着，所以每天、每分、每秒都会产生大量、各种各样的数据信息，使得数据信息更新迭代速度日益提升。

（五）可变性

由于大数据的来源比较广泛，涵盖社会生产、人类生活等各个方面，产生的数据规模非常巨大，数据结构具有复杂性，数据性质容易发生诸多变化；相比于小数据，大数据通常具有更强的不确定性和可变性。

三、大数据的分类

大数据通常可以划分为四大类，分别为互联网数据、科研数据、感知数据和企业数据。

互联网大数据特别是社交媒体是最近几年大数据的主要来源之一，大数据技术主要来自迅速崛起的国际互联网企业。例如，以专注于搜索的核心而著称的谷歌与百度的数据规模已达 1000 亿 GB 的规模级别。

科研数据主要源于性能出色、计算速度快的机器的研究机构，主要有粒子对撞机、生物工程研究以及天文望远镜。例如，欧洲国际核子研究中心装备的大型强子对撞机，如果其能够进入满负荷的工作状态，每秒所产生的数据规模可以达到 PB 的规模级别。

随着移动互联网时代的到来，LBS 定位被越来越多的人熟知。LBS 是基于位置的服务，通过先进的定位技术获取定位设备当前所处位置，并利用移动互联网向定位设备提供信息资源和基础服务。基于移动平台与位置服务的 LBS 具有较强的感知功能，感知数据逐渐与互联网数据交叉融合。感知数据的体量十分巨大，其总量有可能与社交媒体媲美。

企业数据种类繁多、内容复杂，企业依托物联网获取各种各样的感知数据，感知数据增长速度十分迅猛。企业内部数据除了结构化数据，还包括数量逐渐增多的非结构化数据，由以往的文档文本、电子邮件等数据拓展到社交媒体与感知数据，主要有模拟信号、图片、音频与视频等；企业外部数据则逐渐吸纳了越来越多的社交媒体数据。

四、大数据的重要价值

有人将数据比喻成蕴含巨大能量的煤矿。根据性质的不同，煤炭可以分为无烟煤、焦煤、贫煤、肥煤等，而深山煤矿、露天煤矿又有着不同的挖掘成本。与之具有相似性，大数据的本质在于"有用"，而非在于"大"，挖掘成本、价值含量的重要性要远超过数量。大数据的价值主要体现在以下四个方面：①大数据是信息产业高速发展的新引擎；②促进教育变革；③为企业带来核心竞争力；④为科学研究提供了全新的思路与途径。

（一）大数据是信息产业高速度发展的新引擎

得益于大数据的出现与发展，市场上不断涌现出越来越多的新技术、新服务和新产品；依托大数据，促进了计算机处理器、芯片、内存计算等的不断升级，催生了软件和硬件市场的进一步发展；大数据对数据的处理提出了更高标准的要求，在处理的精度、难度、速度等方面都有所提升，有助于从整体上推动信息产业的高质量、高速度发展。

（二）大数据促进教育变革

在教育领域中，大数据与传统数据相比拥有其自身独特的优势，主要体现在以下三方面：第一，传统数据的用途主要体现在辅助教育政策的宏观决策，着眼于对总体教育状况进行分析决策。而大数据的透析能够针对个别学生在学习中表现出的情感态度、兴趣爱好等信息，有针对性地调整教学行为，有助于个性化教育的落实。第二，从误差大小比较角度来讲，传统数据采取的评估方法具有阶段性特点，在采样过程中很可能出现系统误差，最终对评估分析的结果造成不良影响。而通过大数据的采样，可以实现即采即用，这种技术性方法可以大大减少系统误差。第三，从本质上来看，传统数据与大数据的区别就在于数据采集来源、数据应用方向都有所不同。在数据采集来源上，传统数据主要采取的是考试、量表调查等方式，根据所采集的数据信息合理地评估学生身心健康、学习状态等方面，这种方式采集的数据信息具有阶段性、非实时性，还容易给学生带来一定的压迫感。而大数据的采集具有突出的过程性、实时性，它关注学生在各个教育环节中的微观表现，在不知不觉中完成对学生数据信息的采集，不仅不会对学生正常生活和学习造成不利影响，所采集的信息也更加全面。基于大数据的这些优势，有助于不断完善教育管理、教学模式，更好地实施个性化教学，有助于教育变革。

（三）大数据能够为企业带来核心竞争力

在竞争愈演愈烈的信息时代，要想更好地掌握未来商业发展的趋势，需要准确、有效地应用大数据。例如，在医疗行业，通过对大数据的有效应用，能够使医生诊断的准确性上一个台阶，有助于减少医患矛盾；在零售行业，大数据能够帮助企业实时掌握市场变化的情况，进而合理地调整营销策略、价格以及店面等，从而更好地迎合消费者的心理与需求；在服务行业，通过大数据分析，能够关注每位客户的需求，并制定差异化、个性化的服务，增强客户的服务体验；在公共管理领域，大数据在经济、文化、社会等方面的发展过程中所发挥的作用日益显著。

（四）大数据为科学研究提供了全新的思路与途径

依托大数据，研究者能够深层次地挖掘数据平台中的大量实时数据，并找到数据背后隐藏的规律，为研究结论的产生提供可靠依据。

五、大数据时代的特征

大数据开启了时代转型的新篇章，无论是人与自然的关系，还是人与社会之间的关系，抑或人与人之间的关系，都将逐渐演变成数字化生存的关系，而大数据时代也具有其自身独有的特征，具体体现在以下几个方面：数据化、泛互联网化、可量化、个性化、互动性、智能化、预测性等。

（一）数据化

数据化是大数据时代的必然趋势，在人们的日常生活、人与人交往以及信息传播过程中，经过沟通、传播与保存等一系列操作，可以将所有客观存在处理成数据，进而整个社会形成了一个臃肿、庞大的数据库。由此，数据代替人与社会、人与人、人与自身之间的关系。在大数据时代，数据成了人类社会的数码符号，而非符码信息的简单堆砌，社会结构形态也出现了一定转变，变成了以互联网为框架的数据化形态，传统的信息交流、人际关系演变为高效、便捷的数据交换。

（二）泛互联网化

所谓泛互联网化，指的是万物相连的互联网。随着大数据时代的来临，计算机的应用空间变得越来越广阔，并早已成为人们生活和工作中不可或缺的一部分。计算也突破了桌面的限制，人们可以借助可穿戴设备、手持设备或其他计算设备，充分享用信息资源和计算能力。人、机、物全面互联，固定与移动、无线与有线同时存在，并实现相互连接，广播电视网、计算机网、通信网等各种网络相互渗透、相互兼容、相互融合，网络连接、计算机功能和服务共享实现了大面积普及，呈现出一个万物互联的时代。

（三）可量化

进入大数据时代之后，一切数字都能转变成参与计算的变量，信息能够变成用于数学分析或计算的数量单元。文字、沟通、方位等都能转化为数据，存在于世界中的万事万物都可以变成数据，所有事物都可以作为"变量"，接受统计或数学分析，展现出巨大的潜在价值。从社会化个体自觉地通过数据进行自我认识的实践，就预示着人类认知领域开始了全面数据化。海量、丰富的数据资源，推动各个领域如政府、学术界、商业界等量化进程的开始。

（四）个性化

在大数据时代，通过科学、深入分析挖掘海量的数据，能够从中找到并提取出所需要的、有价值的数据图谱和趋势性信息，为各大行业未来的发展提供趋势分析、预测等具有前瞻性的信息，为各个行业决策的制定提供一定的参考和依据。海量数据作为重要的公共信息资源，其具有开放性和共享性，大数据时代强调民主平权、文化共享，使得所有人都能从"云"中海量的共享性、开放性的数据资源中发现并选择有价值的数据，通过对数据的挖掘与分析，最终为己所用。这样一来，就能从真正意义上满足个性化需求、实现个性化发展。

（五）互动性

在大数据时代，人与人之间、机与机之间、人与机之间都可以实现全方位的有效互动。互联网实现了随时随地零距离互动；移动终端不受时间和空间的限制，实现了时空互动；物联网实现了设备与设备之间的有效互动。在各种各样的全面互动中，数据和信息实现了有效的共享和交流，在无障碍传播过程中相互作用、相互影响。而人们可以从自身的偏好和需求出发，对信息和信息量的呈现顺序进行调整和控制。

（六）智能化

在大数据时代，借助自组织网、无线传感等各种末端网络，能够全面、准确地收集管理对象的各种信息，如属性信息（人体特征、身体识别、编码）、环境信息（湿度、温度、压力、速度）、个体状况信息（位置、血压、体温），并第一时间接入网络以实现对这些信息的实时分析处理，最终为人们智能化地呈现出处理结果。

（七）预测性

在大数据时代，人类借助来源丰富、形式多样、多维度的海量数据，以及精细化的挖掘工具和分析技术，通过海量交叉验证征兆与变化规律、发掘事件概率，对事物发展方向进行较为精准的预测和预判，将有助于更加接近控制未来的终极梦想。大数据时代所具备的预测性特征，有助于促进商业模式的变革，推动教育走向低成本、个性化、可持续的道路，实现生态永续，还有利于科学研究从假设推动转变为数据推动。

第二节　联动机制和思想政治教育联动机制

一、联动机制和思想政治教育联动机制的相关概念解读

（一）机制

"机制"一词最早源于希腊文，这一概念最开始应用于自然科学领域，指的是自然现象或事物的作用原理、作用过程及其功能。随着自然科学的兴起与发展，"机制"一词的应用范围逐渐延伸至社会科学领域，指的是不同社会组成要素之间的运行原理、相互关系及运行过程。简单地说，机制主张的是一种相互制约、相互配合、自行调节的关系，以及要素与要素之间的运行过程、相互影响的方式。"机制"一词不仅包含静态的子系统之间存在的相互适应和相互作用的关系，还包含了动态的子系统之间的运行过程和相互作用的方式。

机制的构建是一项长期性、复杂性的系统工程，与之相关的各种制度和体制的优化与创新并不是孤立的，也不可以直接采取"1+1=2"这种简单的方式进行解决，不同角度、不同层次以及不同侧面之间必须相互补充、相互呼应，只有进行有机整合，才可以最大限度地发挥出应有的作用。与此同时，不可以将制度和体制完全割裂开来，应该让两者相互交融。在体制运行过程中，制度能够起到规范作用；在制度实施过程中，体制能够为制度的落实提供保障。综上所述，"机制"一词在社会科学领域用来表述在正确认识事物各部分存在的基础上，有效地协调不同部分之间存在的关系，从而充分地发挥作用的具体运行方式。

（二）联动机制

作为一种多主体参与的机制，联动机制是相对于单一、孤立主体工作机制而言的。联动机制指的是在一定服务区域内，不同岗位之间基于一定的联系方式，展开相互合作、协调，通过各个服务环节的互动沟通、联动协作，以达到提高服务质量和效率的目的的一种机制。

从经济学角度来看，所谓联动，指的是信贷资金分别对存在关联性的项目或产业链上相邻的产业环节提供信贷支持。而联动机制指的是世界各个国家金融机构所采取的一种重要的信贷业务经营方式。总体来看，产业链由若干个链条组成，不同链条的具体项目之间相互影响、相互促进，由它们所支撑产业或企业对信贷资金的需求呈现出链条状趋势。正是因为联动机制迎合了这种需求，所以才有可能带来倍加的乘数效应。

联动机制是一个实现多主体共同参与同一工作的网络体系，包括政府、政府部门、专业机制、非专业机构以及社会公众等，并确保不同主体在该网络体系中进行双向、顺畅、有效的交流、沟通与协作，从而确保工作模式的改善、工作效率的提升。联动机制并不是简单地将不同机构和不同人员叠加到一起，也并不是要求人们都必须一起工作，而是通过一套系统、完善的制度、职责的配合机制，将有待完成的工作划分给不同部门、不同主体的科学性的制度体系。

（三）思想政治教育联动机制

所谓思想政治教育联动机制，指的是思想政治教育活动中，贯穿于思想政治教育实践全过程的相互制约、相互协调、相互作用的各种因素所构成的运行体系。思想政治教育联动机制紧紧围绕思想政治教育的目标，全面整合多方主体、多元化教育资源，构建多主体、多要素进行相互联动、优势互补的机制。思想政治教育联动机制是一种全新的教育理念，有助于提升教育者的教学水平，使其在工作实践中整合多种资源力量，从而更好地实现内化于心、外化于行的双重教育。

（四）学校思想政治教育联动机制

基于联动理论视域，学校思想政治教育是一个有序的育人系统，这一系统由若干个存在内在联系的子系统构成，并可以在稳定性、有效性的机制下形成联动效应，以产生理想的育人效果。

在学校中能否建立联动育人机制，主要取决于两个决定性因素：其一是学校党委，尤其是学校党委书记的高度重视，加强对思想政治教育的领导并直接参与其中；其二是思想政治教育工作者作用的发挥。究其原因，是因为从学校管理结构来看，学校党委书记可以有效地协调不同育人目标之间的关系，即可以让不同教学单位的育人目标之间的关系协调一致，并对思想政治工作部门进行直接的领导。同时，锻造一支高质量思想政治工作队伍，特别是一支高质量思想政治教育教师队伍以及学生事务工作队伍，能够为联动育人机制的形成与发展提供强大的人员支持。

二、思想政治教育联动机制的基本内涵

马克思曾强调，在相同的生产过程或不同但存在关联的生产过程中，很多人有目的、有组织、有步骤地参与到共同的协同劳动中，这种形式的劳动就被称为协同；这不是简单地采取协作的方式促进了个人生产力的提升，还创造了一种本身是集体力的生产力。因此，立足于价值诉求的视角，联动的关键主要体现在三个方面：其一是彰显联动实践的有效性；其二是提升集成价值的吸引力；其三是保证自身组织调节的适应性。联动通过全面汇集各种要素和资源，消除不同主体之间的壁垒，促进各种要素如资本、人才、技术、信息的流动与整合，避免出现资源的重复、浪费与分割，使社会效率更上一个台阶。换言之，有效的联动可以有效消除不同学科、系统行业之间的障碍和壁垒，促进资源的优化与共享，不断深化体制改革。

简单地说，思想政治教育协同机制的内涵，是以思想政治教育现代化为联动的重要依据，以思想政治教育多元化为联动的主流趋势，以思想政治教育互通化为联动的强大张力，以思想政治教育人文化为联动的终极目标。

思想政治教育联动机制的发展，需要以人本性联动的教育理念为指导，坚持有效性联动的教育原则，采取完善性联动的教育方法，构建整合性联动的教育模式，开展调试性联动的教育实践，进行延展性联动的教育反思，提升各方面联动的效率与效果，促进我国思想政治教育的长足、稳定发展。

三、学校思想政治教育联动机制的基本内涵

学校思想政治教育联动机制的内涵，是指学校在进行思想政治教育的过程中，以"三全育人"理念为主导，综合运用多种手段，深层次挖掘学校思想政治教育系统内部若干个要素之间存在的联动机理，使系统内部若干个子系统之间、

若干个要素之间，以及系统内外进行联动行动的各种运作方式，其中，包含着学校思想政治教育系统若干个要素之间相辅相成、相互依赖、协同配合而架构起来的各种工作机制、体系和方式。

四、学校思想政治教育联动机制的特点

学校思想政治联动机制具有四个显著特点，分别是方向性、强互动性、相对独立性、层级性。

（一）方向性

在学校思想政治教育联动机制中，虽然党委、政府、学校、学生、社会、家庭等各主体的作用方式各不相同，但是他们都有一个共同的目标，即提高学校思想政治教育的针对性、实效性，促进学生全面和谐自由的发展，有效落实立德树人的根本任务。

（二）加强互动性

在学校思想政治教育联动机制运行过程中，各个主体所处的系统并非相互隔离而存在的，而是存在着十分密切的联系，不同主体之间相互牵制、相互协作，共同构成了相辅相成的有机整体。而联动机制功能的有效发挥，也依赖于不同主体之间的互动协作。

（三）相对独立性

各个主体系统之间虽然具有内在联系，但是各自又相对独立，每个主体系统都有属于自己的各具特点的内部运行环境，保证在一定时期的内在特有的稳定状态。

（四）层级性

学校思想政治教育联动机制的层级性，指的是通过党的领导以及来源于社会各方力量的支持，主要从宏观方面为联动机制的运行提供目标规范、方向指导以及资源支持等；学校方面从中观层面有组织地进行教育等；家庭和学生主要是从

微观角度出发，通过家庭单元反馈的重要信息，并激发学生的自我教育意识，帮助学生将外化作用转化为内化过程，从而进行自我教育等。

五、学校思想政治教育联动机制的现实意义

学校思想政治教育联动机制的构建与应用，具有非常重要的现实意义，表现在三个方面：有助于促进学生全面而有个性的发展、有助于发挥学校思想政治教育的共轭效应、有助于构建学校思想政治教育生态共同体。

（一）有助于促进学生全面而有个性的发展

首先，构建学校思想政治教育联动机制，可以全面整合来自多方面的力量，进而创设教书育人、管理育人、服务育人的综合环境，一方面，以课堂教学为主阵地引导学生树立良好的价值观；另一方面，通过组织多样化的课外校园活动、社会实践，为学生创造更多自我展示的机会，引导学生发现并培养自身的特长、兴趣，陶冶学生高尚的道德情感，完善学生的智能结构，发展学生积极的个性与特长。通过理论与实践相结合的方式，进一步巩固学生学习与吸收知识，在此基础上培养学生鲜明的个性，并一直很好地保持下去，从而促进学生个性的多样化发展。

其次，受到社会不良风气的影响，不少当代学生尤其是大学生崇尚"理性、实在、发展"。其中，"理性"指的是科学、不随大流、真实；"实在"指的是关注一些实际内容，如经济、事业、家庭，存在功利性倾向；"发展"指的是抓住机会、谋求发展。为了消除学生功利主义价值倾向，依托学校思想政治教育联动机制，调动系统中每个要素的协同配合作用，充分发挥系统中每个要素的作用，进而形成强大的联动合力，提升学生个人发展的主观能动性，激发学生蓬勃向上的人生愿望，并树立远大的理想，使学生内心思想与外在言行保持和谐一致，用新时代中国精神不断影响学生，将学生培养成具有现代视野的全面发展的人。

（二）有助于发挥学校思想政治教育的共轭效应

共轭效应又称离域效应，原本是指在有机化学领域中，正是因为分子中的若干个原子之间进行相互合作、相互协作和相互制约，才保证了整个有机化合物的分子结构处于稳定状态、降低了内能内耗、增加了分子极性的现象。共轭效应形

成的关键就在于，根据分子中原子所扮演的"角色"以及原子群体之间存在的相互关系，经过重新整合定位，使原子群体之间相互制约、相辅相成、相互促进，形成具有稳定性结构、较强抗力的全新的有机体。[①] 通过构建学校思想政治教育联动机制，对学校思想政治教育共轭效应的发挥起着促进作用，其主要表现在以下三个方面：一是有助于重新整合教育资源，形成强大的教育合力；二是有助于教育资源的协同与配合，不断提升教育效果；三是有助于促进教育资源的融合发展，持续强化教育功效。

（三）有助于构建学校思想政治教育生态共同体

2021 年，中共中央、国务院印发了《关于新时代加强和改进思想政治工作的意见》，中宣部负责人在回答记者"如何做好学校思想政治工作"的提问时强调，学校思想政治工作要以立德树人为根本，全面统筹办学治校、人才培养、教育教学等育人资源和力量，利用好课堂教学主渠道作用，开创全员、全程、全方位育人新格局。为此，学校要紧紧围绕"立德树人"这一根本任务，构建思想政治教育生态共同体。而依托思想政治教育联动机制，有助于整合学校、课程、课堂、学生、家庭、社会等要素，进而形成校内思想政治教育系统、校外思想政治教育系统等，避免生态共同体中各要素内耗，从而充分发挥学校思想政治教育的整体功能。

第三节　大数据时代学校思想政治教育联动机制构建的理论与资源

一、大数据时代学校思想政治教育联动机制构建的理论依据

普遍联系观、历史合力论、系统论等诸多观点都充分体现出联动育人理念，

[①] 王迎进，孙金鱼，赵明根. 共轭效应的本质及其在有机反应中的特殊性 [J]. 化学通报，2019 (4)：368-372.

为大数据时代学校思想政治教育联动机制的构建与应用提供了重要的理论依据。因此，有必要全面且深入地梳理并解读这些理论，以采取科学的原理和方法探索大数据时代学校思想政治教育联动机制构建与应用的现实意义。

（一）普遍联系观和历史合力论

马克思主义的普遍联系观和恩格斯的历史合力论，为大数据时代学校思想政治教育联动机制的构建与应用提供了有力的理论依据和科学的方法指导。

1. 马克思主义的普遍联系观

作为马克思主义哲学的总特征之一，联系具有客观性、多样性及普遍性特征。其中，联系的客观性是指联系是不依赖于人的意识而独立存在的；联系的多样性和普遍性，指的是世界上的一切事物都处于普遍联系之中，联系的方式多种多样，而且无所不在、比比皆是。基于联系的特点，要求我们看待任何问题都需要善于使用联系的观点，坚持全面性。

"联系是一个普遍的哲学范畴，是指一切事物、现象之间以及事物内部诸要素之间的相互依存、相互影响、相互制约和相互作用。它既包括事物之间的各种联系，也包括事物内部诸要素、诸方面的各种联系。"① 由此可见，存在于事物之间的普遍联系主要体现在两个方面：一是事物内部不同要素之间存在着相互牵制、相互依赖、相互影响和相互作用的联系；二是所有事物之间也有着相互牵制、相互依赖、相互影响和相互作用的联系。普遍联系的基本主体是物质世界，根本内容是相互作用。在大数据时代，学校思想政治教育由若干个要素、子系统构成，这些要素和子系统之间又存在着普遍联系性，这是学校思想政治教育的固有属性。无论是思想政治教育内部的教师与教师之间、教师与学生之间、学生与学生之间，还是思想政治教育与其他学科教育之间，都存在着相互作用。联系的普遍性特点，为大数据时代学校思想政治教育联动机制的构建与应用提供了可能性。

学校、家庭、社会与学校思想政治教育之间存在着内部和外部的联系，教师、学生、家长与学校思想政治教育之间有着直接和间接的联系，等等。在学校

---

① 龙丽，李洪荣，王剑. 马克思主义哲学原理 [M]. 成都：四川大学出版社，2018.

思想政治教育过程中，如果不懂得用普遍联系的观点看待问题，只注重某一领域、某一部门的发展，势必会对其他方面的发展带来一定程度的影响，甚至影响到整体教育功能的发挥。因此，学校思想政治教育的开展，必须懂得用联系的观点看问题，将思想政治教育工作的各个要素都融入联动机制的建设与应用中，做到通盘考虑、统筹全局，注重各个部门、各个领域之间联系的整体性，形成各个主体要素齐头并进、协同发展的新格局。只有这样，才可以正确处理整体和部分之间的关系，从而促进大数据时代学校思想政治教育联动机制更好地构建、应用、完善与发展。

2. 恩格斯的历史合力论

历史合力论思想是恩格斯于 1886 年首次提出的。恩格斯认为，历史的创造，通常是产生于很多单个意志的相互冲突，而单个意志的形成又受到很多特殊生活条件的影响，这样一来，就能产生无数个相互交错的力量，产生无数个力的平行四边形，最终形成一个合力，即历史结果。①

在恩格斯的历史合力论中，蕴含着整体性思想、合力思想、交互作用等，这些思想对大数据时代学校思想政治教育联动机制的构建具有重要的指导意义。首先，历史合力论启发我们要树立整体性思维；其次，在大数据时代，学校思想政治教育工作的开展，要重视各个主体之间的合力，积极构建全员育人、全过程育人、全方位育人新格局，充分发挥各个主体的优势，使不同主体相互配合、相互联动，并朝着共同的目标努力奋斗；最后，要重视各个主体之间的交互作用。恩格斯的历史合力论强调交互作用，不同主体之间并非处于静止、割裂状态，而是可以相互影响、相互促进，这启发大数据时代学校思想政治教育联动机制在构建与应用过程中，要通过有效的调控与引导，让不同主体相互联动合作，尽可能避免或减少各要素之间产生不必要的内耗。

（二）人的本质论与人的全面发展理论

1. 马克思关于人的本质论

马克思强调，人的本质并不是独立个体本身就有的抽象物，实际上，它是所

---

① 刘歆立. 恩格斯历史合力思想新论［M］. 郑州：河南人民出版社，2015.

有社会关系的总和。正如我们所知，人的成长往往是以现实的社会关系为出发点，在大数据时代，学校在组织思想政治教育活动时，教育者从思想、行为等方面入手，对学生进行恰到好处的引导，并创设和谐、开放的教育环境，经过改变人的本质，使之与社会生产方式变革的要求相符，并与社会进步与发展的方向保持一致。基于马克思主义人的本质论的指导，学校在开展思想政治教育工作的过程中，切不可"闭门造车"，必须与社会历史现实相结合，使学生置身于现实生活当中，从社会关系的角度出发，正确理解人的需要、利益和价值。

2. 马克思主义关于人的全面发展理论

人的全面发展理论是马克思毕生研究的核心内容，贯穿于马克思主义的始终。人的全面发展理论强调，人的发展并非单指智力发展，还包括其他许多方面的多角度、全方位发展，如道德品质、各方面才能、志向与兴趣、体力、社会关系以及自由个性。人的全面发展理论为大数据时代学校思想政治教育工作的过程和规律提供了重要的理论依据，它所揭示的人的全面发展的历史必然性为认识思想政治教育的复杂性提供了理论依据。基于此，学校在开展思想政治教育工作时，始终遵循这些科学理论的正确指引，对不同社会关系对人产生的影响进行考察，有效地掌握人的思想形成的物质原因；认识到在思想政治教育活动中，随着信息的增加与交往越发广泛，更容易使学生形成与社会与时代发展要求相符的思想政治品德；要将联动育人理念渗透于思想政治教育工作的全过程，有组织、有计划地落实思想政治教育的目标。

（三）系统论与协同理论

1. 系统论

系统论作为一门新兴学科，研究的内容是原则、特点、规律、动态、结构、行为和系统间存在的联系，并对其功能做出数学描述。系统论的任务之一是把系统作为研究对象，从整体角度出发，对系统整体和系统内部各要素之间存在的内在联系，从本质上对其行为、结构、功能及动态做出具体的说明，从而更好地把握系统整体，以实现最优的目标。贝塔朗菲作为系统论的创立者，其认为系统是由若干个不同的要素共同构成的集，而且各个要素和集在一定程度上始终处于相互关系当中，并受到周围环境的影响。由此可知，系统是一种不少于两个组成要素的有机整体，而且这些组成要素总是以一定的方式进行相互影响、相互作用，每个要素都具有特定的结构和功能，任何事物都无法脱离系统而独立存在。

系统论认为，任何一个系统都具有以下几个基本特征：动态平衡性、开放性、时序性、自组织性、整体性、复杂性、关联性等。这些特点不仅是系统的基本思想观点，也是系统方法的基本原则，这意味着系统论并不只是对反映客观规律的科学理论，还被赋予了科学方法论的含义。系统的整体观念是系统论的核心思想。贝塔朗菲提出，每一个系统都可以看成一个综合体，它并非多个部分的简单组合，如果这些组成要素都处于孤立状态，则无法发挥系统的整体功能。由此可知，要素是有机整体中的要素，脱离系统整体而存在的要素将失去应有的作用。

大数据时代学校思想政治教育工作的开展，要认真学习并全面把握系统论的科学原理，善于调整系统结构，处理好各个要素之间的关系，促使系统实现最优目标。

2. 协同理论

协同理论是一门系统科学的分支理论，也被称为"协和学""协同学"，该理论最初是由联邦德国斯图加特大学教授、著名物理学家哈肯所创立。[①] 哈肯强调，自然界是由不同系统组织起来的有机整体，有机整体被视为大系统，其中的各个系统被视为小系统，大系统中的小系统有着相对平衡的结构，通过不同系统之间的相互影响、相互作用，这些系统按照一定的规律实现了旧结构到新结构的转变、无序到有序的转变，而研究其中规律的科学就被称为协同理论。协同理论的核心思想是"协同导致有序"，其中蕴含着许多复杂、严密的原理，如自组织原理、绝热消去原理、协同效应原理。

基于协同理论的指导，大数据时代学校思想政治教育工作是一个由诸多要素构成的有机整体，这项工作的开展要以把握协同理论科学原理为基及不同子系统之间的协同机理，促使各个子系统之间联动起来，使这些子系统由无序转变为有序，避免子系统之间出现割裂、分离等情况，构建运行顺畅、有力的思想政治教

---

① 魏江，吴伟，朱凌. 协同创新 理论与探索 ［M］. 杭州：浙江大学出版社，2017.

育联动机制，从而有效地提升大数据时代学校思想政治教育的实效性。

二、大数据时代学校思想政治教育联动机制构建的思想资源

大数据时代，学校思想政治教育联动机制的构建是一个具有复杂性的系统，为了提升系统的整体功能，有必要充分、合理地借鉴前人的智慧。中华民族在漫长的历史长河当中，一点一滴地积淀了很多与联动育人有关的思想，这是非常重要的思想资源。而且，中国共产党作为世界上最大的执政党，一直都非常重视团结协作，其中也蕴含着"联动"元素。另外，西方教育非常注重量化，其中的统计思想与大数据有很大的关联性，对学校思想政治教育联动机制的构建有一定的借鉴价值。

（一）中华优秀传统文化中的团结协作理念

中华优秀传统文化中蕴含着丰富的团结协作理念，团结协作的理念一直扎根在中国人民的心中。团结协作原本属于一种职业道德，最早将其理论化的是儒家，如孟子提出："天时不如地利，地利不如人和。"其中，"人和"指的是人与人之间友好和谐相处，进行团结协作。荀子也提出："（人）力不若牛，走不若马，而牛马为用，何也？曰：人能群，彼不能群。"虽然孟子和荀子对人与人之间团结协作的解读角度所有不同，前者是从必然性角度入手，后者是从可能性角度入手，但是二人都揭示了同一主题，即个体、群体、人类要想实现生存与延续，必须进行团结协作。秦朝著名政治家、文学家和书法家李斯作为荀子的学生，在《谏逐客书》中首次站在国家兴亡的角度，着重阐述了人才团结协作的重要性，秦国也正是因为采纳了李斯的这一建议，网罗了各界杰出人才，最终成功灭掉六国实现统一。为了方便后代的出行，已经90岁的愚公主张移山，这虽然属于个人的想法，但是愚公采取了率先垂范、召开家庭会议等多种方法，尽最大的努力得到身边人的认可，并动员家庭和邻居都参与到"移山"的任务当中，使这项任务转化成了子子孙孙无穷尽的行为。通过移山这项伟大事业，不仅彰显出愚公的巨大智慧，还充分体现出愚公团结协作、依赖集体的大局观。

（二）古代德育和协同联动育人的优良传统

中华民族的传统美德博大精深、源远流长，它深深地植根于悠悠 5000 多年

的历史沃土当中。春秋战国时期，儒家学派创始人、思想家、政治家、教育家孔子倡导统治者要"德治"，他所提出"恭、宽、信、敏、惠"的思想就充分体现了这一主张。孔子针对个人道德修养方面也提出了相应的主张，即"修身、齐家、治国、平天下"。孔子向来看重教育，其认为"仁"在教育中发挥着重要的作用，并提出："夫仁者，己欲立而立人，己欲达而达人。"这句话的意思是：至于仁人，就是要想自己站得住，也要帮助人家一同站得住；要想自己过得好，也要帮助人家一同过得好。这一观点强调要想通向"仁"，必须乐于助人才行，而"仁"指的就是我们所说的"德育"。

西汉思想家、政治家、教育家董仲舒在继承孔子德育思想的基础上，又继续完善与发展，提出"知、情、意、行"四个阶段，其中，"行"指的是践行、实践儒家的"仁、义、礼、智、信"。此外，董仲舒还强调要想提升个人的德行，必须坚持"重义轻利"的原则。在儒家经典著作《大学》当中，预见性、前瞻性地指出学校思想政治教育的重点，即明德、亲民、至善。

南宋时期理学家、思想家、哲学家、教育家朱熹认为，教育的主要目的并不是"钓声名取利禄""记览词章"，而是"修身""明理""推以及人"。与之观点类似的还有明朝思想家、文学家、教育家王守仁，他认为教育在于教育是教人做人，即《论语·学而》中提到的"孝悌忠信礼义廉耻"。

(三) 古代德育中的联动协同思维

在中国古代，德育在大多数情况下都与智育联系在一起。所谓智育，指的是促进学生智力发展的教育。孔子提出："知及之，仁不能守之；虽得之，必失之。"这句话的意思是：凭借聪明才智能够获得它，但是仁德不可以保持它，即便可以获得，也终将会丧失。孔子的这一观点强调教育的首要问题是做好德育工作，只注重才华而忽视品德的教育是毫无价值可言的。

三国时期曹魏大臣、思想家和政治家刘劭认为，德育需要依靠智育来推动。北宋政治家、史学家、文学家司马光提出了不同于刘劭的观点，即"德者，才之帅；才者，德之资"。这句话的意思是：才能是德行的凭借，德行是才能的统帅。这一观点强调德才兼备、以德为主。

儒家经典著作《礼记》中提道："礼乐刑政，四达而不悖，则王道备矣。"

这句话的意思是：礼、乐、刑、政四个方面，如果能够互相沟通而不矛盾，王道就完备了。这一观点强调的是礼、乐、刑、政，虽然治理方式有所不同，但是都有着相同的终极目标，只要互相通达而不违逆，就可以将民心凝聚到一起，这就是治国之道，体现出协同教化的思想。

战国中期思想家、哲学家和文学家庄子提出"天人合一"，强调人与自然要友好和谐相处，只有这样才能实现人类社会和自然界的协同发展。与此类似，王守仁提出"知行合一"，强调良知的认识和实践的协同发展。古人主张家国天下，社会理想大于个人理想，实现"平天下"的终极目标，这实际上体现出系统、联动的思想。"读四书、通五经、学六艺"，强调的是协同学习内容，实现联动育人的效果。

（四）中国共产党重视思想政治教育协同联动的传统

中国共产党既有思想政治教育的政治优势，也有重视思想政治教育协同联动的光荣传统。中国共产党创立和土地革命战争时期，为了推动革命事业的发展，中国共产党开展了教育对象层次多、教育载体较为丰富、教育方式、途径较为多样的思想政治教育工作。其中，教育对象涵盖了党员干部、军队、农民以及其他各阶层；教育载体包括积极创办相关刊物，不同时期成立的教育机构等；教育途径主要有理论宣传、会议学习、歌曲激励、榜样示范；等等。正是通过这种受众多样、方式多元、针对性强的思想政治教育工作，最大限度地调动了广大党员和人民群众的革命积极性。抗日战争时期，中国共产党高度认识到开展全民思想政治教育的重大意义，一方面，重视军队的思想政治工作；另一方面，积极组织抗日根据地干部广泛宣传党的政策主张，不断强化军队反抗国民党反动派的宣传教育，组织农民参加阶级教育，在全社会范围内开展反内战、反独裁的教育活动，为解放战争的胜利奠定了基础。中华人民共和国成立后，中国共产党根据当时国际国内情况，持续开展了以"爱国主义教育、马列主义教育以及社会主义教育"为主要内容的思想政治教育，为新中国的巩固、社会主义制度的确立和发展做出了巨大贡献。百年来，中国共产党领导思想政治教育的宝贵经验是：坚持以革命、建设、发展需要为根本出发点，通过有效协同各个阶层、各级组织、各个部门联合行动，采取多途径、多方式形成强大的教育合力，织就立体式教育网络，紧紧依靠思想政治教育，对广大人民群众的思想进行引领、道德进行教化。中国共产党领导思想政治教育所积累的经验，对于大数据时代的学校思想政治教育的开展具有一定的借鉴意义。当前，学校思想政治教育应该充分吸收和借鉴中国共产党重视思想政治教育联动协同的宝贵经验，通过大数据技术赋能思想政治教育，改变过去思想政治教育单打独斗的局面，更好地推动思想政治教育时代性变革。

第四节　大数据时代学校思想政治教育联动机制构建的体系与意义

一、大数据时代学校思想政治教育联动机制构建的内容体系

（一）大数据时代学校思想政治教育联动机制构成要素

大数据时代，学校思想政治教育机制的基本要素决定着学校思想政治教育联动机制的基本内容。根据学术界现有研究，大数据时代学校思想政治教育联动机制主要包括四个构成要素，分别为主导性要素、主体性要素、基础性要素必要性要素。其中，主导性要素其实就是教育主体，除了包括教育者，还包括管理者、服务者等；主体性要素其实就是教育客体，主要指的是受教育者，即学生；基础性要素其实就是教育介体，主要包括教育内容、方式、手段等；必要性要素其实就是教育环体，主要是指教育所处的大环境，包括教育家庭、社会以及网络等。联动机制的构建需要从大数据技术的特点出发，充分发挥大数据技术的优势，采取各种各样卓有成效的手段，促进学校思想政治教育系统内部各种要素之间的联合行动。

第一，主导性要素之间的联动。在大数据时代的学校思想政治教育中，主导性要素在思想政治教育中始终占据重要地位，对于思想政治教育实效性、针对性的提升起着不可替代的作用。要实现主导性要素之间的联动，就需要拉近教育主体之间的距离，提高管理者、教育者和服务者等的联动意识，形成育人合力。因

此，在主导性要素之间的联动方面，队伍联动机制和沟通机制的构建是关键。

第二，主体性要素之间的联动。实际上，主体性要素不仅包含传统意义上的学生，教师的继续教育也使其转化为教育客体。要实现学生之间的联动，就需要满足学生的成长需求，充分调动学生的学习主动性。要实现教师之间的联动，就需要充分满足广大教师的教学需求，保障教师的深造需求，有效地激发教师的职责使命感。因此，在主体性要素之间的联动方面，构建激励机制、保障机制是关键。

第三，基础性要素之间的联动。思想政治教育内容、手段及方式等是有效连接教师和学生的"桥梁"。教育内容主要体现在教材和课程之中，构建一套科学合理、运行有效的课程体系，是保证学校思想政治教育实效性的重要一环。所以，在基础性要素之间的联动方面，内容联动机制的构建是关键。

第四，必要性要素之间的联动。学校思想政治教育的教育环境不仅包含着家庭、学校、社会，还包含着象征新时代中国特色的互联网络。互联网络是学校开展思想政治教育的全新平台，是连接家庭、学校和社会的重要纽带，对学生思想道德修养的培养与提升具有非常重要的影响。要实现必要性要素之间的有效联动，互联网络是关键所在。大数据作为网络时代的最新代名词，给学校思想政治教育的改革提供了新的思路，构建一套运行顺畅、高效的联动机制是应有之义。

（二）大数据时代学校思想政治教育联动机制的运行方式

大数据时代，学校思想政治教育联动机制并不是扁平化、单方面的、单层次的，而是立体化、全覆盖、多层次的，从整体上可以分为纵向联动和横向联动、内部联动和外部联动。

首先，纵向联动指的是不同层级之间进行的联动；横向联动指的是同一层级之间进行的联动。从宏观角度来看，纵向联动指的是不同等级学校之间进行的相互协同联动，主要包括小学、中学、大学等；横向联动指的是同一级别的学校、课程教学等方面进行的相互联动。从微观角度来看，对于教育主体来说，纵向联动指的是学校、年级、班级等不同级别的管理者、教育者以及服务者之间进行的联动；横向联动指的是相同级别管理者、教育者、服务者之间进行的相互协作与配合。对于教育客体来说，纵向联动指的是不同年级或学历的学生之间进行的相互学习与合作；横向联动指的是同一年级或学历的学生之间进行的交流与互动。对教育介体来说，纵向联动指的是不同教学阶段课程内容之间的层层递进、循序渐进；横向联动指的是同一教学阶段不同课程之间的相互契合。对教育环体来说，联动的方式属于纵向的，指的是学校教育与网络环境之间进行的相互联动。

纵向联动和横向联动之间并不是完全独立存在的，两者存在着相互影响、相辅相成的关系，任何一方联动发生的变化与发展，必定会使另一方产生相应的变化与发展。在大数据时代，给学校思想政治教育带来了新机遇和新挑战，大数据技术所带来的影响是广泛、深刻的，不仅影响着学校思想政治教育的纵向与横向联动，还对学校思想政治教育中各要素之间的联动效果带来了重要的影响。学校应该加强对大数据"快、准、全"的合理应用，推动实现学校思想政治教育的高效性、精准性、全面性。

其次，内部联动是指教育主体、教育客体、教育介体等内部要素之间进行的有效联动。内部联动是大数据时代学校思想政治联动机制的核心组成部分，也是大数据时代学校思想政治教育联动育人的动力之源，对学校思想政治教育联动育人系统的整体性、有序性提供着重要支撑。处理好内部联动关系，能够为联动育人的顺利推进奠定良好的基础。内部联动主要包括以下内容：其一，校级与年级部及相关职能部门之间的联动，协调好三者之间的联动关系，旨在让每个相关部门或成员都拥有一个明确的共同的联动育人目标，并在联动育人实践中同向同行；其二，各年级内部不同班级之间的联动，协同好两者之间的联动关系，有助于促进横向信息的流通，加强教学合作等；其三，思想政治理论课教师、其他学科教师及班主任之间的联动，协调好三者之间的联动关系，能够有效地结合教师的日常行为规范教育与课堂教学工作，有助于加强教育内容和场域方面的联动。外部联动指的是学校与外部社会大环境的联动，主要包括学校与学校、学校与社会、学校与网络、学校与家庭、学校与企业等之间的相互配合与联动。外部联动是内部联动的拓展与辐射，对内部联动起着重要的支撑和维护作用。通过外部力量的有效衔接和优势互补，有助于实现预期的学校思想政治教育效果。

最后，有了大数据的助力，线上教育变得更加便捷、高效，使得线上教育得到了跨越式发展。线上教育和线下教育都是不可或缺的，在学校思想政治教育中，实现线上与线下的联动是不可逆转的趋势。随着网络不断发达，再加之大数据技术的越发精进，为学校思想政治教育提供了更加广阔的育人空间、全新的载体。联动机制的构建与应用要积极打造网上育人新阵地，善用、会用、用好大数据技术，推动线上教育与线下教育的完美结合、和谐统一。

（三）大数据时代学校思想政治教育联动机制的基本特征

大数据时代，学校思想政治教育联动机制具有时代性、开放性、系统性三个基本特征。

1. 时代性

所有的人和物都是时代特有的产物，联动机制也同样如此。在大数据时代的今天，教育数据多种多样，教育资源日益丰富，网络教育平台层出不穷，业务精湛、结构合理、充满活力的教育队伍正在形成，如何有效实现联动育人，是学校思想政治教育可持续发展的必经之路。通过构建学校思想政治教育联动机制，善用、精用大数据技术，是破解上述难题的"金钥匙"，联动机制必须迎合大数据时代的浪潮，因而具有显著的时代性特征。

2. 开放性

基于大数据时代的大背景，数据和思维都具有开放性，因此，处于这一背景之下的学校思想政治教育也具有开放性特征。学校思想政治教育联动机制并不是一成不变的，而是需要随着内部要素发生的变化做出相应的调整与变化，才能确保联动机制的平稳运行。因此，学校思想政治教育联动机制具有开放性。

3. 系统性

大数据时代，学校思想政治教育是一个涵盖多主体、多要素、多领域、多环节的有机整体，必须将其视为一个完整和谐的生态系统。学校思想政治教育联动机制是学校思想政治教育内部一个重要的子系统，它是以全面贯彻党的教育方针为指引，通过充分利用大数据技术，促进内部要素之间的高效联动，侧重于育人质量的提升，以造就国之栋梁为重要使命的统一体，具有系统性特征。

（四）大数据时代学校思想政治教育联动机制的目标导向

目标对大数据时代学校思想政治教育联动机制的构建与应用起着重要的导向

作用，有助于实现预期的效果。

1. 落实好立德树人根本任务

立德树人是教育的根本任务，是学校的立身之本，立德树人的成效是检验学校一切工作的根本标准。2019 年，在学校思想政治理论课教师座谈会上，习近平总书记强调，思想政治理论课是立德树人根本任务有效落实的关键课程。新时代，学校思想政治教育乘着互联网、大数据和人工智能的东风，迎来了崭新的机遇。但机遇往往与挑战同时并存。新技术层出不穷，致使信息数据的数量越发庞大、种类越发繁杂，在这些庞大、繁杂的海量网络信息中，许多有害信息不同程度、不同方式影响着学生的思想观念、行为方式，甚至催生出学生的一些负面情绪，削弱着学校思想政治教育的实际效果，制约着学生社会主义核心价值观的理论认同和实践养成。有鉴于此，当下的学校思想政治教育必须正视大数据时代的利害关系，做到趋利避害、扬长避短，充分利用互联网、大数据便于形成高效联动机制的优势，以落实立德树人根本任务为目标导向，尽可能形成多层次、多维度、全覆盖的联动机制。思想观念方面，必须保证多项工作、多个部门的人员思想一致、观念趋同，真正做到心往一处想、劲往一处使，步调一致、同向同行；队伍建设方面，需要建设一支具有大局意识、整体观念、职责明确、团结协作、能力出色的专兼职思想政治教育队伍；内容方面，需要不断充实、完善学校思想政治教育内容，用不断创新发展的马克思中国化最新理论成果，武装学生的头脑、指导学生的实践。

2. 着力构建"三全育人"教育新格局

2016 年 12 月，习近平总书记在全国高校思想政治工作会议上的重要讲话中指出："把思想政治工作贯穿教育教学的全过程，实现全程育人、全方位育人。""三全育人"强调育人活动要突破主体、时间、空间等各种限制，追求育人主体、时间及空间的全覆盖。学校思想政治教育是一个具有开放性的生态系统，这就意味着育人主体具备多元性、广泛性。林伯海、周至涯两位学者的多元主体观，将思想政治教育的主体进一步细分为导向性主体、主动性主体、受动性主体三种类型。其中，导向性主体主要发挥组织、领导、带头作用；主动性主体承担着实施、指导的职能；受动性主体主要发挥着接受、创造的作用。以"三全育人"教育格局的构建为目标导向，通过多元主体之间联动，最大限度地发挥出每个主体的职能作用，为"三全育人"教育方针的全面贯彻落实提供主体性保障；通过课程之间的联动，促进思想政治理论课与其他课程之间的有效联动，积极践行"全员育人"理念，发挥多门课程的育人功能的合力，为"三全育人"教育方针的全面贯彻落实提供基础性保障。随着大数据时代的到来，学校思想政治教育的空间与之前相比变得更加宽广，无论是学校内外，还是课堂内外，抑或是线上线下，都能看到学校思想政治教育的影子。网络是一种新型教育载体，网络化是教育的新特征。学校思想政治教育联动机制的构建与应用，要充分利用大数据和互联网，促进教育资源的统筹优化，让教育内容进行充分的互补，为"三全育人"教育新格局的形成提供技术支撑。

3. 培养德智体美劳全面发展的时代新人

马克思主义的最高价值追求是实现每个人自由而全面地发展，这与学校思想政治教育的终极目标有着高度的契合度。要想使学生真正实现全面发展，不仅需要各门学科课程教育的显性影响，还需要通过开展良好的思想政治教育来提供潜移默化的隐性影响。在学校思想政治教育中，要想促进学生的全面发展，首先要做的是实现自我发展，从而使教育趋于智慧化、创新化、时代化方向发展。基于此，学校思想政治教育联动机制也应该向智能化、创新化、时代化方向发展。依靠大数据技术，不仅学校可以掌握庞大的数据信息，还能实现对这些数据的专业化处理，有助于提升学校思想政治教育的智慧化。大数据技术是21世纪的"宠儿"，是这个时代最具时代标志的技术之一，是新时代学校思想政治教育必须把握好的时代命题。联动机制的构建与应用，也需要以大数据技术这一时代命题为中心，在各领域、各环节中普及大数据技术，使大数据技术贯穿联动机制运行的全过程，以培养德、智、体、美、劳全面发展的时代新人为重点。

4. 不断推动思想政治教育向纵深发展

思想政治教育的发展指的是思想政治教育在多方面持续优化与完善的过程，包括目标、任务、内容、价值、方法、模式及载体等，思想政治教育的发展具有时代性、系统性、社会性、过程性和建构性五大特征。在大数据时代，学校思想政治教育联动机制的构建与应用，为了促进思想政治教育的发展，需要与思想政治教育发展的五大特征象契合。

第一，时代性。学校思想政治教育联动机制的构建与应用，要立足于大数据时代的特征，深深扎根于大数据时代，牢牢抓住时代新发展的契机。联动机制的构建，要将学校思想政治教育的纵深发展看成目标之一，紧跟时代发展的潮流。

第二，系统性。系统性是指在思想政治发展过程中所体现的整体性特征。学校思想政治教育联动机制应该是一个有机整体，通过主体、内容、载体等多方面的有效协同联动，将学校思想政治教育汇集成综合性的有机体，由此更好地契合思想政治教育发展的系统性特点。

第三，社会性。思想政治教育的发展不仅能带来个人价值，还能带来巨大的国家价值和社会价值。这就要求联动机制不仅要涉及学校，还需要涉及整个社会。例如，从中观角度来看，思想政治教育联动的主体是整个社会。

第四，过程性。由于思想政治教育对人的影响是潜移默化的，教育成效的反馈是一个长期、漫长的过程，这就意味着思想政治教育的发展需要日积月累的积淀。联动机制包含多个领域、多个主体、多个环节等，它的构建、完善与发展并不是一件轻而易举的事情，这是一个十分漫长的过程。

第五，构建性。构建性是指思想政治教育的发展实践并非破坏性、无为性的构建，而是一个正面性、积极性的构建。联动机制的构建与应用，应该是一种以推动思想政治教育进一步发展为目的的正面性、积极性的实践，着眼于思想政治教育协同性、整体性的提升。

二、大数据时代学校思想政治教育联动机制构建的现实意义

学校充分利用大数据技术，建立健全思想政治教育联动机制，具有重要的现实意义，主要体现在有助于促进思想政治教育资源的丰富与共享，有助于探索学校思想政治教育的本质与内涵，有助于促进思想政治教育内容的有效衔接，有助于提升学校思想政治教育育人的针对性，有助于促进学校思想政治教育方式的革新五个方面。

（一）有助于促进思想政治教育资源的丰富与共享

以大数据技术为支撑，学校构建思想政治教育联动机制，使思想政治教育资

源共享迎来了新的契机。首先，有助于丰富教育资源共享内容。借助大数据技术，能够有效收集与储存海量数据，再将其与互联网进行耦合，能够将学校内外、线上线下、课堂内外等方面的教育数据有效联合起来，从而使学校思想政治教育资源内容越来越丰富，由此教育资源共享内容也趋于多样性、丰富性发展。同时，依托大数据技术、人工智能等新兴技术，可以使教育空间更加广阔，为教育资源的共享提供更加丰富的平台。对于学校思想政治教育联动机制而言，各个子系统的正常、有序运转也建立在教育资源共享的基础之上。其次，有助于提升教育资源共享的效率。大数据技术具有高效处理数据的优势，通过对大数据技术的合理运用，能够极大地提升学校思想政治教育相关数据的处理效率，进而使教育数据更高效地共享于不同教育主体之间。最后，有助于提升教育资源共享的价值。在大数据技术的支撑下，消除了资源共享的壁垒，为不同国家、不同城市、不同学校之间思想政治教育资源的共享提供了可能性，通过利用大数据技术的分析、预测功能，可以关联分析学生平时生活和学习的数据，对学生的兴趣爱好和思想变化做出预测，为教育资源的配置提供科学依据。学校思想政治教育联动机制的构建，通过加强教育资源的联动，能够切实提升教育资源配置的合理性、有效性，有助于提升教育资源共享的价值。

（二）有助于探索学校思想政治教育的本质与内涵

作为学校育人工作的重中之重，学校思想政治教育内涵和本质始终是学界和教育工作者关注的重点课题。但是由于其构成要素、工作内容和工作体系都具有不同程度的复杂性，针对其内容、目标、评价等相关问题，学界和教育工作者至今尚未形成共识。归根结底，主要是对学校思想政治教育本质与内涵的认识有所不同。通过构建学校思想政治教育联动机制，尤其是以联动理论引导学校思想政治教育联动机制的创新发展，再利用大数据技术的优势，能够帮助学界和相关教育工作者充分且深入地认识学校思想政治教育的本质与内涵。究其原因，主要是学校思想政治教育系统的机制的建设，需要深层次地考察与分析系统的构成要素、目标体系、职能分配、评价体系等，由此才能从更高维度认识系统运行的应然范式，进而为联动机制的构建与应用提供创新基础，这就为探索和了解系统的本质与内涵创造了可能。以学校思想政治教育目标为引导，为了产生联动效应，在享受大数据技术带来便利的基础上，考察与分析系统内部的运行机理，进而使学者和教育工作者更好地认识学校思想政治教育的本质与内涵。

（三）有助于促进思想政治教育内容的有效衔接

思想政治教育内容，指的是传递给学生的政治观点、思想观念以及道德规范等方面的信息。思想政治教育内容的设计与挑选，对思想政治教育效果产生着关键性的影响，必须保证教育内容的整体性、连贯性，这就需要对教育内容进行有重点、有层次、合理性的规划。首先，以"预见"促"衔接"，学校思想政治教育的教育对象具有多样化，教育对象在年龄、学历、心理特征、生理特征、社会角色、社会经历等方面各不相同，这就导致了学校思想政治教育的教育内容有所差异。借助大数据技术，教师可以实现对学生日常生活和学习的相关行为数据的全面采集，并以此为依据对学生学习偏好和思想动态进行分析和预测，这样一来，教师就能选择满足学生思想需求的教育内容，有助于实现教育内容的有效衔接。其次，以"协同"促"衔接"。对于学校思想政治教育来说，党中央、教育部以及相关机构是其领头羊，这些主体共同决定着学校思想政治教育的内容。通过构建联动机制，对主体协同、管理协同格局的形成起着促进作用，能够避免部门与部门之间出现"各自为政"的情况，为思想政治教育内容的有效衔接创造有利条件。最后，以"联动"促"衔接"。教材内容是学校思想政治教育内容的主要载体，教材内容的有效衔接涉及纵向衔接和横向衔接两方面，其中，纵向衔接指的是不同教学阶段教材内容的衔接性；横向衔接指的是不同课程之间教材内容的衔接性。通过构建学校思想政治教育联动机制，可以更好地实现教育内容的纵向衔接；通过教育内容的联动，促进教育内容的横向衔接。在纵向衔接和横向衔接双向发力的基础上，有助于促进学校思想政治教育内容的有效衔接。

（四）有助于提升学校思想政治教育育人的针对性

习近平总书记不止一次强调教育要积极引入新兴技术，以切实提升育人的针对性。要想切实提升育人的针对性，不仅要有计划、有步骤地组织好教学，培训高素质教师队伍，充分利用教材，关键还在于保证教师与学生之间的供需动态平衡。首先，以数据为支撑，有助于更好地组织教学，满足学生的需求。马克思强调，人与动物之间的区别之一，就在于人的需求具有广泛性和无限性。为了提升学校思想政治教育的针对性，非常关键的一点就在于满足学生的需求，学生的需求具有广泛性和无限性，他们的需求无时无刻不在变化，而且无处不在。基于此，为了有效应对学生需求出现的变化，学校思想政治教育的开展，需要以学生实际需求为中心，选择合适的教育内容，采取恰当的教学形式，以便更好地迎合学生需求的变化。借助大数据技术，能够全面收集、高效处理、科学预测有关学生需求的数据，并将数据信息及时反馈给教育者，为教育者改变教育内容和形式提供依据和参考。

其次，联动机制的构建有助于培养高素质教师，为学校思想政治教育满足学生需求提供"度"的支撑。任何事情都是有限度的，事情做得过头，就跟做得不够一样，都是不合适的。如果过分满足学生的需求，将会使学校思想政治教育失去应有的意义。受到网络带来的负面影响，部分学生的民族意识和理想信念受到巨大的冲击，不仅信仰出现了危机，他们的爱国意识也发生了动摇。如果不通过思想政治教育对这些学生思想进行及时的干预和引导，只会助长学生需求的"异化"，导致学生出现一系列心理问题。通过教育主体之间的有效联动，能够将不同队伍有效地协同起来，形成强大的教育合力，有助于产生事半功倍的教育效果。同时，利用大数据技术的预测功能，学校可以实现对学生扭曲需求的提前预测，由此教育队伍就能采取有针对性、有效性的处理措施，及时地引导学生形成正确的价值观念，避免学生出现"异化"需求。

最后，通过构建联动机制，有助于化解技术应用和教育的针对性提升之间的矛盾。基于新时代背景，学校思想政治教育的改革与创新，离不开新技术的支持，现如今，学校思想政治教育中随处可见大数据、人工智能、云计算以及互联网等的身影。量的积累达到一定程度必然会引起质变，对新技术的过分推崇与应用，容易使教育掉进"技术至上"的陷阱中。学校思想政治教育针对性的提升，原本是关乎师生之间供需平衡的问题，如果教育陷入"技术至上论"的怪圈，就会将供需平衡问题扭曲成技术应用和学生需求之间的平衡。爱因斯坦曾提出："只懂得应用科学本身是不够的，关心人的本身应当始终成为一切技术上奋斗的主要目标。"因此，教育中不能过分推崇技术，而忽视人的创造能力。依托大数据技术构建的联动机制，不能忽视教师队伍的建设，要将其作为重点内容，以凝聚"人"的力量，真正实现学校思想政治教育针对性的提升。

（五）有助于促进学校思想政治教育方式的革新

科学技术是第一生产力，也是创新发展的重要引擎，大数据技术为学校思想政治教育的改革与创新提供了新的思路。首先，大数据技术给学生学习提供了极大的便利。大数据时代，学生可以利用网络获取满足自身需求的各种知识信息。功能多样的学习软件，超大规模的学习数据，催生了学习方式的改革，为学校思想政治教育方式的创新奠定了基础。其次，大数据技术的应用为学校思想政治教育方式的革新提供了指引。在传统教学中，育人方式以灌输法、示范法及实践法等为主，这些育人方式将重点放到了理论的指导上，一定程度上抑制了数据作用的发挥。在这种育人方式下，忽视了学生主体性，学生的成长需求难以得到充分满足，育人方式的革新势在必行。智能教育是中国教育未来发展的主流方向之一，它为学校思想政治教育方式的革新带来了新启示。智能教育作为一种数字化教育方式，主要服务于教师教学、学生学习及学校管理。随着大数据技术越发广泛与深入，为智能教育的推进创造了有利条件。学校思想政治教育联动机制的构建与应用，正是基于大数据技术的指引，革新思想政治教育的一种体现。得益于大数据技术在教学、学习、管理等方面拥有的巨大功能，促进了教学数字化，为教师队伍之间的有效联动提供了更多可能性；促进了学习数字化，为学生之间的有效联动提供了更多可能性；促进了管理数字化，为管理队伍之间的有效联动提供了更多可能性。

参考文献

[1] 李腊生. 网络文化与思想政治教育 [M]. 武汉：武汉大学出版社，2023.

[2] 王薇. 高校思想政治教育热点与多元探讨 [M]. 北京：北京工业大学出版社，2023.

[3] 寇跃灵. 高校思想政治教育探索与实践研究 [M]. 北京：北京工业大学出版社，2023.

[4] 鲁力，刘洋. 现代思想政治教育的多维探索 [M]. 天津：天津人民出版社，2023.

[5] 刘珥婷. 文化视野下高校思想政治教育实践研究 [M]. 哈尔滨：哈尔滨工程大学出版社，2023.

[6] 崔玉娟. 新时期高校思想政治教育教学与反思研究 [M]. 长春：吉林大学出版社，2023.

[7] 梅鲜. 高校思想政治教育第二课堂建设研究 [M]. 上海：生活·读书·新知三联书店，2023.

[8] 赵婷婷，马佳，秦曼. 互联网时代大学生思想政治教育改革路径探索 [M]. 长春：吉林大学出版社，2023.

[9] 郭晗. 新时期高校思想政治教育工作创新与发展研究 [M]. 北京：北京工业大学出版社，2023.

[10] 闫艳，王玉福. 基于"四个全面"的思想政治教育公信力提升探究 [M]. 天津：南开大学出版社，2023.

[11] 刘宏达. 大数据与思想政治教育创新研究 [M]. 武汉：华中师范大学出版社，2023.

[12] 张乃亭. 思想政治教育与辅导员工作研究 [M]. 北京：北京工业大学出版社，2023.

[13] 丰娴静. 新时代高校学生管理中思想政治教育理论与实践研究 [M]. 长春：吉林大学出版社，2023.

［14］符长喜. 大数据赋能学校思想政治教育联动机制的构建与应用研究［M］. 北京：新华出版社，2023.

［15］孙小博. 课程思政与高校思想政治教育的整合与互动研究［M］. 北京：北京教育出版社，2023.

［16］林立荣. 融媒体时代下大学生思想政治教育发展探索［M］. 长春：吉林大学出版社，2023.

［17］王左丹，房慧玲. 思想政治教育理论研究［M］. 广州：中山大学出版社，2023.

［18］孙晨光. 高校思想政治教育理论与实践［M］. 长春：吉林大学出版社，2023.

［19］钟媛媛. 守正与创新高校思想政治教育理论与实践［M］. 北京：中国传媒大学出版社，2022.

［20］黄琳. 新时代大学生思想政治教育理论与实践研究［M］. 北京：中国财富出版社，2022.

［21］郭鹏. 思想政治教育网络传播研究［M］. 武汉：武汉大学出版社，2022.

［22］吕志. 大学生思想政治教育导读［M］. 广州：华南理工大学出版社，2022.

［23］杨小岑. 高校思想政治教育工作创新实践［M］. 沈阳：辽宁人民出版社，2022.

［24］王彦军，段鹏飞. 新时代思想政治教育论［M］. 西安：陕西人民出版社，2022.

［25］刘超. 新时代思想政治教育与传统文化融合发展研究［M］. 长春：吉林大学出版社，2022.

［26］李冰. 新时代大学生思想政治教育概述［M］. 长春：吉林大学出版社，2022.

［27］徐原，陆颖，韩晓欧. "互联网+"时代高校思想政治教育创新研究：第二版［M］. 燕山大学出版社，2022.

［28］白留艳，赵旭英，蔡艳宏. 新时代高校思想政治教育融合机制研究［M］. 长春：吉林大学出版社，2022.

［29］雷志敏，邱华. 增强思想政治教育"二力二性"的策略研究［M］. 成都：四川大学出版社，2022.

［30］万娟. 基于创新发展的高校思想政治教育研究［M］. 长春：吉林大学出版社，2022.

［31］邵泽义. 新时代高校思想政治教育管理体系的构建研究［M］. 镇江：江苏大学出版社，2022.

［32］杨化. 新时代大学生思想政治教育理论与实践研究［M］. 长春：吉林大学出版社，2022.

［33］李智慧. 高校思想政治教育有效资源开发利用研究［M］. 北京：旅游教育出版社，2022.

［34］印建清. 大学生思想政治教育实践教程［M］. 北京：中国言实出版社，2021.

［35］倪瑞华. 思想政治教育认同基本理论研究［M］. 北京：中国民主法制出版社，2021.

［36］李晗. 网络时代大学生思想政治教育发展与创新研究［M］. 沈阳：辽宁人民出版社，2021.

［37］钟家全. 互联网与新时代高校思想政治教育队伍建设［M］. 成都：西南交通大学出版社，2021.

［38］神彦飞. 新媒体时代高校思想政治教育范式转换与实践［M］. 济南：山东大学出版社，2021.

［39］刘琳琳. 新媒体时代高校思想政治教育研究［M］. 长春：吉林大学出版社，2021.

［40］何宗元. 新时代思想政治教育协同育人原理与实践研究［M］. 北京：企业管理出版社，2021.

［41］陈丽萍. 基于新媒体环境的大学生思想政治教育研究［M］. 湘潭：湘潭大学出版社，2021.

［42］隆麒. 高校思想政治教育理论及践行问题研究［M］. 北京：北京工业大学出版社，2021.